中国新型工业化之路

研究报告

牛文元◎主编

科学出版社

北京

内 容 简 介

本报告在研究国内新型工业化的基础之上，以 2002 年和 2012 年为时间节点，详细分析了中国新型工业化道路思想提出的十一年间，以青白江为代表的中国 40 个老工业基地的发展之路。全书共分为三篇六章，分别从转型升级、创新发展、生态建设、案例实践四个方面深刻剖析了 40 个老工业基地在新型工业化道路思想指导下的产业升级与转型发展。转型升级是传统工业化的必由之路，创新发展是新型工业化的根本保证，生态建设是新型工业化的重要内容，案例实践是从传统工业化向新型工业化转变的经验总结。只有全面把握转型升级、创新发展、生态建设、案例实践这四个方面，才能够真正明确新型工业化的理论内涵与现实价值。

本报告可为各级决策部门、行政管理部门，以及从事可持续发展理论与实践的科研工作者、高等院校师生和有关国际组织提供参考。

图书在版编目(CIP)数据

中国新型工业化之路研究报告／牛文元主编．—北京：科学出版社，2014.10

ISBN 978-7-03-042024-4

Ⅰ.①中… Ⅱ.①牛… Ⅲ.①工业化–研究报告–中国 Ⅳ.①F424

中国版本图书馆 CIP 数据核字（2014）第 224219 号

责任编辑：李 敏 周 杰／责任校对：邹慧卿
责任印制：赵德静／封面设计：铭轩堂

科学出版社 出版
北京东黄城根北街 16 号
邮政编码：100717
http://www.sciencep.com

新科印刷有限公司 印刷
科学出版社发行 各地新华书店经销

*

2014 年 10 月第 一 版 开本：787×1092 1/16
2014 年 10 月第一次印刷 印张：13 3/4 插页：2
字数：300 000

定价：**98.00 元**
（如有印装质量问题，我社负责调换）

《中国新型工业化之路研究报告》
编纂委员会

主　编　牛文元　中国科学院可持续发展战略研究组组长，
　　　　　　　　首席科学家
副主编　刘怡君
成　员（按姓氏汉语拼音排序）

黄　远	姜　景	李倩倩	鲁丰先
马　宁	沈　乾	田儒雅	王光辉
王红兵	张立超	郑爱丽	

目　　录

总　　论

一、中国工业化发展概况

(一) 中国工业化的发展历程

1. 工业革命与中国工业化历程

从 18 世纪 30 年代以来，人类社会先后经历了工业革命的不同阶段。工业革命的每个阶段不仅改变了世界的政治、经济与文化的格局，而且对中国工业化的从无到有起到了至关重要的作用。

19 世纪 60～90 年代发生在清政府的洋务运动标志着中国迈出了工业化的第一步。洋务运动前期，中国清朝政府洋务派官员抱着"师夷长技以自强"的目的，在全国展开工业化运动，主要以军工部门为主；洋务运动后期又以"求富"为口号转向民用工业部门。洋务运动是近代中国第一次大规模学习西方工业化的运动，同时也为中国的近代化开辟了道路。

洋务运动之中，中国民族资本主义开始了工业化的曲折前行。中国民族资本主义产生于 19 世纪六七十年代，在《马关条约》签订以后，中国资本主义工业获得了初步发展。在辛亥革命之后发展较快，他们以"实业救国"为口号，并在 1912～1919 年出现了民族工业"短暂的春天"。但由于资金少、规模小，中国民族资本主义工业始终在阶级矛盾和民族矛盾极为尖锐复杂的历史环境下艰难维持，在新中国成立前夕濒临崩溃。

从1949年新中国成立开始，新中国的工业化先后经历了20世纪50年代初的恢复、50年代后期的改造、50年代末至70年代末的曲折发展和80年代以来的迅速腾飞等阶段（吴澄等，2013）。当前，中国正在中国特色社会主义新型工业化的道路上不断进取，高歌猛进。

2. 新中国成立之后的工业化发展

中国是一个传统的农业大国，人口众多、经济落后，人均收入水平低、贫困人口多是阻碍中国经济与社会发展的重要问题。在经历了新中国成立至今六十多年的工业化发展之后，特别是改革开放三十多年来中国工业化的飞速发展，中国的工业化已经取得了巨大成就：经济发展水平极大提升，人民生活水平显著改善，综合国力稳步上升，贫困人口持续减少。党和国家的历任领导人都非常重视工业化发展，将工业化作为重要工作来抓。因此，新中国成立后的工业化进程大致可以划分为三个重要阶段：一是传统计划经济体制下的工业化道路时期；二是改革开放以后具有中国特色的工业化道路时期（陈家贵等，2012）；三是党的十六大以后提出走中国特色的新型工业化道路时期。

（1）传统计划经济体制下的工业化道路时期（1949～1978年）

在国民经济迅速恢复和发展的基础上，1953～1957年中国开始执行发展国民经济的第一个五年计划。以第一个五年计划为标志，中国开启了传统计划经济体制下的社会主义工业化道路。这一时期主要以学习前苏联的经济发展战略为主，其主要特征包括：以快速发展赶超资本主义国家、建立独立的工业体系、满足国内市场需求为目标；以优先发展国有经济并逐步实现对其他经济成分的改造，集中力量优先发展以能源、原材料、机械工业等基础工业为主的重工业等。特别是社会主义基本制度的建立，为工业化奠定了根本政治前提和制度基础，也极大地激发了人民群众的积极性和创造性。

1958～1978年是中国工业化道路艰难探索的阶段。党的八大确定在社会主义改造基本完成后，中国社会的主要矛盾已经发生了变化，这要求把工作重点转移到大力发展生产力上来。但后来"左"的错误思潮改变了这一决定，否认主要矛盾的变化，并坚持以阶级斗争为纲，先后由于"大跃进"、"人民公社运动"、自然灾害及"文化大革命"等自然与人为因素的影响，错过了新科技革命和国际产业转移的历史机遇。但是，中国依靠自己的力量，纠正了错误，取得了新的成就。虽然在三次产业之间特别是在优先发展重工业的方针指导下，资源配置和结构状态存在明显缺陷，但经过了三十年的发展，中国不仅奠定了工业化的基础，建立了较为完备的工业化体系，还保持了高速增长，工业水平显著提高。

（2）中国特色的工业化道路时期（1979～2002年）

1979～2002年是中国改革开放高速发展的24年，也是探索中国特色工业化道路的重要时期。在邓小平理论和"三个代表"重要思想指导下，从以阶级斗争为纲转变到以经济建设为中心，从计划经济体制转变到社会主义市场经济体制，从封闭半封闭转变到全方位开放，中国的政治、经济和社会发生了翻天覆地的变化。在二十多年的时间里，中国特色的工业化道路取得巨大成就：中国的GDP以年均10%左右的速度递增，人民生活水平由温饱不足上升到总体小康，中国的经济总量、人均国民收入都得到了巨大提升，产业结构日趋合理。20世纪80年代消费品工业迎来大发展；80年代末90年代初，重点发展基础工业和基础设施；90年代中后期，高新技术企业日益兴起。中国逐渐成为工业生产大国，大量出口劳动密集型产品，如纺织品和玩具等，成为举世闻名的"中国制造"。

工业化发展取得的经济增长固然可喜，但这段时期仍以粗放型的增长方式为主，经济结构有待优化，物质资源消耗过多，环境污染严重。如何解决这些问题，真正实现经济的科学发展是下一时期关注的重点。

（3）中国特色的新型工业化道路时期（2002年至今）

2002年以来，中国进入了中国特色新型工业化阶段。2002年11月，党的十六大报告明确提出以信息化带动工业化，以工业化促进信息化的新型工业化道路，并首次明确新型工业化的任务和基本要求。十六大以来，党中央高举中国特色社会主义伟大旗帜，提出"科学发展观"这一创新理论，并先后相应地提出一系列重要战略思想，新型工业化的路子越来越清晰。2002～2007年，GDP年均增长10%以上，2007年中国经济总量已跃居世界第四，人民生活显著改善，经济效益显著提高，节能减排取得突破性进展。2007年10月，党的十七大报告提出"要坚持中国特色新型工业化道路"，并计划到2020年将中国建成全面小康社会，基本完成工业化。

2012年11月，党的十八大报告再次强调"坚定不移地走新型工业化道路"，同时将"三化"同步拓展为"四化"同步发展，进一步突出信息化在新型工业化中的重要作用，将工业化发展的速度、信息化的程度、城市化的质量和农业现代化的效率协调起来，促进"四化"在互动中实现同步，在互动中实现协调，实现跨越式发展。2013年11月，党的十八届三中全会进一步明确将新型工业化作为推进新型城镇化的引擎动力，是打破"城乡二元结构"制约的基础与关键。要实现包容和可持续的工业发展，不仅要提高工业化水平、改善人民生活，还必须进一步坚定不移地深化改革、扩大开放，实施创新驱动，优化产业结构，立足国情走新型工业化道路。

（二）老工业基地的重要作用

中国老工业基地主要是指在"一五"、"二五"和"三线建设"时期，国家投入较多、国有工业企业比较集中、城市规模较大、对中国工业化进程产生过重要影响的城市或地区（王青云，2009）。老工业基地的基本单元是老工业城市。根据上述时期国家工业布局情况，以及1985年全国地级以上城市工业固定资产原值、工业总产值、重化工业比重、国有工业企业职工人数与就业比重、非农业人口规模等6项指标测算，全国共有老工业城市120个，分布在27个省份，其中地级城市95个，直辖市、计划单列市、省会城市25个（国家发展和改革委员会，2013）。

在新中国成立以来的60多年中，中国的工业化进程始终在快速推进。第一个五年计划是中国奠定工业化基础的重要时期。第一个五年计划肩负着把中国从一个落后的农业国建设成为一个先进的工业国的宏伟目标，确立了优先发展重工业的战略。"一五"计划展开了以"156项工程"（表0-1）为中心的工业布局，共安排大中型建设项目694个，实际施工的达921个，内有前苏联援建的156项，实际施工的150项，东欧6国援建的68项。前苏联援建的这些项目，主要配置在东北、中部和西部地区，其中东北地区50个，中部地区 32 个。44 个国防企业多布置在中部和西部地区，其中 21 个安排在四川、陕西两省。这一布局对中国建立比较完整的基础工业体系和国防工业体系骨架起到了重要作用。到 1957 年，新中国先后建成了以大中城市为核心的 8 大工业区：以沈阳、鞍山为中心的东北工业区；以京、津、唐为中心的华北工业区；以太原为中心的山西工业区；以武汉为中心的湖北工业区；以郑州为中心的郑洛汴工业区；以西安为中心的陕西工业区；以兰州为中心的甘肃工业区；以重庆为中心的川南工业区。

表 0-1　"156 项工程" 150 个项目在全国的分布情况

省份	项目	城市	省份	项目	城市
北京	1 个城市 4 项	北京 (4)	河南	5 个城市 10 项	焦作 (1)、平顶山 (1)、郑州 (1)、洛阳 (6)，陕县 (三门峡水利枢纽, 1)
河北	3 个城市 5 项	邯郸 (2, 峰峰)、承德 (1)、石家庄 (2)	湖北	1 个城市 3 项	武汉 (3)
山西	4 个城市 15 项	潞南 (1)、大同 (2)、太原 (11)、侯马 (1)	湖南	2 个城市 4 项	株洲 (3)、湘潭 (1)
内蒙古	1 个城市 5 项	包头 (5)	重庆	1 个城市 1 项	重庆 (1)
辽宁	7 个城市 24 项	阜新 (4)、抚顺 (8)、大连 (1)、鞍山 (1)、本溪 (1)、葫芦岛 (2)、沈阳 (7)	四川	1 个城市 5 项	成都 (5)
吉林	5 个城市 10 项	长春 (1)、吉林 (6)、辽源 (1)、丰满 (1)、通化 (1)	云南	3 个城市 4 项	个旧 (2)、东川 (1)、会泽 (1)
黑龙江	6 个城市 22 项	哈尔滨 (10)、齐齐哈尔 (3)、鹤岗 (4)、鸡西 (2)、佳木斯 (2)、双鸭山 (1)	陕西	7 个城市 24 项	西安 (14)、户县 (1)、铜川 (5)、兴平县 (5)、路南 (1)、宝鸡 (1)、鄠县 (1)
安徽	1 个城市 1 项	淮南 (1)	甘肃	3 个城市 8 项	兰州 (6)、白银 (1)、郝家川 (1)
江西	4 个城市 4 项	赣南 (1)、大余 (1)、定南 (1)、南昌 (1)	新疆	1 个城市 1 项	乌鲁木齐 (1)

资料来源：董志凯，吴江 . 2004. 新中国工业的奠基石——156 项建设研究（1950—2000）

老工业基地是新中国工业的摇篮，对于中国工业化的发展起到了巨大作用。新中国成立后，国家在东北等地区集中投资建设了具有相当规模的以能源、原材料、装备制造为主的战略产业和骨干企业，为中国形成独立、完整的工业体系和国民经济体系，为改革开放和现代化建设，做出了历史性的重大贡献。随着改革开放的不断深入，老工业基地的体制性、结构性矛盾日益显现，其进一步发展面临着许多困难和问题：市场化程度低，经济发展活力不足；所有制结构较为单一，国有经济比重偏高；产业结构调整缓慢，企业设备和技术老化；企业办社会等历史包袱沉重，社会保障和就业压力大；资源型城市主导产业衰退，接续产业亟待发展。

因此，为了更好地了解中国老工业基地当前的发展状况，本报告在中国老工业化城市中选取 40 个城市（表 0-2）作为研究对象，重点分析中国老工业城市（区）的新型工业化道路。

表 0-2　40 个老工业城市（区）

省份	城市
河北	唐山
山西	太原、大同、阳泉
内蒙古	包头
辽宁	沈阳、鞍山、抚顺、本溪、阜新
吉林	长春、吉林
黑龙江	哈尔滨、齐齐哈尔、鸡西、鹤岗、大庆
安徽	马鞍山、铜陵
江西	萍乡、九江
山东	淄博、枣庄
河南	洛阳、平顶山、焦作
湖北	武汉、黄石、十堰
湖南	株洲、湘潭
重庆	重庆
四川	青白江、攀枝花
陕西	铜川、宝鸡、金昌、白银
宁夏	石嘴山
新疆	克拉玛依

二、新型工业化是中国的必由之路

(一) 从工业化到新型工业化

1. 传统工业化与新型工业化的关系

(1) 传统工业化与新型工业化的区别

新型工业化之所以称之为"新",是因为新型工业化从根本上有别于西方发达国家和中国先前的传统工业化（表0-3）。

表0-3　传统工业化与新型工业化的对比

标准	传统工业化	新型工业化
发动主体	以政府发动为主	以民间资本驱动和市场力量为主
竞争方式	以低成本为主	技术创新
资源基础	强调物质资本积累	人力资源的开发与利用
发展模式	粗放型发展、硬着陆	集约型集群发展、软着陆
产业生态	大型国有企业为主的传统工业体系	大中小企业分工协作,形成完整的产业链
时间长短	所需时间较长	跨越式发展
城乡关系	二元结构	城乡协调
产业结构	片面强调重工业	产业协调互动
文化特征	盲目生产	增长与消费相互制约,尊重社会发展
对外关系	自力更生	经济全球化、积极参与国际竞争

资料来源:孙智君,周滢.2012.中国新型工业化理论研究:回顾与展望

同发达国家的传统工业化相比,中国新型工业化的"新"主要体现在:首先,后发优势得到充分发挥。西方发达国家是在工业化之后推行信息化的,中国是一个后发展的国家,完全能够实现在工业化的过程中推进信息化,以信息化带动工业化,以工业化促进信息化。其次,更加注重提高能源效率和环境保护。西方发达国家在实现工业化特别是在快速发展的时期,大多是以消耗能源、牺牲环境为代价。中国在实现工业化的过程中特别强调生态建设和环境保护,强调处理好经济发展与人口、资源、环境之间的关系。最后,以人为本地解决就业难题。西方发达国家在实现工业化的过程中注重机械化和自动化,与此同时出现了失业问题。中国的具体国情是人口多,劳

动力成本比较低，需要在工业化进程中处理好资本技术密集型与劳动密集型产业的关系，处理好高新技术产业和传统产业的关系，处理好虚拟经济和实体经济的关系，通过发展解决就业问题。

同中国先前的传统工业化相比，新型工业化的"新"主要体现在：首先，实现了公有制经济与非公有制经济的结合。由于受到前苏联社会主义工业化理论的影响，中国将单一的公有制经济作为基本经济制度，未能在工业化发展中调动国内各种经济要素的优势作用，进而出现了资本供应不足、城镇就业面临巨大压力等一系列问题。其次，巩固和强化了市场机制的作用。中国传统的工业化是建立在计划经济体制下的，而新型工业化则以市场经济为基础，充分发挥市场的竞争机制与调节作用，实现生产要素的合理配置与资源的高效利用。最后，强调转变发展方式，实现协调发展。中国传统工业化是在牺牲农业和轻工业为代价的前提下优先发展重工业，这也导致了三次产业结构严重失衡，人民物质文化水平低下。新型工业化不仅在尊重客观经济规律的基础上合理安排三次产业的协调发展，还不断调整经济发展方式，在提高人民生活水平的同时实现又好又快地科学发展。

（2）传统工业化与新型工业化的联系

中国特色的新型工业化，是建设中国特色社会主义在工业领域的体现，是中国特色社会主义的重要组成部分。中国特色的新型工业化应当是西方发达国家和中国传统工业化基础之上的改造升级，是工业化发展的更高阶段。

首先，传统工业化与新型工业化都肯定了工业化是实现现代化的必由阶段，是符合客观经济规律的。工业化是每个国家实现现代化的必经阶段，没有工业化的发展就没有国家的现代化。西方发达国家的传统工业化具有先动优势，而中国特色的新型工业化具有后发优势。

其次，传统工业化与新型工业化都认识到工业发展与环境保护之间的关系，即工业发展与环境保护相结合。但是传统工业化走的是一条先污染后治理的道路，经济发展是以破坏资源和环境为代价的；新型工业化强调的是可持续发展，主要目的就是要既能满足人的需求同时又能保护环境。因此，中国的新型工业化应不断转变经济发展方式，实现从粗放型增长向集约型内涵式发展的转变。

2. 中国新型工业化道路是对传统工业化的反思

走新型工业化道路正值中国工业化步入中期阶段，面临着日益严峻的环境和资源约束问题。同时，以信息化为主要内容的新工业革命要求中国加快产业结构更新和升级。因此，新型工业化在促进中国工业发展方式转变、经济可持续发展、提高人民生活水平等方面发挥着重要的作用。在传统工业化发展历程中存在着两个基本矛盾：人与自然的矛盾、人与人的矛盾。新型工业化道路正是建立在对这两个基本矛盾的反思基础之上的。

（1）人与自然矛盾的反思：可持续发展战略的必然选择

可持续发展是在工业经济形态中提出来的，是后现代化国家对现代化过程中所带来的一系列生态、环境、能源危机进行反思的结果。可持续发展的内涵是指经济的发展应该既满足当代人的需求，又不对后代人的需求构成威胁。从实质上看，可持续发展意味着从单纯的经济增长转变为综合、全面、科学的发展观以后，进一步从不可持续发展到可持续发展观的转变（蓝虹和胡树刚，2006）。中国是一个人口大国，这一基本国情也决定了中国是一个资源相对匮乏的国家。中国较大的人口基数使国家的劳动力供给大于需求的矛盾也非常突出，这也从客观上要求中国必须保持较高的经济增长速度以解决劳动力的就业问题。但中国的工业化走的是前苏联以重工业为先导的工业化道路，在追求经济高速度发展的同时，资金与能源资源的高投入也伴随着经济效益低、资源消耗大和环境污染严重等问题。实践证明，粗放式的经济增长方式越来越难以适应经济发展，而且给中国的资源、环境和生态的承载能力带来沉重压力，不利于国家经济发展的可持续性。因而可持续发展战略和科学发展观将成为中国特色新型工业化的必然选择。

（2）人与人矛盾的反思：对中国国情的全面把握

中国的工业化在农村和城市之间存在较大差距。由于中国是在一个经济落后、基础薄弱的时候开始的工业化，工业化的原始积累主要来自农业和农民。国家通过工农业产品的"剪刀差"积累、农民每年向国家交纳的农业税和农民储蓄积累保证了工业化的发展，但同时也造成了严重的城乡二元结构的体制矛盾。农产品生产和服务体系、市场建设不健全，农产品加工不发达，农业产业化和组织度不高；农业生产比较利益下降，农民增收缓慢，生产性投入和消费水平较低，城乡收入差距扩大的趋势未能得到改变（廖显满，2004）。根据国家统计数据显示，2002 年，农村居民家庭人均纯收入与城镇居民人均可支配收入之比为 1：3.1，农村贫困人口高达 2820 万。城乡收入差距明显，为构建和谐社会埋下了隐患。中国二元经济结构的现实，决定了推行工业化乃是中国通往现代化的必经之路，同时也是克服传统工业化的弊端、解决中国城乡二元经济结构性矛盾的客观要求，从而才能实现人的全面发展。

（二） 中国当前工业化水平测算

1. 测算依据

根据中国社会科学院《中国工业化进程报告：1995～2005 年中国省域工业化水平评价与研究》中提供的"工业化水平综合评测方法"（陈佳贵等，2007）进行测算。该方法根据衡量工业化水平的指标体系和相应的标志值，选用加权合成法构造了计算反映一个国家或地区工业化水平和进程的综合指数 K（$K = \sum_{i=1}^{n} \lambda_i W_i / \sum_{i=1}^{n} W_i$），其中 K 为国家或地区工业化水平的综合评价值；λ_i 为单个指标的评价值，n 为评价指标的个数；W_i 为各评价指标由层次分析法生成的权重。

为了准确反映工业化各个阶段的特征，采用选择阶段阈值进行指标的无量纲化，阶段阈值法的公式为

$$\lambda_{ik} = (j_{ik} - 2) \times 33 + \frac{X_{ik} - \min_{kj}}{\max_{kj} - \min_{kj}} \times 33, \quad (j_{ik} = 2, 3, 4) \quad (0\text{-}1)$$

$$\lambda_{ik} = 0, \quad (j_{ik} = 1) \quad (0\text{-}2)$$

$$\lambda_{ik} = 100, \quad (j_{ik} = 5) \quad (0\text{-}3)$$

式中，i 代表 i 个地区；k 代表第 k 个指标；λ_{ik} 为 i 地区 k 指标的评测值；j_{ik} 为该地区 k 指标所处的阶段(1～5)，j_{ik} 的取值区间为 1、2、3、4、5，如果 $j_{ik} = 5$，则 $\lambda_{ik} = 100$（即 i 地区的 k 指标已经达到后工业化阶段的标准），如果 $j_{ik} = 1$，则 $\lambda_{ik} = 0$（即 i 地区的 k 指标还处于前工业化阶段）；X_{ik} 为 j 地区的 k 指标的

实际值；$\max_{kj}$ 为 k 指标在 j 阶段的最大参考值；$\min_{kj}$ 为 k 指标在 j 阶段的最小参考值；$\lambda_{ik} \in [0, 100]$。

2. 数据来源

估算数据源自《中国统计年鉴 2013》、《中国城市统计年鉴 2013》及全国 31 个省、自治区、直辖市的 2012 年国民经济和社会发展统计公报，具体指标包括人均 GDP（2000 年，美元）、三次产业产值结构、制造业增加值占总商品增加值的比重、人口城市化率、第一产业就业人员比重。

3. 测算结果

（1）全国工业化水平

指标	人均 GDP（λ_1）	三次产业产值结构（λ_2）	制造业增加值占总商品增加值的比重（λ_3）	人口城市化率（λ_4）	第一产业就业人员占比（λ_5）	
2012 年	6086 美元	5.7∶48.7∶45.6	56.00%	52.57%	33.60%	工业化水平（K）70.98
所处阶段	工业化中期（4）	工业化后期（4）	工业化后期（4）	工业化中期（3）	工业化中期（3）	
权重	$W_1 = 0.36$	$W_2 = 0.22$	$W_3 = 0.22$	$W_4 = 0.12$	$W_5 = 0.08$	
计算得分	71.74	81.96	85.80	41.48	40.92	

（2）北京工业化水平

指标	人均 GDP（λ_1）	三次产业产值结构（λ_2）	制造业增加值占总商品增加值的比重（λ_3）	人口城市化率（λ_4）	第一产业就业人员占比（λ_5）	
2012 年	13 857 美元	0.8∶22.7∶76.5	78.00%	86.20%	0.30%	工业化水平（K）100.00
所处阶段	后工业化阶段（5）	后工业化阶段（5）	后工业化阶段（5）	后工业化阶段（5）	后工业化阶段（5）	
权重	$W_1 = 0.36$	$W_2 = 0.22$	$W_3 = 0.22$	$W_4 = 0.12$	$W_5 = 0.08$	
计算得分	100.00	100.00	100.00	100.00	100.00	

（3）天津工业化水平

指标	人均GDP（λ_1）	三次产业产值结构（λ_2）	制造业增加值占总商品增加值的比重（λ_3）	人口城市化率（λ_4）	第一产业就业人员占比（λ_5）	
2012年	14 760美元	1.3：51.7：47.0	89.58%	81.55%	0.20%	工业化水平（K）95.98
所处阶段	后工业化阶段（5）	工业化后期（4）	后工业化阶段（5）	后工业化阶段（5）	后工业化阶段（5）	
权重	$W_1 = 0.36$	$W_2 = 0.22$	$W_3 = 0.22$	$W_4 = 0.12$	$W_5 = 0.08$	
计算得分	100.00	81.71	100.00	100.00	100.00	

（4）河北工业化水平

指标	人均GDP（λ_1）	三次产业产值结构（λ_2）	制造业增加值占总商品增加值的比重（λ_3）	人口城市化率（λ_4）	第一产业就业人员占比（λ_5）	
2012年	5795美元	12.1：53.1：34.8	72.97%	46.80%	0.90%	工业化水平（K）71.40
所处阶段	工业化后期（4）	工业化中期（3）	后工业化阶段（5）	工业化初期（2）	后工业化阶段（5）	
权重	$W_1 = 0.36$	$W_2 = 0.22$	$W_3 = 0.22$	$W_4 = 0.12$	$W_5 = 0.08$	
计算得分	69.67	59.07	100.00	27.72	100.00	

（5）山西工业化水平

指标	人均GDP（λ_1）	三次产业产值结构（λ_2）	制造业增加值占总商品增加值的比重（λ_3）	人口城市化率（λ_4）	第一产业就业人员占比（λ_5）	
2012年	5327美元	5.7：56.9：37.4	83.32%	51.26%	0.60%	工业化水平（K）75.74
所处阶段	工业化后期（4）	工业化后期（4）	后工业化阶段（5）	工业化中期（3）	后工业化阶段（5）	
权重	$W_1 = 0.36$	$W_2 = 0.22$	$W_3 = 0.22$	$W_4 = 0.12$	$W_5 = 0.08$	
计算得分	66.33	79.09	100.00	37.16	100.00	

（6）内蒙古工业化水平

指标	人均GDP（λ_1）	三次产业产值结构（λ_2）	制造业增加值占总商品增加值的比重（λ_3）	人口城市化率（λ_4）	第一产业就业人员占比（λ_5）	
2012年	10 121美元	7.9∶54.6∶37.5	76.02%	57.74%	8.50%	工业化水平（K）90.50
所处阶段	后工业化阶段（5）	工业化后期（4）	后工业化阶段（5）	工业化中期（3）	后工业化阶段（5）	
权重	$W_1 = 0.36$	$W_2 = 0.22$	$W_3 = 0.22$	$W_4 = 0.12$	$W_5 = 0.08$	
计算得分	100.00	79.44	100.00	58.54	100.00	

（7）辽宁工业化水平

指标	人均GDP（λ_1）	三次产业产值结构（λ_2）	制造业增加值占总商品增加值的比重（λ_3）	人口城市化率（λ_4）	第一产业就业人员占比（λ_5）	
2012年	8974美元	8.2∶53.3∶38.5	75.60%	65.65%	4.10%	工业化水平（K）90.09
所处阶段	工业化后期（4）	工业化后期（4）	后工业化阶段（5）	工业化后期（4）	后工业化阶段（5）	
权重	$W_1 = 0.36$	$W_2 = 0.22$	$W_3 = 0.22$	$W_4 = 0.12$	$W_5 = 0.08$	
计算得分	91.99	79.84	100.00	78.43	100.00	

（8）吉林工业化水平

指标	人均GDP（λ_1）	三次产业产值结构（λ_2）	制造业增加值占总商品增加值的比重（λ_3）	人口城市化率（λ_4）	第一产业就业人员占比（λ_5）	
2012年	6878美元	11.4∶50.9∶37.7	71.69%	53.70%	4.90%	工业化水平（K）76.79
所处阶段	工业化后期（4）	工业化中期（3）	后工业化阶段（5）	工业化中期（3）	后工业化阶段（5）	
权重	$W_1 = 0.36$	$W_2 = 0.22$	$W_3 = 0.22$	$W_4 = 0.12$	$W_5 = 0.08$	
计算得分	77.39	61.38	100.00	45.21	100.00	

（9）黑龙江工业化水平

指标	人均GDP（λ_1）	三次产业产值结构（λ_2）	制造业增加值占总商品增加值的比重（λ_3）	人口城市化率（λ_4）	第一产业就业人员占比（λ_5）	
2012年	5657美元	17.0：48.3：34.7	66.04%	56.90%	14.80%	工业化水平（K）68.77
所处阶段	工业化后期（4）	工业化中期（3）	后工业化阶段（5）	工业化中期（3）	工业化后期（4）	
权重	$W_1 = 0.36$	$W_2 = 0.22$	$W_3 = 0.22$	$W_4 = 0.12$	$W_5 = 0.08$	
计算得分	68.69	42.90	100.00	55.77	73.92	

（10）上海工业化水平

指标	人均GDP（λ_1）	三次产业产值结构（λ_2）	制造业增加值占总商品增加值的比重（λ_3）	人口城市化率（λ_4）	第一产业就业人员占比（λ_5）	
2012年	13 524美元	0.6：38.9：60.5	89.04%	89.30%	0.20%	工业化水平（K）100.00
所处阶段	后工业化阶段（5）	后工业化阶段（5）	后工业化阶段（5）	后工业化阶段（5）	后工业化阶段（5）	
权重	$W_1 = 0.36$	$W_2 = 0.22$	$W_3 = 0.22$	$W_4 = 0.12$	$W_5 = 0.08$	
计算得分	100.00	100.00	100.00	100.00	100.00	

（11）江苏工业化水平

指标	人均GDP（λ_1）	三次产业产值结构（λ_2）	制造业增加值占总商品增加值的比重（λ_3）	人口城市化率（λ_4）	第一产业就业人员占比（λ_5）	
2012年	10 827美元	5.4：50.9：43.7	81.97%	63.00%	1.00%	工业化水平（K）92.58
所处阶段	后工业化阶段（5）	工业化后期（4）	后工业化阶段（5）	工业化后期（4）	后工业化阶段（5）	
权重	$W_1 = 0.36$	$W_2 = 0.22$	$W_3 = 0.22$	$W_4 = 0.12$	$W_5 = 0.08$	
计算得分	100.00	81.24	100.00	72.60	100.00	

（12）浙江工业化水平

指标	人均 GDP（λ_1）	三次产业产值结构（λ_2）	制造业增加值占总商品增加值的比重（λ_3）	人口城市化率（λ_4）	第一产业就业人员占比（λ_5）	
2012 年	10 039 美元	4.8∶50.6∶44.6	57.29%	63.20%	0.10%	工业化水平（K）90.50
所处阶段	后工业化阶段（5）	工业化后期（4）	工业化后期（4）	工业化后期（4）	后工业化阶段（5）	
权重	$W_1 = 0.36$	$W_2 = 0.22$	$W_3 = 0.22$	$W_4 = 0.12$	$W_5 = 0.08$	
计算得分	100.00	81.46	90.06	73.04	100.00	

（13）安徽工业化水平

指标	人均 GDP（λ_1）	三次产业产值结构（λ_2）	制造业增加值占总商品增加值的比重（λ_3）	人口城市化率（λ_4）	第一产业就业人员占比（λ_5）	
2012 年	4561 美元	12.4∶55.1∶32.5	65.19%	46.50%	1.40%	工业化水平（K）66.57%
所处阶段	工业化中期（3）	工业化中期（3）	后工业化阶段（5）	工业化初期（2）	后工业化阶段（5）	
权重	$W_1 = 0.36$	$W_2 = 0.22$	$W_3 = 0.22$	$W_4 = 0.12$	$W_5 = 0.08$	
计算得分	57.01	58.08	100.00	27.22	100.00	

（14）福建工业化水平

指标	人均 GDP（λ_1）	三次产业产值结构（λ_2）	制造业增加值占总商品增加值的比重（λ_3）	人口城市化率（λ_4）	第一产业就业人员占比（λ_5）	
2012 年	8358 美元	9.1∶52.1∶38.8	91.83%	59.65%	0.50%	工业化水平（K）87.06
所处阶段	工业化后期（4）	工业化后期（4）	后工业化阶段（5）	工业化中期（3）	后工业化阶段（5）	
权重	$W_1 = 0.36$	$W_2 = 0.22$	$W_3 = 0.22$	$W_4 = 0.12$	$W_5 = 0.08$	
计算得分	87.94	80.09	100.00	64.85	100.00	

（15）江西工业化水平

指标	人均GDP（λ_1）	三次产业产值结构（λ_2）	制造业增加值占总商品增加值的比重（λ_3）	人口城市化率（λ_4）	第一产业就业人员占比（λ_5）	
2012年	4562美元	11.1：55.4：33.5	68.95%	47.51%	3.00%	工业化水平（K）67.72
所处阶段	工业化中期（3）	工业化中期（3）	后工业化阶段（5）	工业化初期（2）	后工业化阶段（5）	
权重	$W_1=0.36$	$W_2=0.22$	$W_3=0.22$	$W_4=0.12$	$W_5=0.08$	
计算得分	57.03	62.37	100.00	28.89	100.00	

（16）山东工业化水平

指标	人均GDP（λ_1）	三次产业产值结构（λ_2）	制造业增加值占总商品增加值的比重（λ_3）	人口城市化率（λ_4）	第一产业就业人员占比（λ_5）	
2012年	8201美元	7.6：52.9：39.5	75.92%	52.43%	0.20%	工业化水平（K）83.80
所处阶段	工业化后期（4）	工业化后期（4）	后工业化阶段（5）	工业化中期（3）	后工业化阶段（5）	
权重	$W_1=0.36$	$W_2=0.22$	$W_3=0.22$	$W_4=0.12$	$W_5=0.08$	
计算得分	86.82	80.11	100.00	41.02	100.00	

（17）河南工业化水平

指标	人均GDP（λ_1）	三次产业产值结构（λ_2）	制造业增加值占总商品增加值的比重（λ_3）	人口城市化率（λ_4）	第一产业就业人员占比（λ_5）	
2012年	4990美元	12.8：56.5：30.7	73.86%	42.43%	0.60%	工业化水平（K）77.00
所处阶段	工业化中期（3）	工业化中期（3）	后工业化阶段（5）	工业化初期（2）	后工业化阶段（5）	
权重	$W_1=0.36$	$W_2=0.22$	$W_3=0.22$	$W_4=0.12$	$W_5=0.08$	
计算得分	89.02	56.76	100.00	20.51	100.00	

（18）湖北工业化水平

指标	人均 GDP（λ_1）	三次产业产值结构（λ_2）	制造业增加值占总商品增加值的比重（λ_3）	人口城市化率（λ_4）	第一产业就业人员占比（λ_5）	
2012 年	6110 美元	11.8 : 51.3 : 36.9	68.04%	53.50%	1.10%	工业化水平（K）74.45
所处阶段	工业化后期（4）	工业化中期（3）	后工业化阶段（5）	工业化中期（3）	后工业化阶段（5）	
权重	$W_1 = 0.36$	$W_2 = 0.22$	$W_3 = 0.22$	$W_4 = 0.12$	$W_5 = 0.08$	
计算得分	71.92	60.06	100.00	44.55	100.00	

（19）湖南工业化水平

指标	人均 GDP（λ_1）	三次产业产值结构（λ_2）	制造业增加值占总商品增加值的比重（λ_3）	人口城市化率（λ_4）	第一产业就业人员占比（λ_5）	
2012 年	5304 美元	11.5 : 52.3 : 36.2	67.65%	46.65%	0.40%	工业化水平（K）70.55
所处阶段	工业化后期（4）	工业化中期（3）	后工业化阶段（5）	工业化初期（2）	后工业化阶段（5）	
权重	$W_1 = 0.36$	$W_2 = 0.22$	$W_3 = 0.22$	$W_4 = 0.12$	$W_5 = 0.08$	
计算得分	66.17	61.05	100.00	27.47	100.00	

（20）广东工业化水平

指标	人均 GDP（λ_1）	三次产业产值结构（λ_2）	制造业增加值占总商品增加值的比重（λ_3）	人口城市化率（λ_4）	第一产业就业人员占比（λ_5）	
2012 年	8570 美元	4.8 : 46.2 : 49.0	84.56%	67.45%	0.50%	工业化水平（K）94.09
所处阶段	工业化后期（4）	后工业化阶段（5）	后工业化阶段（5）	工业化后期（4）	后工业化阶段（5）	
权重	$W_1 = 0.36$	$W_2 = 0.22$	$W_3 = 0.22$	$W_4 = 0.12$	$W_5 = 0.08$	
计算得分	89.45	100.00	100.00	82.39	100.00	

（21）广西工业化水平

指标	人均GDP（λ_1）	三次产业产值结构（λ_2）	制造业增加值占总商品增加值的比重（λ_3）	人口城市化率（λ_4）	第一产业就业人员占比（λ_5）	
2012年	4428美元	17.1：47.7：35.2	63.08%	43.53%	2.70%	工业化水平（K）61.97
所处阶段	工业化中期（3）	工业化中期（3）	后工业化阶段（5）	工业化初期（2）	后工业化阶段（5）	
权重	$W_1 = 0.36$	$W_2 = 0.22$	$W_3 = 0.22$	$W_4 = 0.12$	$W_5 = 0.08$	
计算得分	55.35	42.57	100.00	22.32	100.00	

（22）海南工业化水平

指标	人均GDP（λ_1）	三次产业产值结构（λ_2）	制造业增加值占总商品增加值的比重（λ_3）	人口城市化率（λ_4）	第一产业就业人员占比（λ_5）	
2012年	5129美元	8.9：23.5：67.6	34.40%	51.60%	15.00%	工业化水平（K）62.16
所处阶段	工业化中期（3）	后工业化阶段（5）	工业化初期（2）	工业化中期（3）	工业化后期（4）	
权重	$W_1 = 0.36$	$W_2 = 0.22$	$W_3 = 0.22$	$W_4 = 0.12$	$W_5 = 0.08$	
计算得分	64.11	100.00	23.76	38.28	90.75	

（23）重庆工业化水平

指标	人均GDP（λ_1）	三次产业产值结构（λ_2）	制造业增加值占总商品增加值的比重（λ_3）	人口城市化率（λ_4）	第一产业就业人员占比（λ_5）	
2012年	6165美元	8.2：52.4：39.4	72.85%	56.98%	4.50%	工业化水平（K）84.35
所处阶段	工业化后期（4）	工业化后期（4）	后工业化阶段（5）	工业化后期（4）	后工业化阶段（5）	
权重	$W_1 = 0.36$	$W_2 = 0.22$	$W_3 = 0.22$	$W_4 = 0.12$	$W_5 = 0.08$	
计算得分	72.73	80.16	100.00	89.03	100.00	

（24）四川工业化水平

指标	人均 GDP（λ_1）	三次产业产值结构（λ_2）	制造业增加值占总商品增加值的比重（λ_3）	人口城市化率（λ_4）	第一产业就业人员占比（λ_5）	
2012 年	4690 美元	12.4∶53.6∶34.0	95.90%	43.53%	0.20%	工业化水平（K）66.56
所处阶段	工业化中期（3）	工业化中期（3）	后工业化阶段（5）	工业化初期（2）	后工业化阶段（5）	
权重	$W_1=0.36$	$W_2=0.22$	$W_3=0.22$	$W_4=0.12$	$W_5=0.08$	
计算得分	58.63	58.08	100.00	22.32	100.00	

（25）贵州工业化水平

指标	人均 GDP（λ_1）	三次产业产值结构（λ_2）	制造业增加值占总商品增加值的比重（λ_3）	人口城市化率（λ_4）	第一产业就业人员占比（λ_5）	
2012 年	3122 美元	11.6∶44.8∶43.6	57.98%	36.41%	0.30%	工业化水平（K）56.99
所处阶段	工业化中期（3）	工业化中期（3）	工业化后期（4）	工业化初期（2）	后工业化阶段（5）	
权重	$W_1=0.36$	$W_2=0.22$	$W_3=0.22$	$W_4=0.12$	$W_5=0.08$	
计算得分	39.03	60.72	92.33	10.58	100.00	

（26）云南工业化水平

指标	人均 GDP（λ_1）	三次产业产值结构（λ_2）	制造业增加值占总商品增加值的比重（λ_3）	人口城市化率（λ_4）	第一产业就业人员占比（λ_5）	
2012 年	3516 美元	13.8∶48.3∶37.9	56.81%	39.31%	1.40%	工业化水平（K）56.89
所处阶段	工业化中期（3）	工业化中期（3）	工业化后期（4）	工业化初期（2）	后工业化阶段（5）	
权重	$W_1=0.36$	$W_2=0.22$	$W_3=0.22$	$W_4=0.12$	$W_5=0.08$	
计算得分	43.95	53.46	88.47	15.36	100.00	

（27）西藏工业化水平

指标	人均GDP（λ_1）	三次产业产值结构（λ_2）	制造业增加值占总商品增加值的比重（λ_3）	人口城市化率（λ_4）	第一产业就业人员占比（λ_5）	
2012年	3633美元	4.2：34.8：61.0	17.11%	22.75%	23.00%	工业化水平（K）45.48
所处阶段	工业化中期（3）	后工业化阶段（5）	前工业化阶段（1）	前工业化阶段（1）	工业化后期（4）	
权重	$W_1=0.36$	$W_2=0.22$	$W_3=0.22$	$W_4=0.12$	$W_5=0.08$	
计算得分	45.41	100.00	0.00	0.00	89.10	

（28）陕西工业化水平

指标	人均GDP（λ_1）	三次产业产值结构（λ_2）	制造业增加值占总商品增加值的比重（λ_3）	人口城市化率（λ_4）	第一产业就业人员占比（λ_5）	
2012年	6109美元	9.5：56.2：34.0	72.49%	50.02%	0.70%	工业化水平（K）77.11
所处阶段	工业化后期（4）	工业化后期（4）	后工业化阶段（5）	工业化中期（3）	后工业化阶段（5）	
权重	$W_1=0.36$	$W_2=0.22$	$W_3=0.22$	$W_4=0.12$	$W_5=0.08$	
计算得分	71.91	78.44	100.00	33.07	100.00	

（29）甘肃工业化水平

指标	人均GDP（λ_1）	三次产业产值结构（λ_2）	制造业增加值占总商品增加值的比重（λ_3）	人口城市化率（λ_4）	第一产业就业人员占比（λ_5）	
2012年	3482美元	12.7：50.3：37.0	61.35%	38.75%	2.00%	工业化水平（K）59.96
所处阶段	工业化中期（3）	工业化中期（3）	后工业化阶段（5）	工业化初期（2）	后工业化阶段（5）	
权重	$W_1=0.36$	$W_2=0.22$	$W_3=0.22$	$W_4=0.12$	$W_5=0.08$	
计算得分	43.53	57.09	100.00	14.44	100.00	

（30）青海工业化水平

指标	人均 GDP（λ_1）	三次产业产值结构（λ_2）	制造业增加值占总商品增加值的比重（λ_3）	人口城市化率（λ_4）	第一产业就业人员占比（λ_5）	
2012 年	5256 美元	3.7：51.6：44.7	70.71%	47.44%	0.30%	工业化水平（K）75.00
所处阶段	工业化后期（4）	工业化后期（4）	后工业化阶段（5）	工业化初期（2）	后工业化阶段（5）	
权重	$W_1=0.36$	$W_2=0.22$	$W_3=0.22$	$W_4=0.12$	$W_5=0.08$	
计算得分	65.70	81.32	100.00	28.78	100.00	

（31）宁夏工业化水平

指标	人均 GDP（λ_1）	三次产业产值结构（λ_2）	制造业增加值占总商品增加值的比重（λ_3）	人口城市化率（λ_4）	第一产业就业人员占比（λ_5）	
2012 年	5765 美元	8.7：52.9：38.4	64.67%	50.67%	3.80%	工业化水平（K）77.12
所处阶段	工业化后期（4）	工业化后期（4）	后工业化阶段（5）	工业化中期（3）	后工业化阶段（5）	
权重	$W_1=0.36$	$W_2=0.22$	$W_3=0.22$	$W_4=0.12$	$W_5=0.08$	
计算得分	69.46	81.32	100.00	35.21	100.00	

（32）新疆工业化水平

指标	人均 GDP（λ_1）	三次产业产值结构（λ_2）	制造业增加值占总商品增加值的比重（λ_3）	人口城市化率（λ_4）	第一产业就业人员占比（λ_5）	
2012 年	5354 美元	1.1：54.8：44.1	60.02%	43.98%	1.30%	工业化水平（K）74.48
所处阶段	工业化后期（4）	工业化后期（4）	后工业化阶段（5）	工业化初期（2）	后工业化阶段（5）	
权重	$W_1=0.36$	$W_2=0.22$	$W_3=0.22$	$W_4=0.12$	$W_5=0.08$	
计算得分	66.53	80.71	100.00	23.07	100.00	

三、青白江的新型工业化之路

（一）青白江概况

青白江地处成都市北部，距中心城区 17 千米，辖区面积 378 平方公里，辖 11 个乡镇（街道）、120 个行政村（社区），总人口 41 万。青白江原为成都市新都县和金堂县属地，1960 年因国家重点建设布局而建区，并因境内青白江而得名。青白江是国家"一五"时期规划建设的西南第一个工业区，是四川乃至西部重要的冶金、建材、化工、机械工业聚集区，也是重要的老工业基地之一。

青白江老工业基地是在计划经济体制下、国家重点建设背景下发展起来的。"一五"时期国家开始在四川进行工业布局。1956 年 9 月，被列为国家"一五"计划 156 项重点工程之一的四川肥料厂（今川化集团有限责任公司）破土动工，拉开了青白江现代工业建设的序幕。1958 年 5 月，四川肥料厂一期工程进入施工高潮，四川省小型氮肥示范厂（今玉龙化工有限责任公司）和成都钢铁厂（今攀钢集团成都钢铁有限公司）相继破土动工，有机合成厂和化工炼油设备厂开始兴建。由于职工和家属人数猛增，为解决职工生活、市政管理等一系列问题，1960 年 1 月成都市青白江区成立，辖华严、大同、弥牟 3 个乡。

自 1960 年建区以来，青白江一直是成都重要的工业卫星城，四川省重要的化工、冶金工业基地。经过 50 余年的发展建设，青白江的工业从无到有，从弱到强，产业规模逐步扩大，配套能力日益增强，逐步聚集了川化集团有限责任公司（简称川化）、攀钢集团成都钢铁有限公司（简称攀成钢）、台玻成都玻璃有限公司（简称台玻）、巨石集团成都有限公司（简称巨石）、中铁八局、成都桥梁厂、蓝风（集团）公司、成都宝洁公司、成都华明玻璃纸股份有限公司（简称华明）、四川升达林产有限公司等工业企业，形成了化工、冶金、建材、机械等四大主导产业，初步奠定了其现代化工业基础。

当前，青白江已发展成为成都重要的商用车制造基地、新能源装备制造基地、新材料基地、国家循环经济示范基地和西部铁路物流中心。青白江于

2008～2010 年连续 3 年跻身四川省县级经济综合评价"十强县",是 2009 年"中国人居环境范例奖"四川唯一获得者,也是四川省首批环境保护模范区、省级生态区、省级绿化模范县(区)、省级平安区、省级农业产业化经营先进区(县)。2010 年,青白江被确定为成都市低碳经济发展试验区,并顺利通过国家级生态区创建技术核查。2013 年,青白江成功获批 2013 年国家知识产权强县工程试点县(区),青白江工业集中发展区的节能建材产业基地成为四川省唯一获批的节能建材示范基地。

(二) 青白江工业化的转型与发展

在国家"一五"期间"优先发展重工业"的方针指导下,青白江被规划为冶金、化工产业基地,但因生产工业技术落后,污染物排放量大,曾是成都市污染最为严重的一个区(牛文元,2012)。2004 年的沱江严重污染事件之后,青白江人痛定思痛,逐渐调整发展战略。特别是在 2005 年之后,青白江提出了"生态立区"的口号,将生态建设放到了全区发展战略的首要位置,为青白江今后的发展定下了基调(牛文元,2013)。经过近十年的发展,青白江实现了经济社会的平稳较快发展,社会事业取得巨大进步,新型工业化成果显著,人居环境明显好转,人民生活质量得到较大提高。青白江人用自己的行动,为中国老工业城市的转型与发展树立了一个光辉的榜样。

1. 新型工业化助推科学发展

2006 年,青白江区委、区政府确立了以"生态立区、工业强区"为核心内容的发展战略,此后又将"新型工业化"作为 2008 年全区工作的重中之重,力争实现园区由传统的资源依赖型经济向资源集约利用的生态型经济转变,促进整个青白江区的协调、可持续发展。2008 年年初,青白江在全市率先形成了《关于推进青白江区新型工业发展的实施意见》,开始了由成都市传统工业高地向现代新型工业高地转变的探索。青白江大力发展以低碳经济、循环经济为显著特征的新兴产业,以"减量化、再利用、资源化"的原则在生态工业园区的企业间构建了物资能源阶梯循环利用链;形成了国家级高性能复合材料高新技术产业化基地、西部新能源装备制造基地、西部商用车制造基地、西部新型住宅研发生产基地等四大战略性新兴产业基地。

在新型工业化的实践中,昔日的老工业区重新焕发了青春,迅猛发展的工业集中发展区吸引着以冶金、新型建材等为主导的优势产业不断完善和集中,有力推动了新型城镇化和农业现代化进程,也为全区又好又快发展提供了强大的经济基础。"十二五"期间,青白江继续坚持以产业高端化和高端产业聚集化发展为目标,切实加大经济结构调整力度,积极转变发展方式,增强经济持续快速增长动力,结合成都市产业规划布局和市、区级产业功能区建设,加快构建以冶金产业高端和高性能纤维复合材料、新能源装备配套制造以及现代物流业为支撑,以高端商贸、现代旅游和生态农业为重点,以低碳化和高端化为主要特征的现代产业体系,将青白江区打造成为成都北部的"千亿生态产业城"。

2. "产城一体"促进两化融合

青白江通过制定新型发展战略,促进工业化与城镇化的深度融合,在"两化"的联动推进中实现产城融合。以"产城一体"为核心的"两化"互动,抓住了工业化与城镇化互动发展的关键环节和突破口,为老工业区转变发展方式提供了鲜活样本(胡彦殊和刘云云,2011)。

冶金、建材、机械、化工等传统产业集群与创意农业、循环农业、观光农业相得益彰,再加上现代物流业与商贸服务业的发展,青白江基本实现了三次产业联动发展;以"两化"互动推进统筹城乡发展,青白江正在形成以城带乡、以工促农,融"二元"于"一体"的城乡二元联动格局,初步形成了以1条示范线主线为核心,10大产业园区为支撑,5个整镇推进示范镇为重点,3条示范线支线为补充的"11053"示范建设格局;以《推进新型工业发展的实施意见》、《加快推进新型城镇化建设的实施意见》、《统筹推进现代农业发展的实施意见》等为代表的创新政策机制已经形成,对区内三次产业结构调整和两化融合具有积极意义。预计到2015年,全区能实现工业增加值292亿元,年均增幅18%;全区服务业增加值达到106亿元,年均增幅达20%以上,占地区生产总值比重达到25%,物流、金融、信息、中介等现代服务业占服务业增加值的比重超过 50%（青白江区十二五规划，2012）。

3. 绿色发展打造宜居城市

青白江自始至终坚持产业区与生活区"一城二区"的整体理念，将工业集中发展区等十大产业园区，以及现代物流综合功能区、龙泉山生态旅游综合功能区等市、区级战略功能区纳入城区组团，规划学校、医院、超市等配套设施，实现生产区与生活区的功能互补。青白江在充分借鉴新加坡城市绿化经验基础上，推进全区大绿化，先后实施了"绿肾"、"绿肺"、"绿屏"、"绿廊"、"绿墙"五大工程，当前已全面构建起新型生态城市文化，建成了西南地区在城市中心最大的集有氧健身、生态隔离、园艺展示、环境教育、休闲游玩、救灾避险六大功能于一体的城市生态绿廊，并按照"步行到达、骑行到达"的要求将凤凰湖国际生态湿地旅游度假区、城市生态绿廊等城市大型绿地有机串联，形成完整的城市绿廊体系。

2005 年以来，青白江坚持"打造宜居青白江"的理念，不断推广城市品牌、做优城市品质、提升城市形象。现如今，绿色环抱的园区、花团锦簇的人居环境与多姿多彩的生态景观，已构成青白江新型工业化和新型城镇化联动发展的动人画卷，青白江樱花节与杏花节已经成为最靓丽的城市名片。

参 考 文 献

陈佳贵，黄群慧，钟宏武，等 . 2007. 中国工业化进程报告：1995–2005 年中国省域工业化水平评价与研究 . 北京：社会科学文献出版社

陈佳贵，黄群慧，吕铁，等 . 2012. 中国工业化进程报告（1995–2010）. 北京：社会科学文献出版社

成都市青白江区国民经济和社会发展第十二个五年规划纲要 . 2011. http：//www.chengdu. gov. cn/GovInfoOpens2/detail_ allpurpose. jsp？id=IjKCk8jn7tjV93aBY7s2

董志凯，吴江 . 2004. 中国工业的奠基石——156 项建设研究（1950–2000）. 广州：广东经济出版社

国家发展和改革委员会 . 2013. 全国老工业基地调整改造规划（2013 – 2022 年）http：//www.miit. gov. cn/n11293472/n11293832/n11294042/n12876231/15323363. html［2014-06-10］

胡彦殊，刘云云 . 2011-07-24. 青白江华丽转身的"密码". 四川日报，第 5 版

蓝虹，胡树刚 . 2006. 新型工业化道路是我国可持续发展战略的必然选择 . 北京师范大学学报（社会科学版），1：138

廖显满 . 2004. 论中国新型工业化道路的选择 . 哈尔滨学院学报,12:41

牛文元 . 2012. 中国新型城市化报告 2012. 北京:科学出版社

牛文元 . 2013. 中国"新四化"研究报告 . 北京:科学出版社

孙智君,周滢 . 2012. 中国新型工业化理论研究:回顾与展望 . 学习与实践,3:39

王青云 . 2009. 中国的老工业基地城市 . 中国城市经济,9:30

吴澄 . 2013. 信息化与工业化融合战略研究:中国工业信息化的回顾、现状及发展预见 . 北京:科学
    出版社

第一篇

主题篇：中国新型工业化之路

第一章　新型工业化与转型升级

一、传统工业化

（一）传统工业化的内涵与特点

一般而言，工业化是人类社会从传统农业社会向现代工业社会转变的重要途径。工业化是指一个国家或地区以市场制度的建立、发展和完善为依托，通过经济的持续发展使农业收入在国民收入中的比重和农业人口在总人口中的比重逐渐下降，而以工业为中心的非农业部门所占比重逐渐上升的经济结构变化的过程（《中国特色新型工业化的实践与探索》编委会，2012）。随着经济的不断发展，工业化的内涵在不断丰富与完善，就当前国内外对于工业化的解释，可以分为广义和狭义两大类（曹海英，2010）。

（1）狭义工业化

狭义的工业化是指工业特别是制造业在国民经济中比重上升的过程。经济学家库兹涅茨（S. Kuznets）认为工业化是"产品的来源和资源的去处从农业活动转向非农业活动"（库兹涅茨，1989）。美国经济学家钱纳里（H. Chenery）认为工业化就是指制造业产值份额的增加过程，工业化水平用制造业在国民生产总值中的份额来衡量（钱纳里，1989）。英国经济学家伊特韦尔（J. Eatwell）等在《新帕尔格雷夫经济学大辞典》（伊特韦尔等，1992）中对工业化的定义是：工业化作为一种过程，其本质特征是：第一，一般来说国民收入（或地区收入）中制造业活动和第二产业所占比例提高了，因经济周期造成的中断除外；第二，在制造业和第二产业就业的劳动人口的比例一般也有增加的趋势。在这两种比例增加的同时，除了暂时的增长之外，整个人口的人均收入增加了。

（2）广义工业化

广义的工业化的概念是以中国发展经济学家张培刚为代表提出的。张培刚把20世纪40年代的工业化定义为"一系列基要生产函数连续发生变化的过程"，并强调"这种基要生产函数的变化，最好是用交通运输、动力工业、机械工业、钢铁工业部门来说明"（张培刚，2002）；20世纪90年代的工业化被重新定义为"国民经济中一系列基要的生产函数（或生产要素组合方式）连续发生由低级到高级的突破性变化（或变革）的过程"（张培刚，2002）。新的定义增加了两方面内容：一方面是强调了这种变化过程是由低级向高级发展的、动态的；另一方面是这个过程必须是突破性的、革命性的。

因此，总的来说工业化是一个长期的经济结构变化过程。在这个过程中，工业部门持续扩张，特别是制造业增长迅速，只是农业部门净产值和劳动力比重持续下降，而工业部门尤其是制造业部门比重持续上升，服务业部门的比重大体上保持不变，居民收入水平和消费水平不断提高。

世界上最早开始和完成工业化的国家是英国。早期发达国家的工业化一般被称为传统工业化，具有以下特点：

1）优先发展重工业，忽视农业和轻工业。传统工业化往往经历了忽视和牺牲农业与农村的发展阶段。在工业化发展的初期，片面强调优先发展重工业，忽视农业、轻工业和服务业的发展。工农业产品价格"剪刀差"突出，体现了农业支持工业，农业为工业发展提供积累，但最直接的后果就是导致了城乡差异。

2）粗放型的经济发展方式。传统工业化建立在资金的高投入与能源资源大量消费的基础之上，突出表现为高投入、高消耗、高排放、高污染、低产出、低效率的粗放型经济发展方式。在这种经济发展方式下，在生产力水平得到发展、创造了巨大社会财富的同时，也付出了资源和环境的沉重代价。

3）走的是先污染后治理道路。早期的工业化过程一直伴随着较为突出的环境污染问题，发达国家走过了一条先污染后治理、以牺牲环境换取经济增长的道路，造成了严重的环境危害，带来了无法弥补的损失（陈文君，2008）。直到西方主要发达国家的工业化接近完成之际，环境污染的治理问题才真正引起西方等发达国家的关注。

（二）传统工业化的发展阶段

一般情况下，工业化是一个由低级向高级有序演进的经济和社会发展过程，因此其发展呈现出阶段性。国内外学者对工业化发展阶段的划分也不一致，但总的来说研究的都是工业化过程的具体阶段及其主要特征，即工业部门内部的结构演化阶段和国民经济工业化的演化阶段（胡伯项和易文斌，2008）。通常把前者称为工业化的发展过程，把后者称为经济发展过程。

1．工业内部结构演化过程

英国经济学家费舍尔（A. G. Fisher）于 20 世纪 30 年代在其著作《安全与进步的冲突》中首次提出了对工业化发展具有重要影响的"三次产业"划分理论。费舍尔将一个国家的产业结构演进划分为三个相互承接的阶段：第一阶段是以农业和畜牧业为主的阶段，劳动力向非农产业转移；第二阶段为以纺织和钢铁等制造业为主的阶段，劳动力主要向制造业转移；第三阶段是以服务业为主的阶段，劳动力大规模向服务业转移（杜传忠，2013）。

一般认为，工业化发展大致要经历三个阶段：第一阶段，消费品工业优先发展阶段，如食品加工、纺织等轻工业率先发展，并在工业结构中处于优势地位；第二阶段，重化工业加速发展，消费品工业发展趋缓阶段；第三阶段，重化工与消费品工业逐渐平衡，重化工业取代消费品工业占据主导地位阶段。德国经济学家霍夫曼（W. Hoffmann）根据对各国工业化过程中消费品工业和资本品工业相对变化的统计，提出著名的霍夫曼系数，即霍夫曼系数=消费品工业净产值/资本品工业净产值（张培刚，2001）。在工业化进程中，霍夫曼系数会呈不断下降趋势（表1-1）。但这是一般规律，不同国家因国情不同，工业化道路也是各有特色。

表1-1　霍夫曼对工业化阶段的划分

工业化阶段	霍夫曼系数	阶段特征
第一阶段	4~6	消费品工业占优势
第二阶段	1.5~3.5	资本品工业迅速发展
第三阶段	0.5~1.5	消费品工业与资本品工业达到平衡
第四阶段	<1	资本品工业占主要地位

2. 国民经济工业化演进过程

国民经济工业化演进过程理论中最著名的是罗斯托的经济发展阶段论和钱纳里的人均GDP工业化阶段论。罗斯托（W. W. Rostow）将经济增长划分为五个阶段（罗斯托，2001）：第一阶段是传统社会，主要特征是生产技术落后、产业结构单一、人均收入低下，社会制度不健全；第二阶段是起飞前准备阶段，基本特征是农业技术局部改善、储蓄欲望增加、资本市场扩展、专业化分工得到发展；第三阶段是起飞阶段，主要特征是技术的应用与生产方法的转变，实施工业化战略；第四阶段是成熟阶段，主要特征是以重化工业为主导产业，劳动力向非农工业部门转移；第五阶段是高额群众消费阶段，其基本特征是人均收入快速提高、耐用消费品与劳动服务需求巨大。

美国经济学家钱纳里（H. Chenery）与塞尔昆（M. Syrquin）等在1975年通过对100多个国家大量统计数据处理分析，得出了经济发展过程中结构转换的一般过程，被称为"多国模型"（钱纳里和塞尔昆，1989）。1986年钱纳里借助多国模型的标准模式，将随人均收入增长而发生的经济结构转换过程划分为三个阶段和六个时期（钱纳里，1989），如表1-2所示。

表 1-2　钱纳里对工业化阶段的划分

阶段	人均收入（美元）		经济发展阶段	
	1964 年	1970 年		
0	70 ~ 100	100 ~ 140	初级产品阶段	前工业化阶段
1	100 ~ 200	140 ~ 280		
2	200 ~ 400	280 ~ 560	工业化初期	工业化阶段
3	400 ~ 800	560 ~ 1120	工业化中期	
4	800 ~ 1500	1120 ~ 2100	工业化后期	
5	1500 ~ 2400	2100 ~ 3360	发达经济初级阶段	后工业化阶段
6	2400 ~ 3600	3360 ~ 5040	发达经济高级阶段	

3. 中国对于工业化阶段的划分

中国当前较为权威的有关工业化阶段的划分是陈佳贵等 2007 年在《中国工业化进程报告》中提出的。他们在钱纳里的基础上，设计了一套包含人均 GDP、制造业增加值占总商品增加值的比重、三次产业的产值结构、三次产业的就业结构和城镇化水平五项指标的综合评价国家或地区工业化水平的指标体系，将工业化过程大体上分为工业化初期、工业化中期和工业化后期（陈佳贵等，2007），如表 1-3 所示。

表 1-3　工业化不同阶段的标志值

基本指标	前工业化阶段（1）	工业化实现阶段			后工业化阶段（5）
		工业化初期（2）	工业化中期（3）	工业化后期（4）	
1. 人均 GDP					
（经济发展水平）					
（1）1964 年（美元）	100 ~ 200	200 ~ 400	400 ~ 800	800 ~ 1500	1500 以上
（2）1996 年（美元）	620 ~ 1240	1240 ~ 2480	2480 ~ 4960	4960 ~ 9300	9300 以上
（3）1995 年（美元）	610 ~ 1220	1220 ~ 2430	2430 ~ 4870	4870 ~ 9120	9120 以上
（4）2000 年（美元）	660 ~ 1320	1320 ~ 2640	2640 ~ 5280	5280 ~ 9910	9910 以上
（5）2002 年（美元）	680 ~ 1360	1360 ~ 2730	2730 ~ 5460	5460 ~ 10 200	10 200 以上
（6）2004 年（美元）	720 ~ 1440	1440 ~ 2880	2880 ~ 5760	5760 ~ 10 810	10 810 以上
（7）2005 年（美元）	745 ~ 1490	1490 ~ 2980	2980 ~ 5960	5960 ~ 11 170	11 170 以上

续表

基本指标	前工业化阶段（1）	工业化实现阶段			后工业化阶段（5）
		工业化初期（2）	工业化中期（3）	工业化后期（4）	
2. 三次产业产值结构（产业结构）	A>I	A>20%，且 A<I	A<20%，且 I>S	A<10%，I>S	A<10%，I<S
3. 制造业增加值占总商品增加值比重（工业结构）（%）	20 以下	20～40	40～50	50～60	60 以上
4. 人口城市化率(空间结构)（%）	30 以下	30～50	50～60	60～75	75 以上
5. 第一产业就业人员占比（就业结构）（%）	60 以上	45～60	30～45	10～30	10 以下

注：A 代表第一产业，I 代表第二产业，S 代表第三产业

专栏 1-1

第三次工业革命：新经济模式如何改变世界

美国经济趋势基金会主席、著名未来学家杰里米·里夫金（Jeremy Rifkin）指出，我们当前正处在信息技术与能源体系相融合的时代，互联网信息技术与可再生能源的出现让我们迎来了第三次工业革命。

第三次工业革命的五大支柱：①向可再生能源转型；②将每一大洲的建筑转化为微型发电厂，以便就地收集可再生能源；③在每一栋建筑物以及基础设施中使用氢和其他存储技术，以存储间歇式能源；④利用互联网技术将每一大洲的电力网转化为能源共享网络，这一共享网络的工作原理类似于互联网（成千上万的建筑物能够就地生产出少量的能源，这些能源多余的部分既可以被电网回收，也可以被各大洲之间通过联网而共享）；⑤将运输工具转向插电式以及燃料电池动力车，这种电动车所需要的电可以通过洲与洲之间共享的电网平台进行买卖。

资料来源：杰里米·里夫金（美）.2012.第三次工业革命：新经济模式如何改变世界.张体伟，孙豫宁译.北京：中信出版社

二、新型工业化

（一）新型工业化的涵义与特点

1. 新型工业化的涵义

中国特色新型工业化道路是工业化理论与中国国情相结合的时代产物。新型工业化是基于中国经济发展遇到来自就业、资源和环境等方面的压力，同时也是对面临信息技术带来的产业革命等新的历史性机遇多方因素综合分析的基础上得出的结论，是科学发展观的体现。它既是对传统工业化道路的反思，也是中国在人口、资源和环境制约下新的战略选择。对新型工业化道路含义的理解，应当包括以下几层含义：

1）科技含量高，就是加快科技进步以及先进科技成果的广泛应用，把经济发展建立在科技进步的基础上，提高科技在经济增长中的贡献率。

2）经济效益好，就是要适应市场化注重提高产品质量和档次规格，提高资金投入产出率，优化资源配置，不断降低成本。

3）资源消耗低，就是大力提高资源能源的利用率，减少资源消耗，提高生产效率。

4）环境污染少，就是大力推进清洁生产，发展循环经济和绿色环保产业，加强对环境和生态的保护，使经济发展与生态环境相协调。

5）人力资源优势得到充分发挥，就是要提高劳动者素质，充分利用中国劳动力成本低的有利条件，妥善处理好工业化过程中提高劳动生产率和充分就业的关系，不断增加就业。

2. 新型工业化的特点

（1）坚持以人为本思想

传统工业化在以物为本的传统发展观的指导下，把财富的增长和资本的增值、积累作为社会发展的唯一目的，人的发展只是一种手段。新型工业化在以人为本的科学发展观的指导下，把人的发展作为最终目标，更加注重提高人的专业化素质，增加人的选择机会，满足人的参与和享受需求并为尽可能多的人服务（刘世锦，2003）。因此，新型工业化是科学发展观指导下的以人为本的工业化。

（2）信息化与工业化联动发展

走新型工业化道路必须正确处理工业化与信息化之间的关系，促进信息化与工业化的深度融合。从普遍规律上来看，信息化能够改造和提升工业化的水平和质量。作为中国的特色，信息化带动工业化是在一个发展中国家这个特定历史条件下，在全球经济一体化趋势日益深化、信息社会正在加速到来的历史阶段中，工业化和信息化这两个不同维度的社会进化过程同一时期在中国的重叠，而且在目前的发展中需要两步并作一步走——既要搞信息化，也要搞工业化。

（3）以可持续发展为指导

传统工业化忽视了资源环境在人类工业化进程中的重要作用，因此在经济增长的同时也带来了环境污染和资源枯竭等问题。中国当前的资源和环境状况都决定了中国必须走出一条具有中国特色的可持续发展道路，采用循环经济、绿色经济等新型经济发展模式，加快淘汰落后产能，推进工业节能与清洁生产，降低能源消耗和环境污染，走适合中国的新型工业化道路。

（4）以创新为根本驱动力

创新是促进经济持续发展和实现民族伟大复兴的力量源泉，主要是指将科技成果和新思维转化为现实生产力以取得较高经济效益的活动。因此，新型工业化的提出和实现都与创新密切相关。走中国特色的新型工业化道路，就应当以创新为根本驱动力，积极推进科技创新与产业转型升级，积极利用拥有自主知识产权的、高附加值的高新技术改造与提升传统产业，通过提高传统产业的技术含量与竞争力，促进产业设备与产品的升级换代。

（5）充分发挥人力资源优势

新型工业化是以充分就业为先导的工业化，走新型工业化道路既是三次产业结构调整优化的过程，也是创造更多就业机会的过程。因此，工业化过程中必须处理好发展高新技术产业与传统产业的关系，大力发展旅游业、社会服务业等第三产业，加强对农村劳动力转移的引导与扶持，把技术进步、效率提高与实现充分就业相统一，使工业化的成果为更多人分享。

（二）新型工业化的实现途径

新型工业化是符合世界经济发展趋势和中国国情的现代化道路，具有鲜明的时代特征和不可替代的先进性。因此，根据现实情况采取相应措施，正确处理好相互之间关系，趋利避害，走出一条具有中国特色的新型工业化道路应从以下几方面考虑（叶连松和靳新彬，2009）。

（1）以科学发展推进区域经济协调发展

中国特色的新型工业化是以科学发展观为统领，是实现工业化与促进发展方式转变的统一。科学发展观就是坚持以人为本，树立和落实全面协调可持续的科学发展观，促进经济、社会和人的全面发展。科学发展观倡导的发展是又好又快的发展，因此在新的形势下根据中国十年之内基本实现工业化、全面建设小康社会的宏伟愿景，走新型工业化道路必须遵循全面、协调、可持续的科学发展观，反映了社会主义现代化建设的客观规律。

（2）以高新技术推进两化深度融合

世界工业化的历史证明，工业化的发展始终伴随着具有变革作用的先进技术的开发与应用。随着科技的发展，当前工业化已经进入了以自动化、信息化为标准的新时代。信息化是当今世界发展的大趋势，是推动经济社会变革的重要力量，信息技术已成为推动社会生产力发展和人类文明进步的巨大动力。因此，应当坚定不移地走以信息化带动工业化、工业化促进信息化的新型工业化道路。

（3）以结构优化推进发展方式转变

产业结构不合理是经济增长中资源消耗多、环境污染重的重要原因。因此，产业结构调整应当是中国新型工业化的核心问题。推进产业结构调整和优化升级，就必须大力发展高新技术产业，运用高新技术和先进技术改造与提升传统产业，考虑劳动力的充分就业，形成技术密集型产业、资本密集型产业与劳动密集型产业相结合的产业结构。同时依靠科技进步、科技创新、科学管理等措施将中国当前粗放型的经济发展方式转变为集约型经济发展方式，实现又好又快地发展。

（4）以可持续发展推进经济绿色增长

新型工业化是有别于传统工业化"先污染后治理"、"边污染边治理"的新路子，必须切实从传统工业化资源消耗多、环境污染大的发展道路转变为绿色低碳、清洁生产的新型工业化道路上来。新型工业化道路就是要在经济社会发展中把节约能源和保护生态环境放在突出位置，按照建设资源节约型和环境友好型社会的要求，积极推进资源高效利用、污染妥善治理、生产绿色清洁，大力发展循环经济和绿色经济，坚持走可持续发展道路。

（5）以新型城镇化推进城乡统筹发展

工业化与城镇化是一种相互联系、相互促进的关系。工业化能够有效推进城镇化，而城镇化是工业经济的基础和依托，因此推进工业化和城镇化的互动发展，是推进科学发展的必然要求。通过城乡统筹改变城乡二元结构，缩小城乡收入差距，保证城乡居民享有平等的受教育机会和就业机会，进一步加大基本社会保障力度和范围，实现以城带乡、城乡一体的新型城镇化格局。

专栏 1-2

十六大以来有关新型工业化的重要文献与重大政策一览

时间	名称	
2002.11.8	十六大报告：走新型工业化道路	江泽民
2003.10	《关于实施东北地区等老工业基地振兴战略的若干意见》	国务院
2004.11.15	振兴东北老工业基地	温家宝
2006.9	在新疆考察工作时强调：坚持走新型工业化道路	胡锦涛
2007.3.6	参加湖南代表团审议时强调：坚定不移地走新型工业化道路	胡锦涛
2007.12.3	加快转变经济发展方式，走中国特色新型工业化道路	胡锦涛
2007.10.15	十七大报告：坚持走中国特色新型工业化道路	胡锦涛

续表

时间	名称	
2009.9.9	《国务院关于进一步实施东北地区等老工业基地振兴战略的若干意见》	国务院
2010.2	在2010经济全球化与工会国际论坛开幕式上的致辞：坚持走中国特色新型工业化道路	习近平
2010.3	参加广西团审议要求推进新型工业化	习近平
2012.2	《关于进一步做好国家新型工业化产业示范基地创建工作的指导意见》	工业和信息化部、财政部、国土资源部
2012.5.28	第十七届中共中央政治局就坚持走中国特色新型工业化道路和推进经济结构战略性调整进行第三十三次集体学习时的讲话	胡锦涛
2012.11.8	十八大报告：坚持走中国特色新型工业化、信息化、城镇化、农业现代化道路，推动信息化和工业化深度融合、工业化和城镇化良性互动、城镇化和农业现代化相互协调，促进工业化、信息化、城镇化、农业现代化同步发展。	胡锦涛
2013.3	全国老工业基地调整改造规划（2013-2022年）	国家发展和改革委员会
2013.6	《国家发展改革委贯彻落实主体功能区战略推进主体功能区建设若干政策的意见》：推进主体功能区建设加快新型工业化城镇化进程	国家发展和改革委员会
2013.12.2	向联合国工业发展组织第十五届大会发表视频贺词时强调探索走新型工业化发展之路	李克强

资料来源：《十六大以来重要文献选编（上、中、下）》、《十七大以来重要文献选编（上、中、下）》、十六大报告、十七大报告、十八大报告、中华人民共和国中央人民政府门户网站、中华人民共和国财政部门户网站、人民网、新华网

三、中国新型工业化内涵解读

（一）不同时期中国工业化的内涵解读

中国工业化的发展历程不仅是中国工业化水平逐渐提高的过程，也包含着中国每一代领导集体的智慧与反思，是毛泽东思想、邓小平理论、"三个代表"重要思想和科学发展观指导下的工业化进程。正是这些党和国家领导人对历史规律的正确认识、对发展方式的积极探索，坚持以人为本的执政理念，才有了中国的新型工业化。

1. 新中国成立初期工业化的内涵

1949 年新中国刚刚成立的时候，苏联给予了中国很大的支持，这其中不仅包括有形的经济援助与技术输出，还包括无形的意识与思想。在新中国成立后的前 30 年里，指导中国工业化的主要思想是斯大林的工业化理论和毛泽东的工业化理论（谭险峰和龚亚香，2000）。斯大林是社会主义工业化理论的创造者，他在列宁的基础上完成了社会主义工业化理论，解决了方法、速度、资金等一系列问题，这些都对中国的工业化建设指明了方向（宣传册，1954）。斯大林社会主义工业化理论的核心就是通过优先发展重工业来实现国家的工业化，在第二次世界大战时期苏联依靠其完备的工业体系战胜了纳粹德国的入侵，足以证明这一理论是基本正确的。

毛泽东在新中国成立初期也提出了优先发展重工业的指导思想，只有建设好重工业，才能使全部工业、运输业以及农业获得为发展和改造所必需的装备。周恩来在 1953 年 9 月 8 日向全国政协常务委员会所做的过渡时期总路线的汇报会上说："首先集中主要力量发展重工业，建立国家工业化和国防现代化的基础。"根据这一方针，中央决定成立以周恩来为首的"一五"计划编制工作领导小组，编制第一个五年计划。为了编制好"一五"计划，中央先后派了周恩来、陈云等同志前往苏联考察学习。但是，同时毛泽东也指出要避免苏联片面发展重工业的错误。他在《论十大关系》中提出，中国不能因循苏联工业化的道路，片面地注重重工业，忽视农业和轻工业，而应走在大力发展农业和轻工业的基础上发展重工业的道路。因此，毛泽东的工业化理论是中国探索出来的与苏联不同的工业化道路，基本形成了以重工业为主，重工业和轻工业、农业同时并举为主要内容的中国特色的社会主义工业化道路的思想。

2. 改革开放时期工业化的内涵

1978 年党的十一届三中全会以后，中国正式进入改革开放的新时期。这一时期中国的工业化进程主要是以邓小平理论为指导。

邓小平在领导中国探索工业化道路的过程中始终坚持社会主义特色和中国特色。邓小平的工业化理论主要包括以下几点：一是强调工业化的最终目的是为了改善人民生活；二是强调了科学技术的重要作用；三是在公有制为主体的基础上利用一切有利于生产力发展的经济形式；四是强调了实现社会主义市场经济的重要性。从党的十一届三中全会实现全党工作重心转移开始，国家逐渐对严重失调的国民经济进行调整，积极发展农业和轻工业，让重工业调整方向，更好地为农业、轻工业和整个国民经济服务，使重工业和农业、轻工业之间的关系趋向协调。邓小平强调经济工作要按经济规律办事，要转变经济增长方式，一是要在提高经济效益的基础上争取较高的速度；二是要保战略目标，实现经济结构的合理化；三是依靠科技进步实现经济增长。

在邓小平理论指导下的中国特色新工业化道路的探索不仅为 21 世纪中国走新型工业化道路奠定了良好的基础，还具有明显的转型与过渡的新特点（刘建萍，2004）：第一，大力发展农业与乡镇企业，使中国的工业化呈现出农村工业化与城市工业化齐头并进的演化格局；第二，依靠科技振兴经济，大力发展高新技术产业，使之在传统产业发展的基础上快速起步；第三，确定社会主义市场经济体制的改革方向，使中国的工业化获得市场化的内在动力机制。

3. 十六大中国特色新型工业化的内涵

2002 年 11 月，党的十六大报告提出"走新型工业化道路"，为转变经济增长方式指明了方向。新型工业化道路是指科技含量高、经济效益好、资源消耗低、环境污染少、人力资源得到充分发挥的工业化路子。中国新型工业化道路理论是中国共产党顺应世界经济、科技发展新趋势，立足国情，是世界工业化发展史上一项崭新的重大战略决策，具有十分丰富的科学内涵和基本特征。

党的十六大报告指出，这条新路与传统工业化相比，它的"新"主要表现在三个方面：第一，发达国家都是在工业化之后推进信息化的。中国是个发展中国家，近年来信息化发展很快。我们完全可以在工业化进程中推进信息化，以信息化带动工业化，以工业化促进信息化，从而发挥后发优势，实现生产力的跨越式发展。第二，发达国家实现工业化特别是在快速发展时期，大多数是以消耗能源、牺牲环境为代价，负面影响非常大。因此，在实现工业化过程中，应特别强调生态建设和环境保护，处理好经济发展与人口、资源、环境之间的关系。第三，在发达国家实现工业化过程中，机械化和自动化是主要着力点，从而导致失业问题的出现。因此，在工业化进程中创造就业机会，实现充分就业至关重要。

中国的国情是人口多，劳动力成本比较低。这就要求我们在工业化进程中，处理好资本技术密集型产业与劳动密集型产业的关系、高新技术产业与传统产业的关系、实体经济与虚拟经济的关系，有意识地在推进工业化的同时扩大就业。很明显，新型工业化道路是在总结世界各国工业化经验教训基础上，从中国国情出发，根据信息化时代实现工业化的要求和有利条件提出的，对于加快中国工业化和现代化进程，必将产生积极的推动作用。

4. 十八大中国特色新型工业化的内涵

2012 年 11 月，党的十八大报告提出："坚持走中国特色新型工业化、信息化、城镇化、农业现代化道路，推动信息化和工业化深度融合、工业化和城镇化良性互动、城镇化和农业现代化相互协调，促进工业化、信息化、城镇化、农业现代化同步发展。"这是党和国家领导人在新形势下基于对"四化"的重要性、关联度和存在问题的科学分析做出的战略决策，同时也为中国特色的新型工业化道路指明了方向。

首先，工业化、信息化、城镇化、农业现代化相互关联、不可分割，统一于社会主义现代化建设过程。中国正处于"四化"深入发展的过程中，"四化"既是中国社会主义现代化建设的战略任务，也是加快形成新的经济发展方式，促进中国经济持续健康发展的重要动力。中国已进入工业化中后期，只有工业化和城镇化这两个"轮子"相互促进，协调发展，才能不断推动社会主义现代化进程。城镇化和农业现代化需要相互协调。城镇化与农业现代化都是农村、农业发展的路径和手段，相互依托，相互促进。仅仅依靠城镇化，忽视农业现代化，很难从根本上改变农村的落后面貌，而且容易导致农业萎缩，引发"城市病"。

其次，"四化"存在融合不够、互动不足、协调不力的问题。进入21世纪以来，中国"四化"进入新的发展阶段，协调性不断增强。但是，按照同步发展的更高要求，还存在明显缺陷，主要表现在：一是信息化与工业化融合不够；二是工业化与城镇化互动不足；三是城镇化、工业化与农业现代化协调不力，农业现代化明显滞后。

最后，促进"四化"同步发展。十八大报告在推动经济可持续发展的新观点中提到工业化、城镇化、信息化和农业现代化"四化"同步的观点。"四化"中始终把工业化放在突出位置，强调工业作为实现"四化"的前提和保障。"新四化"相互联系、相互促进：工业化与信息化是发展到一定阶段的"孪生子"，其深度融合是产业升级的方向与动力；城镇化蕴含着巨大的内需潜力，是现代化建设的载体；而农业现代化则是整个经济社会发展的根本基础和重要支撑（牛文元，2013）。

（二）40个老工业基地新型工业化水平对比

2002年11月，党的十六大报告提出了"新型工业化道路"概念，明确了新型工业化的科学内涵与具体目标，即以信息化带动工业化，以工业化促进信息化的新型工业化，走出一条科技含量高，经济效益好，资源消耗低，环境污染少，人力资源优势得到充分发挥的新型工业化道路。2012年11月，党的十八大报告再次强调要坚定不移地走新型工业化道路，进一步强调信息化对新型工业化的重要作用，促进"四化"互动协调，实现跨越式发展。在此基础上，我们根据中国特色新型工业化的内涵与目标，构建了中国新型工业化水平评价的指标体系（表1-4），并以2002年与2012年为时间节点，测算了中国40个老工业基地的新型工业化水平，通过对比有助于把握老工业基地新型工业化的发展历程，评价其发展水平。

表1-4　中国新型工业化水平评价指标体系

指标		要素
中国新型工业化水平	科技创新水平	研发支出占比（%）
		创新有效率（%）
	经济效益水平	规模以上工业增加值增长率（%）
		单位投资经济增长率（%）
	资源节约水平	万元GDP电耗（千瓦时/万元）
		万元GDP水耗（立方米/万元）
	环境友好水平	工业固废综合利用率（%）
		工业废水排放量（万吨）
	人力资源水平	科技人员从业人数占比（%）
		全员劳动生产率（万元/人·年）

1. 指标说明

中国新型工业化水平评价指标体系具体包括科技创新水平、经济效益水平、资源节约水平、环境友好水平和人力资源水平五大子系统及其分属的10个要素。

科技创新水平：是对中国老工业基地在提高科技创新能力方面利用科学技术、高新技术的总体度量，由研发支出占比和创新有效率两项组成。

经济效益水平：是对中国老工业基地工业生产过程中生产总值与生产成本之间效益关系的总体度量，由规模以上工业增加值增长率和单位投资经济增长率两项组成。

资源节约水平：是对中国老工业基地工业生产过程中资源消耗情况的总体度量，由万元GDP电耗和万元GDP水耗两项组成。

环境友好水平：是对中国老工业基地经济在增长过程中对周围生态环境影响的总体度量，由工业固废综合利用率和工业废水排放量两项组成。

人力资源水平：是对中国老工业基地从业人员在新型工业化发展进程中数量与质量的总体度量，由科技人员从业人数占比和全员劳动生产率两项组成。

2. 指标量化

在中国新型工业化水平评价指标体系中，对二级指标进行说明与界定，并给出了详细的计算方法与权威的数据来源，如表1-5所示。

表1-5　新型工业化测度的二级评价指标计算公式及其说明

指标名称	计算方法	指标说明	数据来源
研发支出占比	$\frac{科学技术支出}{地方财政一般预算内支出}\times100\%$	反映一个地区基础研发投入水平的重要指标	《中国城市统计年鉴》2003，2013
创新有效率	$\frac{专利授权量}{专利申请量}\times100\%$	衡量一个地区实质有效创新水平的主要指标	各城市《国民经济和社会发展统计公报》，国家知识产权局
规模以上工业增加值增长率	当年工业增加值相对上一年的工业增加值的增值与上一年工业增加值的百分比	反映工业企业在一定时期内以货币形式表现的工业生产活动的最终成果	各城市《国民经济和社会发展统计公报》
单位投资经济增长率	$\frac{当年GDP}{上年全社会固定资产投资总额}\times100\%$	体现一定时期内投资对GDP的拉动	《中国城市统计年鉴》2002，2003，2012，2013
万元GDP电耗	$\frac{用电总量}{GDP}\times100\%$	反映创造一个计量单位GDP所消耗的电力情况，是负向指标	《中国城市统计年鉴》2003，2013
万元GDP水耗	$\frac{供水总量}{GDP}\times100\%$	反映创造一个计量单位GDP所消耗的用水量，是负向指标	《中国城市统计年鉴》2003，2013
工业固废综合利用率	$\frac{工业固体废物综合利用量}{工业固体废物产生量+贮存量}\times100\%$	用来表征工业生产过程中固体废物的综合利用情况，是环境保护常规统计指标	《中国城市统计年鉴》2003，2013
工业废水排放量	包括生产废水、外排的直接冷却水、超标排放的矿井地下水和与工业废水混排的厂区生活污水	测度工业废水排放的规模情况，是进行工业环境友好水平评价的重要指标，是负向指标	《中国城市统计年鉴》2003，2013

续表

指标名称	计算方法	指标说明	数据来源
科技人员从业人数占比	$\frac{科技人员数}{年末单位从业人员数} \times 100\%$	用于反映该地区的科技人员队伍的配置	《中国城市统计年鉴》2003，2013
全员劳动生产率	$\frac{工业增加值}{制造业从业人员数} \times 100\%$	综合反映工业生产技术水平、职工技术熟练度和劳动生产积极性	《中国城市统计年鉴》2003，2013

3. 测算结果

（1）唐山新型工业化水平

年份	科技创新水平	经济效益水平	资源节约水平	环境友好水平	人力资源水平	新型工业化水平
2002	0.481	1.069	-0.197	0.376	0.108	0.184
2012	1.121	0.533	-0.151	0.830	0.641	0.297

（2）太原新型工业化水平

年份	科技创新水平	经济效益水平	资源节约水平	环境友好水平	人力资源水平	新型工业化水平
2002	0.612	0.377	-0.627	0.426	0.550	0.134
2012	1.389	0.544	-0.206	0.432	0.769	0.293

（3）大同新型工业化水平

年份	科技创新水平	经济效益水平	资源节约水平	环境友好水平	人力资源水平	新型工业化水平
2002	0.151	0.659	-0.616	0.275	0.132	0.060
2012	0.626	0.429	-0.137	0.591	0.730	0.224

（4）阳泉新型工业化水平

年份	科技创新水平	经济效益水平	资源节约水平	环境友好水平	人力资源水平	新型工业化水平
2002	0.283	0.725	-0.667	0.114	0.158	0.061
2012	0.456	0.432	-0.267	0.196	0.852	0.167

（5）包头新型工业化水平

年份	科技创新水平	经济效益水平	资源节约水平	环境友好水平	人力资源水平	新型工业化水平
2002	0.752	0.873	-0.646	0.174	0.225	0.138
2012	0.881	0.556	-0.115	0.232	0.702	0.226

（6）沈阳新型工业化水平

年份	科技创新水平	经济效益水平	资源节约水平	环境友好水平	人力资源水平	新型工业化水平
2002	0.259	0.777	-0.230	0.719	0.619	0.214
2012	1.257	0.335	-0.043	0.701	1.030	0.328

（7）鞍山新型工业化水平

年份	科技创新水平	经济效益水平	资源节约水平	环境友好水平	人力资源水平	新型工业化水平
2002	0.249	1.113	-0.415	0.265	0.266	0.148
2012	1.026	0.335	-0.122	0.030	1.013	0.228

（8）抚顺新型工业化水平

年份	科技创新水平	经济效益水平	资源节约水平	环境友好水平	人力资源水平	新型工业化水平
2002	0.153	0.588	-0.663	0.406	0.256	0.074
2012	0.541	0.424	-0.182	0.136	0.753	0.167

（9）本溪新型工业化水平

年份	科技创新水平	经济效益水平	资源节约水平	环境友好水平	人力资源水平	新型工业化水平
2002	0.145	0.498	-1.098	0.316	0.164	0.002
2012	1.158	0.361	-0.270	-0.001	0.603	0.185

（10）阜新新型工业化水平

年份	科技创新水平	经济效益水平	资源节约水平	环境友好水平	人力资源水平	新型工业化水平
2002	0.246	0.492	-0.713	0.638	0.173	0.084
2012	1.018	1.021	-0.135	0.758	0.255	0.292

（11）长春新型工业化水平

年份	科技创新水平	经济效益水平	资源节约水平	环境友好水平	人力资源水平	新型工业化水平
2002	0.322	0.710	−0.156	0.921	0.627	0.242
2012	0.735	0.393	−0.019	0.826	0.991	0.293

（12）吉林新型工业化水平

年份	科技创新水平	经济效益水平	资源节约水平	环境友好水平	人力资源水平	新型工业化水平
2002	0.322	0.483	−0.790	0.568	0.145	0.073
2012	0.946	0.310	−0.070	0.130	0.680	0.200

（13）哈尔滨新型工业化水平

年份	科技创新水平	经济效益水平	资源节约水平	环境友好水平	人力资源水平	新型工业化水平
2002	0.291	0.573	−0.133	0.729	0.235	0.169
2012	1.105	0.303	−0.039	0.678	0.801	0.285

（14）齐齐哈尔新型工业化水平

年份	科技创新水平	经济效益水平	资源节约水平	环境友好水平	人力资源水平	新型工业化水平
2002	0.302	1.042	−0.283	0.769	0.107	0.194
2012	1.061	0.369	−0.074	0.483	0.528	0.237

（15）鸡西新型工业化水平

年份	科技创新水平	经济效益水平	资源节约水平	环境友好水平	人力资源水平	新型工业化水平
2002	0.278	0.911	−0.360	0.689	0.049	0.157
2012	1.188	0.988	−0.117	0.633	0.056	0.275

（16）鹤岗新型工业化水平

年份	科技创新水平	经济效益水平	资源节约水平	环境友好水平	人力资源水平	新型工业化水平
2002	0.273	0.430	−0.617	0.729	0.062	0.088
2012	0.875	0.941	−0.147	0.354	0.509	0.253

（17）大庆新型工业化水平

年份	科技创新水平	经济效益水平	资源节约水平	环境友好水平	人力资源水平	新型工业化水平
2002	0.242	0.561	-0.431	0.779	0.122	0.127
2012	1.200	0.579	-0.059	0.748	0.357	0.282

（18）马鞍山新型工业化水平

年份	科技创新水平	经济效益水平	资源节约水平	环境友好水平	人力资源水平	新型工业化水平
2002	0.183	0.614	-1.473	0.608	0.144	0.008
2012	1.432	0.428	-0.175	0.710	0.506	0.290

（19）铜陵新型工业化水平

年份	科技创新水平	经济效益水平	资源节约水平	环境友好水平	人力资源水平	新型工业化水平
2002	0.113	0.386	-1.041	0.608	0.049	0.012
2012	1.637	0.352	-0.157	0.667	0.634	0.313

（20）萍乡新型工业化水平

年份	科技创新水平	经济效益水平	资源节约水平	环境友好水平	人力资源水平	新型工业化水平
2002	0.238	0.768	-0.304	0.820	0.193	0.172
2012	0.881	0.462	-0.093	0.884	1.046	0.318

（21）九江新型工业化水平

年份	科技创新水平	经济效益水平	资源节约水平	环境友好水平	人力资源水平	新型工业化水平
2002	0.161	0.600	-0.474	0.437	0.185	0.091
2012	0.853	0.480	-0.003	0.147	0.630	0.211

（22）淄博新型工业化水平

年份	科技创新水平	经济效益水平	资源节约水平	环境友好水平	人力资源水平	新型工业化水平
2002	0.345	0.912	-0.439	0.759	0.164	0.174
2012	1.038	0.472	-0.128	0.424	0.531	0.234

（23）枣庄新型工业化水平

年份	科技创新水平	经济效益水平	资源节约水平	环境友好水平	人力资源水平	新型工业化水平
2002	0.217	0.715	-0.318	0.910	0.112	0.164
2012	0.947	0.437	-0.041	0.660	1.112	0.311

（24）洛阳新型工业化水平

年份	科技创新水平	经济效益水平	资源节约水平	环境友好水平	人力资源水平	新型工业化水平
2002	0.113	0.777	-0.217	0.517	0.681	0.187
2012	1.178	0.434	-0.140	0.286	1.275	0.303

（25）平顶山新型工业化水平

年份	科技创新水平	经济效益水平	资源节约水平	环境友好水平	人力资源水平	新型工业化水平
2002	0.370	0.956	-0.270	0.638	0.108	0.180
2012	1.132	0.266	-0.077	0.666	0.505	0.249

（26）焦作新型工业化水平

年份	科技创新水平	经济效益水平	资源节约水平	环境友好水平	人力资源水平	新型工业化水平
2002	0.259	0.754	-0.451	0.709	0.096	0.137
2012	1.094	0.493	-0.159	0.216	0.526	0.217

（27）武汉新型工业化水平

年份	科技创新水平	经济效益水平	资源节约水平	环境友好水平	人力资源水平	新型工业化水平
2002	0.333	0.335	-0.346	0.941	0.552	0.182
2012	1.110	0.566	-0.085	0.275	0.930	0.280

（28）黄石新型工业化水平

年份	科技创新水平	经济效益水平	资源节约水平	环境友好水平	人力资源水平	新型工业化水平
2002	0.391	0.812	-0.588	0.346	0.103	0.106
2012	0.518	0.229	-0.098	0.631	0.419	0.170

（29）十堰新型工业化水平

年份	科技创新水平	经济效益水平	资源节约水平	环境友好水平	人力资源水平	新型工业化水平
2002	0.227	1.055	−0.434	0.789	0.097	0.173
2012	1.227	0.195	−0.056	0.446	0.211	0.202

（30）株洲新型工业化水平

年份	科技创新水平	经济效益水平	资源节约水平	环境友好水平	人力资源水平	新型工业化水平
2002	0.207	0.999	−0.507	0.749	0.298	0.175
2012	1.028	0.566	−0.058	0.700	0.465	0.270

（31）湘潭新型工业化水平

年份	科技创新水平	经济效益水平	资源节约水平	环境友好水平	人力资源水平	新型工业化水平
2002	0.299	0.844	−0.850	0.729	0.089	0.111
2012	1.020	0.544	−0.103	0.761	0.586	0.281

（32）重庆新型工业化水平

年份	科技创新水平	经济效益水平	资源节约水平	环境友好水平	人力资源水平	新型工业化水平
2002	0.094	0.223	−0.214	0.679	0.521	0.130
2012	0.750	0.633	−0.071	−0.184	0.330	0.146

（33）青白江新型工业化水平

年份	科技创新水平	经济效益水平	资源节约水平	环境友好水平	人力资源水平	新型工业化水平
2002	0.146	0.418	−0.697	0.699	0.053	0.062
2012	0.782	0.461	−0.205	0.733	0.945	0.272

（34）攀枝花新型工业化水平

年份	科技创新水平	经济效益水平	资源节约水平	环境友好水平	人力资源水平	新型工业化水平
2002	0.271	0.556	−0.722	0.336	0.062	0.050
2012	0.991	0.647	−0.328	0.088	0.603	0.200

（35）铜川新型工业化水平

年份	科技创新水平	经济效益水平	资源节约水平	环境友好水平	人力资源水平	新型工业化水平
2002	0.139	0.238	-1.114	0.285	0.065	0.000
2012	0.384	0.894	-0.451	0.958	1.114	0.290

（36）宝鸡新型工业化水平

年份	科技创新水平	经济效益水平	资源节约水平	环境友好水平	人力资源水平	新型工业化水平
2002	0.331	0.240	-0.187	0.416	0.109	0.091
2012	0.772	0.822	-0.010	0.417	0.695	0.270

（37）金昌新型工业化水平

年份	科技创新水平	经济效益水平	资源节约水平	环境友好水平	人力资源水平	新型工业化水平
2002	0.245	0.229	-1.208	0.104	0.031	0.000
2012	0.973	0.774	-0.492	0.104	0.225	0.158

（38）白银新型工业化水平

年份	科技创新水平	经济效益水平	资源节约水平	环境友好水平	人力资源水平	新型工业化水平
2002	0.177	0.547	-1.046	0.215	0.031	0.000
2012	0.874	0.758	-0.431	0.463	0.595	0.226

（39）石嘴山新型工业化水平

年份	科技创新水平	经济效益水平	资源节约水平	环境友好水平	人力资源水平	新型工业化水平
2002	0.204	0.147	-1.205	0.376	0.017	0.000
2012	0.734	0.462	-0.674	0.603	0.498	0.162

（40）克拉玛依新型工业化水平

年份	科技创新水平	经济效益水平	资源节约水平	环境友好水平	人力资源水平	新型工业化水平
2002	0.137	0.171	-0.457	0.000	0.054	0.000
2012	0.868	1.120	-0.117	0.940	0.098	0.291

四、中国特色新型工业化道路

工业化是发展中国家经济发展的必由之路，新型工业化则是中国的必然选择。自党的十六大以来，中国坚持从基本国情出发，经过长期的实践与探索，在中国特色新型工业化道路上取得了举世瞩目的成绩，实现了从农业大国向工业大国的历史性转变。在回顾新型工业化发展成就的同时，必须清醒地认识到中国工业化总体上仍处于中期阶段，还存在着一些问题。党的十八大报告指出：中国发展仍处于可以大有作为的重要战略机遇期，并强调要准确判断重要战略机遇期内涵和条件的变化，全面把握机遇，沉着应对挑战。因此，应当在正视问题的基础上进一步明确新型工业化战略的发展方向，在新的历史条件下坚持"四化同步"的重大战略部署，一方面以信息技术改造传统产业，加快产业转型升级，促进工业化质量的提升；另一方面以城镇化和农业现代化作为扩大内需、人力资源充分发挥的重要依托，通过"四化同步"发展解决现有问题，实现社会生产力的跨越式发展。

（一）当前取得的成就

1. 工业经济平稳持续增长

党的十六大以来，中国始终坚持从基本国情出发，在新型工业化道路上迈出了坚实的步伐，工业经济发展突飞猛进。虽然受到过 2008 年国际金融危机的影响，但在中央"保增长、扩内需、调结构"一系列政策措施的作用下，工业经济保持平稳持续增长。工业增加值能够反映一个国家（地区）在一定时期内所生产的和提供的全部最终产品和服务的市场价值的总和，同时也可以反映生产单位或部门对国内生产总值的贡献。工业增加值是衡量经济发展好坏的重要指标，能够反映工业企业的投入、产出和经济效益情况，为改善工业企业生产经营提供依据。在新型工业化道路的推动下，中国的工业增加值与规模以上工业增加值逐年提高，2002～2012 年工业增加值增长了 3 倍多（图 1-1），进一步巩固了中国经济的持续发展。

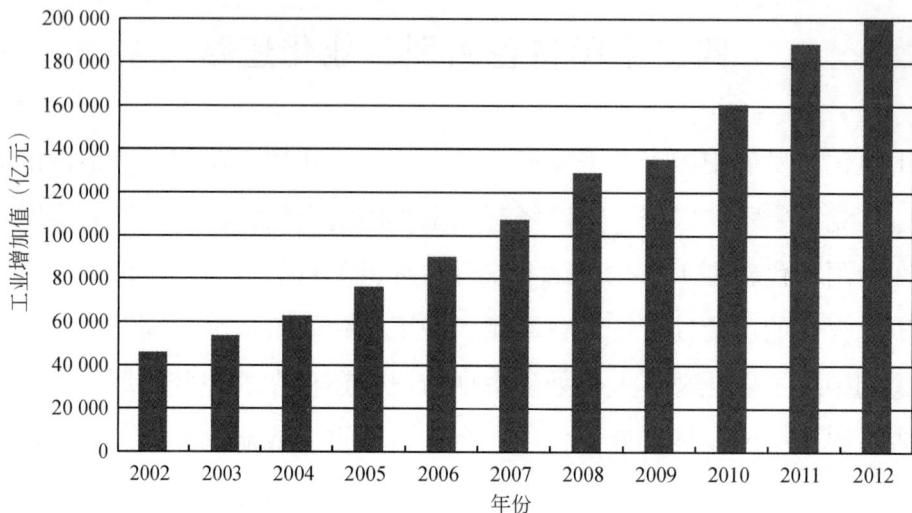

图 1-1　中国工业增加值增长情况（2002～2012 年）

资料来源：《国民经济与社会发展统计公报》2002～2012 年

2. 产业结构调整成效卓著

产业结构调整是当今各国经济发展的重要课题，是加快经济发展方式转变、促进经济社会长期又好又快发展的中心工作。改革开放以来，我国制定和实施了一系列产业政策和措施，鼓励用新技术和先进技术改造传统产业、大力培育发展高新技术产业。同时，加强对工业组织结构调整的引导和促进，工业经济结构调整取得明显成效，工业整体逐渐变大变强，基本形成了门类比较齐全的现代工业体系，基础设施建设全面加强。2002～2012 年，中国的第二产业在国内生产总值的比重始终保持在 45% 左右，对经济增长的贡献始终保持在 50% 上下（图 1-2）。十多年间，中国产业结构在合理化和高级化两方面取得突出成效，自主创新能力明显增强，产业布局进一步优化，产业结构调整成效卓著，现代产业体系建设也取得较大进展。

3. 人民生活质量大幅提高

党的十六大以来，城乡社会保障体系进一步完善，社会保障全民覆盖，人人享有基本医疗卫生服务，住房保障体系基本形成，全民受教育程度与创新人才培养水平明显提高。随着新型工业化道路的不断深化，国内生产总值

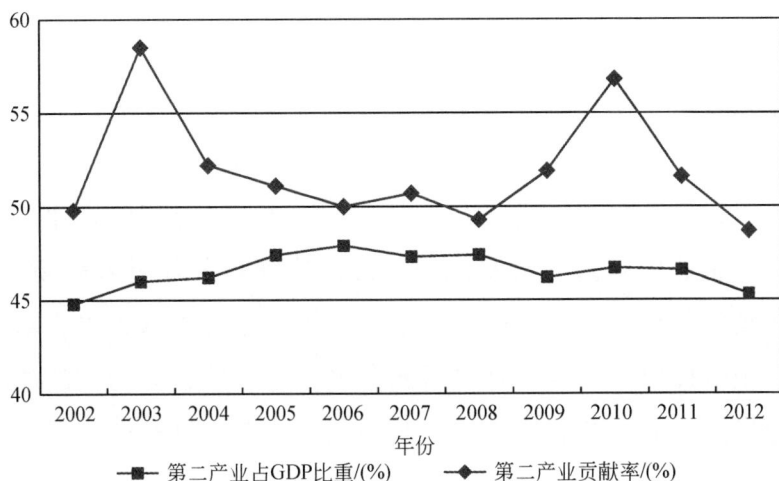

图 1-2　中国第二产业发展情况（2002~2012 年）

资料来源：《中国统计年鉴 2013》

快速增长，城乡居民收入显著增加，人均 GDP 从 2002 年的 9398 元提高到 2012 年的 38 420 元，增加了 3 倍多（图 1-3）。新型工业化带动城镇化发展迅速，2002~2011 年，城镇化率以平均每年 1.35 个百分点的速度发展，城镇人口平均每年增长 2096 万人（中国社会科学院，2013），2012 年中国城镇化率已达到 52.57%，与世界平均水平相当，人民生活质量大幅度提高，生存和发展状况得到极大改善。

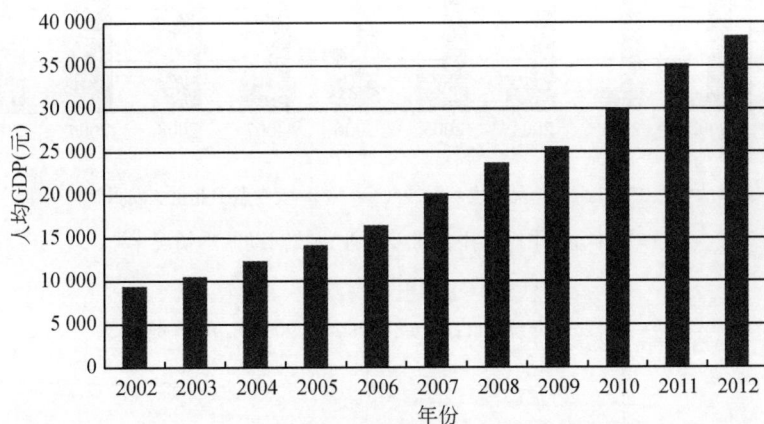

图 1-3　中国人均 GDP 增长情况（2002~2012 年）

资料来源：《中国统计年鉴 2013》

4. 科技创新能力显著提升

党的十六大以来，在新型工业化的引领与推动下，工业企业加快转变经济发展方式，依托科技的力量，大幅提高自主创新能力。通过实施以工业企业为主体的科技创新驱动战略，大力支持、鼓励、引导工业企业进行产学研结合，在工业企业设立自主研发机构，将科技创新资源引入高新技术产业，不断通过科技创新推进传统产业的转型与升级。党的十八大报告对科技创新高度重视，报告提出科技创新是提高社会生产力和综合国力的战略支撑，必须摆在国家发展全局的核心位置。工业企业科技自主创新能力显著增强，全国大中型工业企业新产品开发项目数与发明专利数逐年提高，分别从2002年的59 788个和5770件提升到2010年的159 637个和72 523件，9年间分别增长了1.7倍和11.6倍（图1-4）。

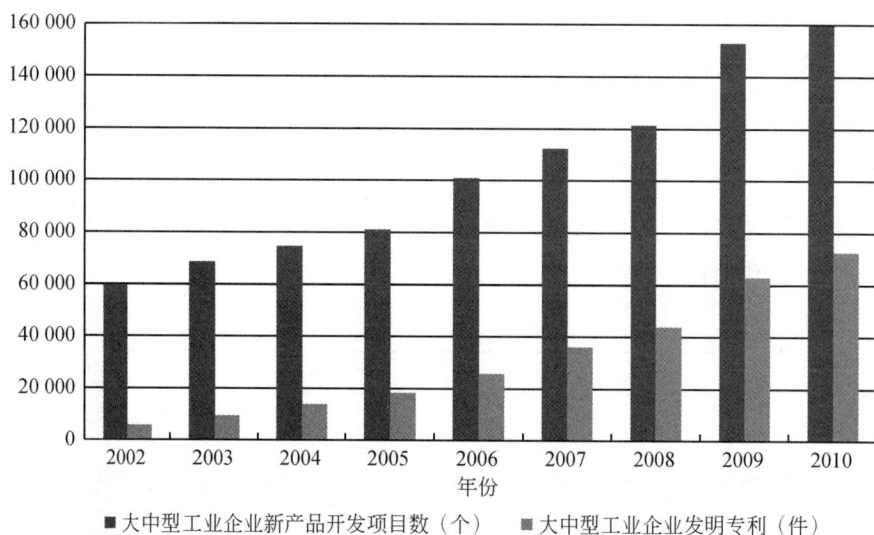

图1-4　中国大中型工业企业科技活动基本情况

资料来源：《中国科技统计年鉴2011》

注：因2012年统计口径变更，故只列出2002～2010年数据

5. 节能减排取得突出进展

新型工业化道路的可持续发展战略要求不断推进工业节能降耗、减排治污，是中国工业调结构、上水平，持续推进发展方式转变的重要任务。党的

十六大以来，国家大力推动工业节能降耗，促进节约发展，以用能大户行业为重点，在加强能源管理与排放控制的基础上加快淘汰产能落后工业；积极实施清洁生产与污染治理，不断推进清洁发展；以工业循环经济与资源综合利用为指导，推进循环经济典型示范与工业园区建设，鼓励和促进再生资源产业的研发与生产；以建设资源节约型和环境友好型工业为目标，构建绿色工业发展模式，积极推进节能环保产业的发展。工业是二氧化碳减排的主要领域，中国政府不断寻求应对全球气候变化的合作，探索低碳工业的发展。在全社会的不懈努力下，中国的万元GDP能耗从2002年的1.36下降到2012年的0.76，工业节能减排取得突出进展（图1-5）。

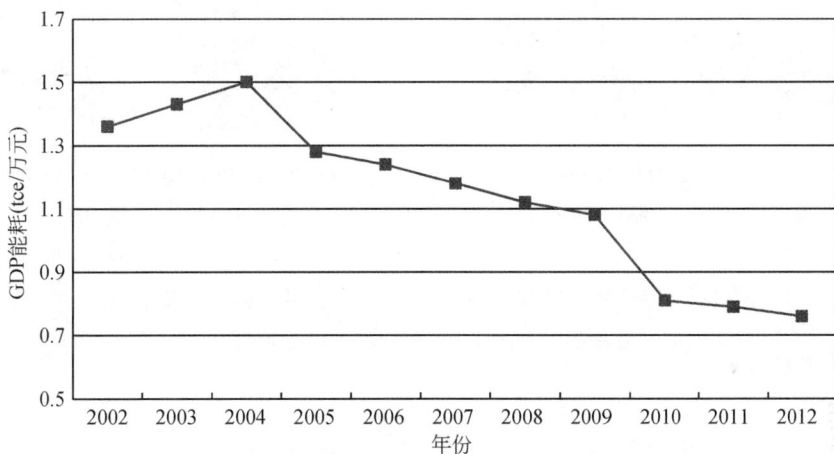

图1-5　中国万元GDP能耗发展情况

资料来源：《中国能源统计年鉴2013》

注：2002～2004年万元GDP能耗为2000年GDP可比价格计算；2005～2009年万元GDP能耗为2005年
GDP可比价格计算；2010～2012年万元GDP能耗为2010年GDP可比价格计算

（二）发展面临的问题

1. 区域经济发展不平衡

对比2002年和2012年区域经济总量占全国GDP的比重可以发现，新型工业化的11年间，中国的区域经济格局未发生明显变化（图1-6）。东部地区与中部地区工业基础好、投资效益高，经济发展格局变化不大，差别主要集中在西部地区和东北地区。这是因为在中国老工业城市中，资源枯竭型城市占较大比重，而且中国的资源型城市大多分布在东北和西部。资源型城市产业结构单一，随着工业化进程的推进，资源型城市在经历了资源开发的成熟期之后都会因遇到资源枯竭、经济衰退、就业人口下降、环境恶化等问题而进入衰退期，面临着产业转型的困境，加之老工业基地技术改造与升级滞后等原因，使得东北地区老工业基地日趋衰落。西部地区在国家西部大开发政策和产业转移措施的驱动下，区域经济取得较快发展，但是由于资源、基础、投入、市场等因素的影响，工业化水平与经济实力整体落后于东中部地区。

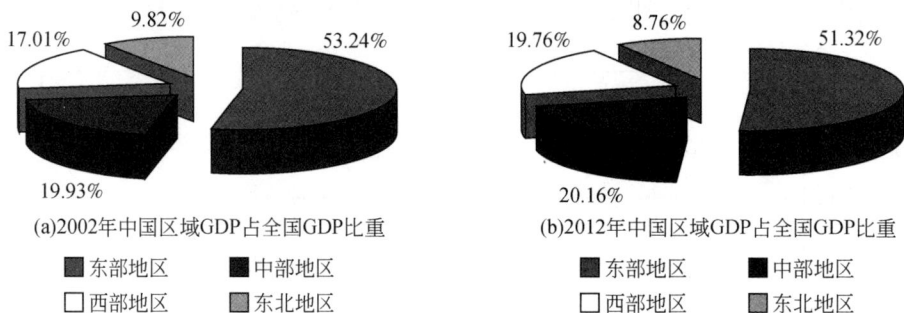

图 1-6　2002 年与 2012 年区域 GDP 占全国 GDP 总量的比重对比

资料来源：2002 年与 2012 年《中国统计年鉴》

2. 城乡差异逐渐加大

区域经济发展不平衡的直接后果就是地区间城乡发展差距和居民收入分配差距较大。改革开放以来，随着工业化和城镇化的不断发展，国民总体人均收入水平大幅提高，居民收入差距却进一步拉大。2002～2012 年 11 年间，中国的城镇居民人均可支配收入和农村居民人均纯收入逐渐增长，均增加了 2.2 倍，但是城乡收入比一直维持在 3∶1 左右，基尼系数一直高于 0.4（图 1-7）。基尼系数是综合考察居民内部收入分配差异的一个重要指标，按照国际标准，基尼系数 0.4 以上表示收入差距较大。这是因为现存的二元经济结构转变过程是一个通过城市化与工业化完成农村剩余劳动力转移的过程，城市化与工业化必然会影响农村收入以及城乡收入差距的变动（潘文轩，2010）。因此，在新型工业化推进过程中如何破除传统的二元经济结构、缩小城乡差异，是亟待解决的问题。

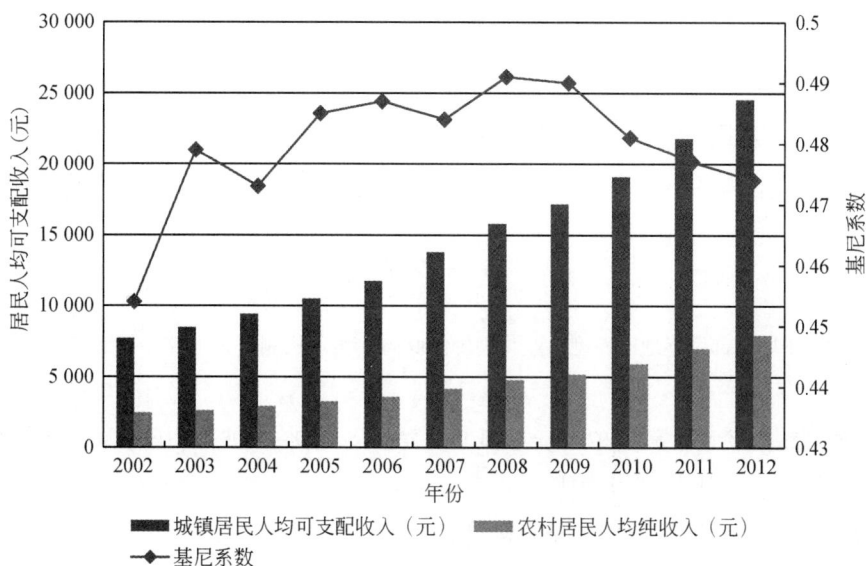

图 1-7　中国城乡发展差异（2002～2012 年）

资料来源：《中国统计年鉴》2003～2013 年

3. 发展对外依存度高

中国特色新型工业化道路带来工业经济飞速发展的同时，过高的经济对外依存度也成为当前中国经济发展的一大隐患。中国正处于工业化进程中，第二产业比重相对较高，产品在国际上具有一定的竞争力，所以外贸依存度较高。2002～2012 年中国对外贸易依存度一直保持在 40% 以上（图 1-8），

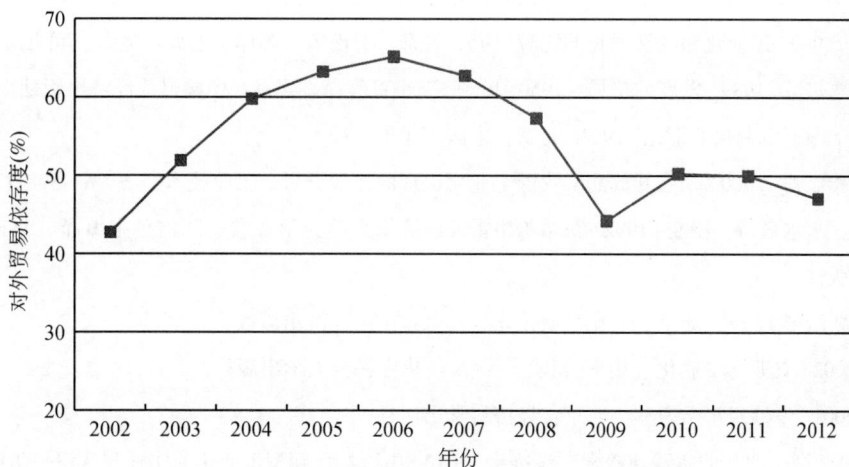

图 1-8　中国经贸发展对外依存度（2002～2012 年）

资料来源：《中国统计年鉴》2003～2013 年

这直接导致中国面临的国际贸易争端和摩擦增多，不利于中国经济的长期平稳增长。因此，应当在坚持中国特色新型工业化道路的同时，进一步推进新型工业化与扩大内需特别是扩大国内消费需求结合起来，把工业发展牢固建立在不断扩大内需的基础之上，为中国经济的持续发展提供根本保证。

参 考 文 献

曹海英.2010. 中国西部民族地区新型工业化：价值取向·实现机制·发展路径. 北京：中国经济出版社

陈佳贵，黄群慧，钟宏武，等.2007. 中国工业化进程报告：1995–2005 年中国省域工业化水平评价与研究. 北京：社会科学文献出版社

陈文君.2008. 西部城市新型工业化道路探求. 成都：电子科技大学出版社

杜传忠.2013. 转型、升级与创新——中国特色新型工业化的系统性研究. 北京：人民出版社

胡伯项，易文斌.2008. 中国特色新型工业化道路研究. 南昌：江西人民出版社

库兹涅茨.1989. 现代经济增长. 戴睿，易诚，等，译. 北京：北京经济学院出版社

刘建萍.2004. 邓小平与中国新工业化道路. 纪念邓小平（上卷）. 北京市纪念邓小平诞辰 100 周年理论研讨会论文集

刘世锦.2003-10-29. 推进"以人为本"的新型工业化. 经济参考报，10-29

罗斯托.2001. 郭熙保，王松茂译. 经济增长的阶段：非共产党宣言. 北京：中国社会科学出版社

牛文元.2013. 中国"新四化"研究报告. 北京：科学出版社

潘家华，魏后凯.2013. 中国城市发展报告（No. 6 农业转移人口的市民化）. 北京：社会文献科学出版社

潘文轩.2010. 城市化与工业化对城乡居民收入差距的影响. 山西财经大学学报，12：21

钱纳里等.1989. 工业化和经济增长的比较研究. 吴奇，王松宝，等译. 上海：上海三联书店

钱纳里，塞尔昆.1989. 发展的格局：1950–1970. 李小青等译. 北京：中国财政经济出版社

斯大林关于国家工业化的理论.1954. 北京：中国青年出版社

谭险峰，龚亚香.2000. 改革开放前后我国工业化道理的比较分析. 工业技术经济，6：39-41

伊特韦尔，米尔盖特，纽曼.1992. 新帕尔格雷夫经济学大辞典第 2 卷. 陈岱孙主编译. 北京：经济科学出版社

叶连松，靳新彬.2009. 新型工业化与城镇化. 北京：中国经济出版社

张培刚.2002. 农业与工业化（中下合集）. 武汉：华中科技大学出版社

张培刚.2001. 发展经济学教程. 北京：经济科学出版社

《中国特色新型工业化的实践与探索》编委会.2012. 中国特色新型工业化的实践与认识. 北京：电子工业出版社

第二章 新型工业化与创新发展

一、空 间 解 读

工业化的空间解读是指对相应地理空间内工业经济结构特征和规模特征的描述。根据空间单元范围的差异，空间解读可以分为多个层次：从全球角度研究工业化，其"空间解读"主要探讨工业经济在国家层面的分布和聚集特征；从国家层面研究工业化，则可将空间单元定义为省区或市县。本节则按照中国经济的总体布局，将空间解读单元定义为东部地区、中部地区、西部地区和东北地区，主要分析相应地区工业化的空间格局和空间规模特征。

（一）空间格局

国土空间是经济、社会发展的载体，是国家或地区进行工业生产和产业布局的场所（肖金成和申兵，2012）。新型工业化是以一定的空间组织形式为基础，通过开展科技含量高、经济效益好、资源消耗低、环境污染少的生产建设活动，获取人类生存和发展物质资料的过程。1949年特别是改革开放以来，中国逐渐形成了不同形态的工业化空间格局。鉴于此，本节将对中国工业空间布局的形成模式及其表现形式进行分析。

1. 空间布局的形成模式

工业空间布局的形成是工业生产要素自由流动和配置的结果。弄清工业空间布局的形成机理，需对工业生产要素及其流动性进行剖析。工业生产要素主要包括自然要素和社会要素两类；要素流动性在计划经济和市场经济阶段存在差异性。因此，本节将从自然要素、社会要素、计划经济阶段和市场经济阶段分别探讨工业空间布局的形成模式。

（1）自然要素导向的工业空间布局

传统的工业生产是对自然资源以及原材料进行加工或装配的过程。因此，自然状态下形成的区域工业布局通常是围绕某种战略性资源的地理位置展开（龚绍东，2014）。假设 A 区域拥有某种资源，如矿产资源（化石能源矿产、金属矿石、非金属矿石等），物产资源（粮食、棉花、烟叶等），就会吸引相应的工业加工生产企业 B 和 C 集聚，并呈现围绕核心自然分布的空间布局（图2-1）。这种点式聚散自然发展的工业空间布局模式，在新中国建立前已经存在了上千年，如盛唐时期的丝绸工业群、陶瓷工业群，以及冶金、铸造工业群等。

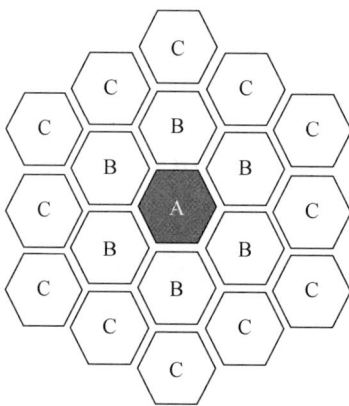

图 2-1　自然要素导向的工业空间布局

（2）社会要素导向的工业空间布局

随着工业生产社会化程度的提高，社会要素逐渐成为工业空间布局形成的重要因素。根据工业生产的区域化特征，社会要素主要包括劳动力、产品市场、交通枢纽资源等。如果考虑上述社会要素，工业空间布局的形成是以自然要素中心向外沿主要的交通干道、产品市场或沿阻力障碍最小的路线延伸。这种空间布局模式可以基于保留经济地租机制，考虑到区域放射状运输线路对工业空间布局的影响，即线性易达性和定向惯性的影响，工业空间布局向外扩展的方向呈不规则式。如图 2-2 所示，A 表示自然要素所在地，B、C 表示相应的主要生产加工企业和辅助生产加工企业。这种扇形的工业空间布局模式主要存在于资源矿产型工业的形成过程中，如鄂尔多斯的煤化工基地。

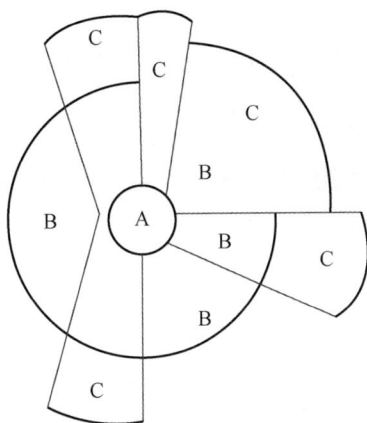

图 2-2　社会要素导向的工业空间布局

（3）计划发展导向的工业空间布局

计划经济是指工业生产、资源分配以及社会消费等各方面经济活动是由政府事先进行计划的经济。新中国成立后，中国区域工业空间布局主要是由政府主导、计划发展、点片并举的空间形态。从区域工业空间布局角度来看，政府主导的工业化投资建设了一批工业基地、大量新工厂和工厂群，加上旧中国遗留接收下来的工厂，形成了工厂与工业基地并举的空间布局。例如，20 世纪 50～60 年代，国家在 A 城市计划建设纺织工业基地，就相应成立了市纺织局、6 个骨干纺织厂、多个配套和装备配件工厂，甚至还有两个纺织专科学校、1 个中专技工学校和 1 个医院等。计划发展导向的工业空间布局具有较高的计划指令性，产品的数量、品种、价格、消费和投资的比例、投资方向、就业及工资水平、经济增长速度等均由政府指令性计划来决定。

（4）市场发展导向的工业空间布局

随着经济全球化的深入发展，中国的市场开放程度出现较大的飞跃，区域工业发展及其空间布局显现出越来越多的市场经济特征。尽管政府在区域工业发展中发挥了重要作用，"有形之手"依然到处挥动，但"无形之手"的作用日益凸显，市场导向和企业自主的发展趋势已经不可逆转，由此便形成了市场导向、企业自主的区域工业空间布局。因此，市场发展导向的区域工业空间布局是按照工业发展规律和市场要求开发建设的，比政府主导开发建设和管理的国有园区更注重投资产出效率和生产因素的合理配置，其布局方式或是以资本关联关系展开，或是以上下游物流供应关系展开。这种工业空间布局方式的运营管理成本，要比计划发展导向工业布局的运营管理成本低很多，而管理效率却提高很多。例如，盐城市新能源汽车产业园、成都市现代物流与商贸园区均为市场发展导向的区域工业空间布局。

2. 中国新型工业化的空间格局

为加速推进中国特色新型工业化进程，转变经济发展方式，国务院对工业发展的空间格局进行了全面调整，具体要求是：积极推进西部大开发，有效发挥中部地区的综合优势，支持中西部地区加快改革发展，振兴东北地区等老工业基地，鼓励有条件的东部地区率先基本实现现代化，逐步形成东、中、西部经济互联互动、优势互补、协调发展的新格局。因此，本节将从东、中、西、东北四大区域板块，对新型工业化的空间格局进行梳理。

（1）东部率先发展

东部地区包括北京、天津、河北、上海、江苏、浙江、福建、山东、广东、海南、香港、澳门和台湾等，是中国工业经济的重心和主轴地区，在中国工业经济中起"龙头"作用，应率先实现工业化的转型升级，并向基本实现现代化的目标迈进。在新型工业化的转型过程中，东部地区应以技术为导向，以结构的协调化、高度化为目标，跟踪国外工业化转型的成功经验，大幅度地利用国内外两个市场、两种资源，注入新的活力，创造新的比较优势，攀登新台阶，为进一步提高中国的工业化水平做出更大的贡献。此外，对于工业化水平的提升，在继续积极引进外资和先进技术的同时，还要积极实施"走出去"战略，以便更好地参与到全球产业价值链中去，为解决中国工业化发展而出现的一些重大关键性资源（如石油等）日益短缺所带来的问题早做准备。对于工业化的空间格局，东部地区已基本形成了一些工业经济较为发达的核心地区，如环渤海湾地区（包括京津冀地区、辽中南地区以及山东半岛地区）、长江三角洲地区、珠江三角洲地区、闽东南地区等。

（2）中部快速崛起

中部地区包括山西、安徽、江西、河南、湖北、湖南6省，区内老工业基地众多，重化工业比重高，设备制造业体系庞大，亟待全面振兴。中部地区的工业化转型应遵循如下发展方式：加快钢铁、化工、有色、建材等优势产业的结构调整，形成精品原材料基地；依托资源优势，大力发展材料精深加工，不断延伸和完善产业链条，产业规模和市场竞争力快速提升；积极建立和完善循环经济产业链，推进工业固体废物循环利用；支持发展矿山机械、汽车、农业机械、机车车辆、输变电设备等装备制造业以及软件、光电子、新材料、生物工程等高技术产业；构建综合交通运输体系，重点建设干线铁路和公路、内河港口、区域性机场；加紧建设京广线、京九线沿线城市和地区，有效发挥中部地区综合优势，努力促进中部地区经济的崛起；加强物流中心等基础设施建设，完善市场体系。

（3）西部全面开发

西部地区包括四川、云南、贵州、西藏、重庆、陕西、甘肃、青海、新疆、宁夏、内蒙古、广西等12省（自治区、直辖市）。西北地区的工业化应以京津冀地区为依托，以黄河及陇海-兰新铁路为纽带，进一步大规模地开发黄河中、上游优势能矿资源。重点建设内蒙古西部鄂尔多斯高原以煤炭、天然气为主的能源原材料基地和陕西榆林地区以煤炭、石油、天然气为主的能源原材料基地，继续完成黄河中上游梯级水电站的开发与建设。在加大水、火、电建设的基础上，进一步加快"西电东送"北通道建设，为缓解中国缺电做出贡献。西南地区的工业化应以东盟—中国自由贸易区建立为契机，以珠江三角洲（包括香港和澳门）、闽东南三角洲、海南及北部湾为窗口，以西江航道和南防、南昆等铁路线为纽带，打通出海口，深化川云贵桂优势资源的开发，建成中国另一个大型综合性的能源重化工业带。

（4）东北加快振兴

东北地区原是中国经济发达的老工业基地，但随着改革开放的深入，其经济发展速度逐渐落后于东部沿海地区。"东北振兴"应加快东北老工业基地的改造，恢复东北地区工业在全国工业中的地位和作用，具体可从以下几方面展开：首先，加快推进传统工业企业兼并重组，要坚持市场主导和政府引导相结合，进一步打破地区、行业、所有制界限，优化资源配置，推动企业兼并重组，培育具有国际竞争力的大型企业集团。其次，应做优、做强支柱产业，贯彻落实重点产业调整振兴规划，加大结构调整力度，加快淘汰落后，防止重复建设，积极推进信息化与工业化融合，用现代信息手段改造传统产业，提高数字化、智能化水平。再次，积极培育潜力型产业，依托装备制造业整机制造能力强的优势，发展基础配套零部件、加工辅具和特殊原材料等；依托国防军工企业汇集的优势，发展军民两用技术，促进军民融合，增强军工企业的辐射带动作用；依托原材料加工基地的优势，努力发展下游特色轻工产业。最后，应扶持重点产业集聚区加快发展，推动辽宁沿海经济带、沈阳经济区、哈大齐工业走廊、长吉图经济区加快发展，建设国内一流的现代产业基地，组织编制发展规划，支持沈阳铁西老工业基地调整改造暨装备制造业发展示范区和大连"两区一带"等装备制造业集聚区发展，打造具有国际竞争力的先进装备制造业基地。

（二）空间规模

工业化的空间规模是其空间格局演变、聚集的宏观表现，本节从工业空间规模的演变机理入手，探讨中国东、中、西、东北四大区域板块工业化的空间规模。

1. 工业空间规模的演变机理

工业空间规模的演变是以工业集聚为主要表现形式，即指同一类型或不同类型的相关工业在一定地域范围内的集中、聚合（苗长虹和崔立华，2003），并借助于劳动力市场、产品市场和专业化分工，实现规模经济和范围经济的一种经济现象。作为工业化时期的典型现象，工业的有效聚集是新型工业化的主要途径，具体可依据如下聚集演变理论展开。

（1）比较优势理论

比较优势理论最早源于亚当·斯密的绝对优势理论，强调一个地区的天然地理优势对工业区位选择的影响。林毅夫、蔡昉、樊纲等中国学者均认为，提高经济持续发展水平需将比较优势变为竞争优势，即如果违背地区资源禀赋条件，硬要发展其不具备比较优势的技术和产品，必然将减缓整个经济的要素禀赋结构升级，从而导致经济持续发展困难重重。因此，工业结构的空间布局同比较优势理论有着较为密切的关系。

（2）增长极理论

增长极理论是 20 世纪 50 年代西方经济学家关于经济是否平衡增长大论战的产物，随后区域经济学者将其引入地理空间。根据增长极理论，区域工业发展是一个由点及面的过程，即将少数条件较好的地区或产业培育成经济增长极，并由此带动整个区域的工业经济发展。增长极理论的应用需要具备三个基本条件：地理空间一定规模的城市；存在推进性的主导部门或不断扩大的工业集聚体；具有扩散和回波效应。其中，扩散效应是指增长极的推动力通过一系列联动机制不断向周围发散的过程；回波效应则是指迅速增长的推动性产业通过吸引和拉动其他经济活动，从而形成具有一定规模效益的工业综合体。随着中国改革开放的深入，增长极理论已成为工业空间规模分析的流行观点。目前，珠三角、长三角、环渤海经济圈三大经济增长极已经形成，并带动相关区域工业化进程的提升和发展方式的转变。

（3）新经济地理理论

新经济地理理论是 20 世纪 90 年代由克鲁格曼等经济学家提出，它是一种可用于解释为什么一些地区可以吸引更大份额经济活动的新方法，该方法强调厂商内部规模经济的相互作用是解释工业集聚产生的主要因素。根据新经济地理理论，假设存在两个区域和两个部门，具体包括石油化工部门和现代制造业部门，它们分别是报酬不变和报酬递增的（杨明，2009）。由于初始状态地区间的运输成本较高，两地区没有贸易往来，生产均处于相对自给自足的状况；但当运输成本降低到中等水平时，前向和后向联系的效应明显增强，若由于历史偶然因素使得某一地区的现代制造业具有初步优势，则这一地区现代制造业份额越大，最终出现"中心—外围"的产业布局。

2. 中国区域工业化的空间规模

从党的十六大到十八大，各级政府高度重视工业空间布局和规模的优化，工业在地域空间上的空间布局发生了显著的变化。但目前中国工业的空间布局仍不尽合理，亟待调整优化，特别是要按照国家主体功能区规划的要求，引导产业有序转移，实现不同类型区域的转型升级。考虑到中国经济区划的特征性，本节采用工业增加值、典型类型工业企业总资产和工业品产量等统计指标，分别从东、中、西、东北四大区域板块，对 2002～2012 年中国工业的空间布局及其规模进行呈现。

（1）工业空间规模

中国特色"新型工业化"提出以来，国家坚持实施西部大开发、振兴东北地区、促进中部地区崛起、鼓励东部地区率先发展的一系列区域发展总体战略，区域协调互动机制开始形成。报告以 2002～2012 年中国四大区域板块的人均工业增加值作为评价指标，对 2002 年以来各地区的工业空间规模进行统计（图2-3）。从图2-3可以看到，2002～2004 年内陆省份与东部工业发展的差距还在拉大，但 2004 年以来，中西部人均工业增加值所占份额大幅上升，与东部的差距在逐渐缩小。对于东部地区，随着东部工业化转型发展的推进，其人均工业增加值比例，由最高 2004 年的 43.90% 下降至 2012 年的 33.52%，减少 10.38 个百分点。对于中部和东北地区，2002 年以来，其人均工业增加值比例持续上升，分别由 15.32%、12.56% 增至 2012 年的 20.50% 和 17.98%，分别上升 5.18 和 5.42 个百分点。对于西部地区，由于赤峰、鄂尔多斯等老工业基地的转型调整，2002～2007 年其人均工业增加值比例有所下降，但 2007 年以来，转型调整后的人均工业增加值又呈现上升势头。

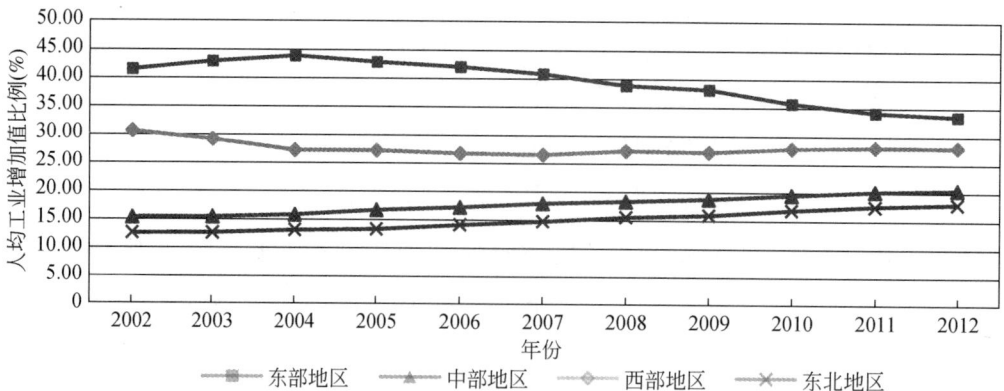

图2-3　中国四大区域板块人均工业增加值比例

资料来源：《中国统计年鉴2013》

（2）各类工业企业的区域分布

按照所有制形式的不同，中国工业企业可分为国有企业、集体企业、民营企业和外资企业。但考虑到统计数据的可获取性，本节主要对中国四大区域板块内国有工业企业、私营工业企业、外资工业企业以及大中型工业企业的总资产进行统计和分析（表2-1）。如图2-4所示，东部地区国有工业企业、私营工业企业、外资工业企业和大中型工业企业的总资产比例均较高，其中外资工业企业的总资产比例高达61.07%，这说明东部地区属于外向型经济。中部和西部地区各类工业企业的总资产比例均较低，其中西部地区外资工业企业总资产比例仅为7.66%，因此西部工业转型应注重引入外资。此外，东北地区国有工业的基础较高，相应的总资产比例为30.69%。

表2-1　中国四大区域板块各类工业企业总资产比例　　　　（单位:%）

企业类型	东部地区	中部地区	西部地区	东北地区
国有工业企业	25.71	18.62	24.98	30.69
私营工业企业	40.79	20.01	13.67	25.53
外资工业企业	61.07	10.16	7.66	21.11
大中型工业企业	36.82	18.37	19.13	25.67

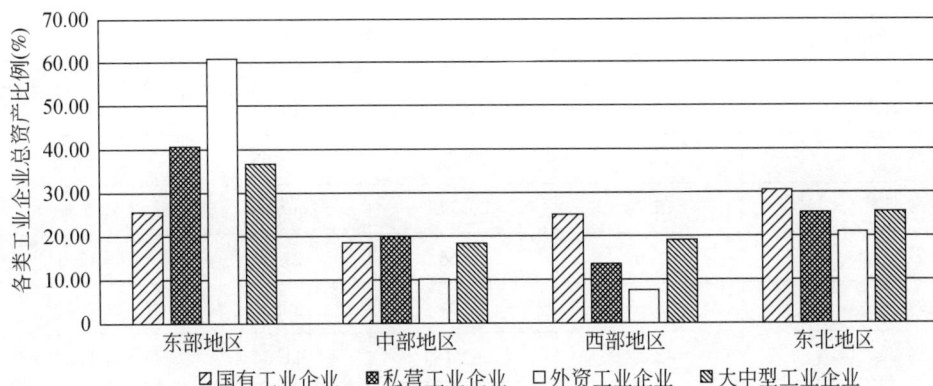

图2-4　中国四大区域板块各类工业企业总资产比例

资料来源:《中国统计年鉴2013》

（3）主要工业产品的区域分布

工业产品产量是地区工业经济发展水平的主要评价指标。为进一步分析工业产品的空间布局及其规模特征，本报告选取原油、天然气、原盐、成品糖等33种主要工业产品，对其在中国四大区域板块的产量进行统计（表2-2）。中国工业产品的产量具有明显的区域分布特征（图2-5）。东部地区在彩色电视、微型计算机、集成电路、家用洗衣机、移动通信手持机、大中型拖拉机、化学纤维、平板玻璃、布、机制纸及纸板等工业品的生产能力上仍占有绝对优势，中西部在水电、硫酸、成品糖、天然气等能源工业品占优势，东北老工业基地在原油、汽车、发电机组和钢铁等重工业行业的传统优势仍较为突出。

表2-2　主要工业品生产的区域分布　　　（单位:%）

产品类型	东部地区	中部地区	西部地区	东北地区
原油	17.48	1.76	20.34	60.42
天然气	7.61	0.58	74.07	17.74
原盐	41.21	22.69	28.51	7.59
成品糖	9.67	1.09	81.41	7.83
啤酒	28.59	18.02	16.90	36.49
卷烟	21.68	27.38	35.71	15.23
布	71.86	20.17	5.41	2.56
机制纸及纸板	61.13	21.34	10.41	7.12
焦炭	21.01	29.55	25.65	23.79
硫酸	15.70	29.77	49.06	5.47
烧碱	42.07	18.66	27.20	12.07
纯碱	36.83	26.04	30.21	6.92
乙烯	42.22	1.24	11.04	45.50
化学农药原药	54.47	30.47	10.25	4.81
化学纤维	84.27	4.99	4.42	6.32
水泥	24.84	26.46	30.16	18.54
平板玻璃	47.68	22.58	14.02	15.72
生铁	33.95	19.82	13.87	32.36

续表

产品类型	东部地区	中部地区	西部地区	东北地区
粗钢	36.61	19.79	13.32	30.28
钢材	41.39	18.60	13.50	26.51
金属切削机床	38.60	8.06	11.75	41.59
大中型拖拉机	52.67	29.62	4.08	13.63
汽车	28.20	14.10	20.82	36.88
发电机组	24.83	2.87	24.98	47.32
家用电冰箱	43.12	46.23	6.09	4.56
房间空调	50.48	37.04	8.06	4.42
家用洗衣机	59.22	31.94	8.84	0.00
移动通信手持机	77.25	14.56	2.28	5.91
微型计算机	66.85	2.32	30.78	0.05
集成电路	81.64	0.01	17.22	1.13
彩色电视机	67.28	4.45	12.99	15.28
发电量	27.37	22.44	30.85	19.34
水电	8.66	27.09	59.67	4.58

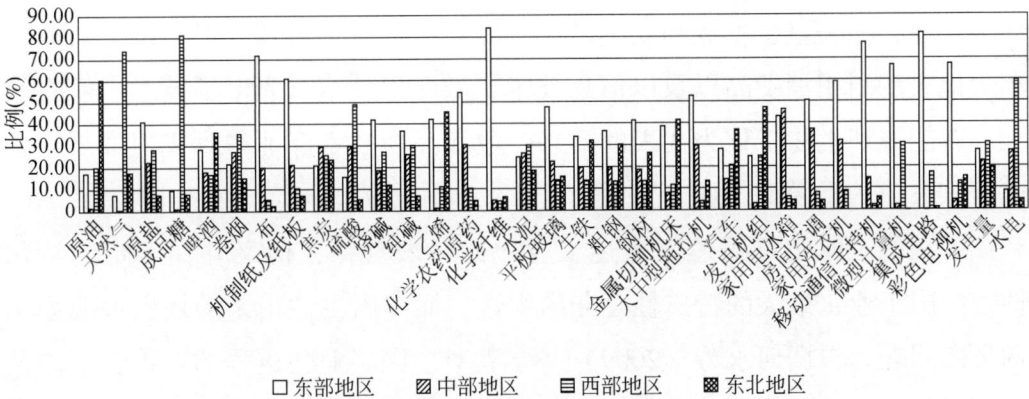

□ 东部地区　▨ 中部地区　▤ 西部地区　▧ 东北地区

图 2-5　主要工业品生产的区域分布

资料来源：《中国统计年鉴 2013》

总之，"新型工业化"提出的 10 年来，中国中西部地区工业增加值在全国所占份额大幅上升，东部沿海地区产业在向外转移，西部、中部和东北地区属于产业承接区。东部地区转出的主要是资源型产业、纺织服装和食品制造等劳动密集型产业，但目前东部地区在微型计算机、集成电路、布、钢铁、汽车、水泥、原油等工业品的生产能力上仍占有较大优势。此外，东部沿海产业还呈现出由珠三角、长三角向环渤海地区转移的"北上"趋势。

二、结 构 配 制

随着经济全球化和信息化的发展，世界经济正由工业经济向信息经济和服务经济转变，其生产要素也相应地由低效率产业转向高效率产业，经济结构的优化升级将为其发展提供新的动力。本报告将从结构效率和结构布局角度对新型工业化的结构配制进行诠释。

（一）结构效率

工业化进程以产业结构的演变为主要依据，即遵循由第一产业向第二产业，再向第三产业转移的趋势。在工业化进程的初期，农业和轻纺工业是经济结构的主要产业，该阶段基础工业和设施得到一定的发展；在工业化中期，工业结构逐渐向重化工业倾斜，石油、机械、电力、钢铁等行业成为主导型产业，相关重型工业和设施迅速发展；在工业化后期，以家用电器和汽车为代表的耐用消费品以及以信息技术、微电子技术、光电子技术、航空航天、新能源和生物工程为代表的新兴产业和高新技术产业得到飞速发展，并成为该阶段的主导型产业。

中国的工业化进程遵循上述工业化的一般规律，但又存在一定的特殊性。中国工业化最大的特殊性是非内生性，而非内生性带来的最大挑战为结构失衡问题。根据何永芳（2009）等学者对中国工业化进程的评价，中国正在开展的新型工业化正处于工业化的中后期，中部地区、西部地区和东北地区则主要处于工业化中期的最后一个阶段，面临工业结构的转型升级；东部地区正处于工业化后期的第一个阶段，面临传统工业向新兴工业的结构化调整问题。因此，新型工业化的推进是追求结构效率优化和升级的过程，即将要素投入为主的增长转向依靠要素效率为动力的增长，具体是以信息技术改造、提升传统产业为基础。根据党的十八大报告，走新型工业化道路，应发挥结构性效率的动力作用，即依靠科技进步和劳动者素质提升，充分发挥结构优化和升级对经济的带动作用，用好比较优势和后发优势。具体地，应注意解决如下创新问题。

1. 技术结构创新

技术创新是工业化发展的关键因素，合理的技术结构创新对提升中国制造在新一轮国际竞争中的地位具有重要意义。新型工业化以信息技术为主要动力，这是由于信息技术拥有改革原有工业化结构的力量，并将逐渐融合至各个产业，对相关产业的生产经营方式产生重要影响，并通过提高劳动生产率和经济效益，引领劳动力结构、产品结构的变化，使传统产业实现了脱胎换骨的改造。2002 年以来，中国新型工业化进程的推进在很大程度上是由知识和信息带动。在工业发达国家，其劳动生产率的提高 60% ~ 80% 是依靠信息技术而获取的，即信息技术创新已成为全球工业化提升的根本推动力。与发达国家相比，中国的信息化建设仍处于初级阶段，这在很大程度上阻碍了中国新型工业化的发展。中国企业用于信息技术方面的投资占企业总资产的比重不到 1%，这与发达国家 8% ~ 10% 的水平相距甚远。因此，新型工业化的技术结构创新应以信息化应用市场的建设为基础，并将为发挥结构效率的动力作用提供技术支持。

2. 产业结构创新

发挥结构效率的动力作用，不仅要优化技术结构，还要优化产业结构和人力资源结构。产业的结构优化应以提高整个社会的要素结构为主要任务，即每个劳动者在现有资本量的基础上，必须创造更多的剩余，实现最高的积累，这关键在于充分利用人力资源的比较优势。诺贝尔经济学奖获得者阿马蒂亚·森曾指出，在中国资本相对稀缺、劳动力相对过剩的情况下，最符合中国国情的经济发展战略是大力发展劳动密集型产业。这里的劳动密集型产业是指在国际市场上有竞争力，且拥有一定的科技含量的工业产业。由于中国于 2001 年加入 WTO，相应的产业结构创新应更多地参与国际分工，即充分利用国际分工的比较优势，有选择地发展中国具有竞争优势的产业，以充分发挥结构性效率的动力作用。

3. 制度结构创新

制度结构创新是指通过设立有效的员工行为激励制度、规范工业化体系，以实现社会的持续发展。新型工业化的创新活动有赖于制度结构创新的积淀，即通过制度创新的形式得以固化，这正是制度创新的积极意义所在。新型工业化不仅需要结构创新、技术创新，更需要制度创新。制度创新是一项根本性、全局性、稳定性和长期性的问题，决定了工业化道路的选择（李松龄和刘宛晨，2003）。制度结构创新是一项复杂的社会系统工程，既涉及新制度的确立，又涉及现行制度的修改完善，还涉及制度实施机制的创新等。根据中国工业化的发展现状，新型工业化的制度体系包括如下几个方面：建立和创新产权法律制度，依法保护各类产权；实行城乡统筹政策，打破城乡二元结构的不合理制度安排；完善市场经济法律制度，继续推进所有制结构创新；注重金融体系改革，建立工业企业的金融保障制度；加快建立循环经济制度，实现经济社会的可持续发展；加快政府自身改革，切实转变政府职能。

总之，走新型工业化之路的核心是追求结构效率最优化的过程，将技术结构创新作为其发展动力，按比较优势原则，调整阻碍工业化进程的产业结构和人力资源结构，并充分发挥制度结构创新对工业化发展的保障作用，为保持经济持续快速健康发展提供源源不断的动力。

（二）结构布局

加速推进中国特色新型工业化进程，加快转变经济发展方式，进一步调整优化产业结构，引导产业集聚发展、集约发展、高效发展，工业和信息化部于2011年起在全国范围分四批成立了231家"国家新型工业化产业示范基地"，基地覆盖31个省、市、自治区（暂未包括香港、澳门和台湾）。这些示范基地几乎覆盖了新型工业化的主要行业门类，本节将以此为数据基础，对中国典型产业的结构性布局进行分析，具体包括装备制造、原材料、消费品、电子信息、军民结合、软件和信息服务等行业。

专栏 2-1

创建国家新型工业化产业示范基地管理办法（试行）

第一章　总　　则

第一条　为全面贯彻落实科学发展观，加速推进中国特色新型工业化进程，加快转变经济发展方式，促进信息化与工业化融合，进一步调整优化产业结构，引导产业集聚发展、集约发展，特制定本办法。

第二条　国家新型工业化产业示范基地（以下简称示范基地）是指以可持续发展为前提，以产业集聚为主要特征，以工业园区为主要载体，主导产业特色鲜明、水平和规模居全国领先地位，在产业升级、"两化融合"、技术改造、自主创新、军民结合、节能减排、效率效益、安全生产、区域品牌发展和人力资源充分利用等方面走在全国前列的产业集聚区。

第三条　示范基地的范围包括：依法设立的各类开发区、工业园区（集聚区）及国家规划重点布局的产业发展区域等。

第四条　创建示范基地遵循公平、公正、公开原则，统筹规划，合理配置资源，规范、有序推进。

第五条　工业和信息化部负责创建示范基地的相关管理工作。

各省、自治区、直辖市工业和信息化主管部门负责组织本地区创建示范基地的申报工作，并配合工业和信息化部对示范基地进行指导和管理。

第二章　基本条件

第六条　产业集聚区应有较完善的创建示范基地工作方案和产业发展规划，申报名称须反映区内主导产业特色，符合分类规范。

第七条　示范基地应具备的基本条件：

（一）符合国家有关法律法规；

（二）集约程度高，规模效益好；

（三）资源消耗低，环境污染少；

（四）创新能力强；

（五）技术水平高，产品质量优；

（六）安全有保障；

（七）信息化水平较高；

（八）人力资源充分利用；

（九）公共服务体系完善；

（十）所在地政府大力支持。

资料来源：http://www.miit.gov.cn/n11293472/n11293877/n13114591/n13114636/13135279.html

1. 装备制造

装备制造是指处于价值链高端和产业链核心环节，并决定着整个产业链综合竞争力的关键设备的生产制造。目前，中国以装备制造为主导产业的示范基地共68家（表2-3），其中，东部地区31家，中部地区14家，西部地区15家，东北地区8家。随着中部崛起战略的实施，2012年其装备制造业"新型工业化"示范基地占全部相应示范基地的20.59%，比2011年提高了2.4个百分点。这些示范基地涵盖船舶、航空、汽车、重大技术装备制造等行业，其在中国四大区域板块的分布结构如图2-6所示。

表2-3　以装备制造为主导产业的"新型工业化"示范基地

序号	示范基地名称	所属子行业	所属行业	所属地区
1	汽车产业·北京顺义区	汽车	装备制造	东部
2	汽车产业·天津经济技术开发区	汽车	装备制造	东部
3	装备制造·河北保定高新技术产业开发区	重大技术装备制造	装备制造	东部
4	装备制造·山西太原经济技术开发区	重大技术装备制造	装备制造	中部
5	装备制造·辽宁沈阳经济技术开发区	重大技术装备制造	装备制造	东北
6	装备制造·辽宁大连市装备制造业聚集区	重大技术装备制造	装备制造	东北
7	汽车产业·吉林长春市	汽车	装备制造	东北
8	装备制造·黑龙江齐齐哈尔市	重大技术装备制造	装备制造	东北
9	装备制造·上海临港装备产业区	重大技术装备制造	装备制造	东部
10	航空产业·上海市	航空	装备制造	东部
11	船舶与海洋工程装备·上海长兴岛	船舶	装备制造	东部
12	装备制造·江苏徐州市	重大技术装备制造	装备制造	东部
13	汽车产业·安徽芜湖经济技术开发区	汽车	装备制造	中部
14	装备制造·河南洛阳高新技术产业开发区	重大技术装备制造	装备制造	中部
15	汽车产业·湖北武汉经济技术开发区	汽车	装备制造	中部
16	装备制造·湖南长沙经济技术开发区	重大技术装备制造	装备制造	中部
17	装备制造·湖南株洲高新技术产业开发区	重大技术装备制造	装备制造	中部

续表

序号	示范基地名称	所属子行业	所属行业	所属地区
18	汽车产业·广西柳州市	汽车	装备制造	西部
19	摩托车产业·重庆九龙区	重大技术装备制造	装备制造	西部
20	装备制造·四川德阳市	重大技术装备制造	装备制造	西部
21	汽车产业·陕西西安经济技术开发区	汽车	装备制造	西部
22	航空产业·陕西西安市	航空	装备制造	西部
23	装备制造·新疆乌鲁木齐经济技术开发区	重大技术装备制造	装备制造	西部
24	装备制造·北京丰台区	重大技术装备制造	装备制造	东部
25	航空产业·天津空港工业园区	航空	装备制造	东部
26	装备制造·哈尔滨经济技术开发区	重大技术装备制造	装备制造	东北
27	汽车产业·上海嘉定汽车产业园区	汽车	装备制造	东部
28	船舶与海洋工程装备·江苏南通	船舶	装备制造	东部
29	环保装备·江苏宜兴	重大技术装备制造	装备制造	东部
30	装备制造·杭州萧山经济技术开发区	重大技术装备制造	装备制造	东部
31	装备制造·浙江乐清	重大技术装备制造	装备制造	东部
32	装备制造·厦门集美台商投资区	重大技术装备制造	装备制造	东部
33	汽车产业·山东明水经济开发区	汽车	装备制造	东部
34	船舶与海洋工程装备·青岛经济技术开发区	船舶	装备制造	东部
35	太阳能光热应用装备·山东德州经济开发区	重大技术装备制造	装备制造	东部
36	装备制造·郑州经济技术开发区	重大技术装备制造	装备制造	中部
37	装备制造·河南长垣	重大技术装备制造	装备制造	中部
38	汽车产业·湖北襄樊高新技术产业开发区	汽车	装备制造	中部
39	汽车产业·广州花都区	汽车	装备制造	东部
40	装备制造·广东揭东经济开发区	重大技术装备制造	装备制造	东部
41	航空产业·广东珠海航空产业园	航空	装备制造	东部
42	装备制造·广西玉林玉州区	重大技术装备制造	装备制造	西部
43	装备制造·重庆江津工业园区	重大技术装备制造	装备制造	西部
44	汽车产业·成都经济技术开发区	汽车	装备制造	西部
45	轨道交通装备·吉林长春绿园经开区	重大技术装备制造	装备制造	东北
46	装备制造·江苏江阴临港经济开发区	重大技术装备制造	装备制造	东部
47	船舶与海洋工程装备·浙江舟山	船舶	装备制造	东部
48	装备制造·浙江新昌	重大技术装备制造	装备制造	东部
49	装备制造·山东济宁高新技术产业开发区	重大技术装备制造	装备制造	东部
50	汽车产业·长沙雨花工业园区	汽车	装备制造	中部
51	装备制造·湖南湘潭高新区	重大技术装备制造	装备制造	中部
52	装备制造·四川自贡高新区	重大技术装备制造	装备制造	西部

序号	示范基地名称	所属子行业	所属行业	所属地区
53	汽车产业·陕西蔡家坡经济技术开发区	汽车	装备制造	西部
54	装备制造·银川经济技术开发区	重大技术装备制造	装备制造	西部
55	装备制造·新疆昌吉高新区	重大技术装备制造	装备制造	西部
56	装备制造·天津临港经济技术开发区	重大技术装备制造	装备制造	东部
57	装备制造·大连瓦房店	重大技术装备制造	装备制造	东北
58	装备制造·辽宁盘锦经济技术开发区	重大技术装备制造	装备制造	东北
59	装备制造·上海莘庄工业区	重大技术装备制造	装备制造	东部
60	装备制造·江苏常州	重大技术装备制造	装备制造	东部
61	装备制造·南京江宁区	重大技术装备制造	装备制造	东部
62	装备制造·山东潍坊高新技术产业开发区	重大技术装备制造	装备制造	东部
63	装备制造·青岛城阳区	重大技术装备制造	装备制造	东部
64	装备制造·山西长治高新开发区	重大技术装备制造	装备制造	中部
65	汽车·湖北十堰经济开发区	汽车	装备制造	中部
66	装备制造·湖南益阳高新技术产业开发区	重大技术装备制造	装备制造	中部
67	装备制造·广西柳州柳南区	重大技术装备制造	装备制造	西部
68	汽车·重庆北部新区	汽车	装备制造	西部

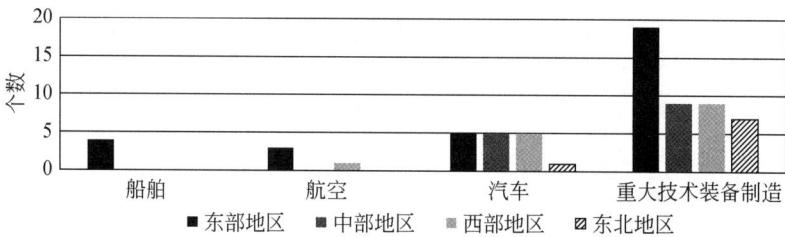

图2-6 "装备制造"示范基地的结构性布局

2. 原材料

原材料工业是为制造业提供原材料的工业部门,是直接对采掘工业产品进行加工、生产各种原材料的工业部门总称。目前,中国以原材料工业为主导产业的示范基地有56家(表2-4),其中,东部地区12家,中部地区15家,西部地区24家,东北地区5家。西部地区相关示范基地的占比为42.86%,是中国能源化工的主要生产地区。这些示范基地主要涉及钢铁、建材、石化、有色金属等子行业,其在中国四大区域板块的分布结构如图2-7所示。

表 2-4 以原材料工业为主导产业的"新型工业化"示范基地

序号	示范基地名称	所属子行业	所属行业	所属地区
1	石油化工·北京房山区	石化	原材料	东部
2	钢铁·山西太原市	钢铁	原材料	中部
3	有色金属·内蒙古包头稀土高新技术产业开发区	有色金属	原材料	西部
4	石油化工·辽宁辽阳市	石化	原材料	东北
5	石油化工·黑龙江大庆高新技术产业开发区	石化	原材料	东北
6	石油化工·上海化学工业园区	石化	原材料	东部
7	石油化工·宁波化学工业区	石化	原材料	东部
8	铜及铜材加工·江西鹰潭市	有色金属	原材料	中部
9	石油化工·海南洋浦经济开发区	石化	原材料	东部
10	钢铁（钒钛）·四川攀枝花市	钢铁	原材料	西部
11	化工（磷化工）·贵州福泉市	石化	原材料	西部
12	化工（磷化工）·云南安宁市	石化	原材料	西部
13	金属新材料·甘肃金昌市	有色金属	原材料	西部
14	盐湖化工及金属新材料·青海海西蒙古族藏族自治州	石化	原材料	西部
15	金属新材料·宁夏石嘴山市	有色金属	原材料	西部
16	石油化工·天津滨海新区	石化	原材料	东部
17	钢材深加工·河北盐山	钢铁	原材料	东部
18	煤焦化深加工·山西洪洞	石化	原材料	中部
19	石油化工·吉林市龙潭区	石化	原材料	东北
20	铜及铜材加工·安徽铜陵经济开发区	有色金属	原材料	中部
21	有色金属（稀土新材料）·江西赣州经济开发区	有色金属	原材料	中部
22	新材料·山东淄博高新技术产业开发区	石化	原材料	东部
23	铜及铜材加工·湖北黄石经济开发区	有色金属	原材料	中部
24	钢铁（精品薄板）·湖南娄底经济开发区	钢铁	原材料	中部
25	化工新材料·湖南岳阳云溪工业园区	石化	原材料	中部
26	钢铁（无缝钢管）·湖南衡阳高新技术产业园区	钢铁	原材料	中部
27	有色金属（铝）·广西百色工业园区	有色金属	原材料	西部
28	有色金属（铝）·重庆西彭工业园区	有色金属	原材料	西部
29	有色金属（锡）·云南个旧	有色金属	原材料	西部
30	钢铁（特种钢材）·甘肃嘉峪关工业园区	钢铁	原材料	西部
31	新材料·甘肃白银高新技术产业园区	有色金属	原材料	西部
32	化工·新疆石河子经济技术开发区	石化	原材料	西部
33	玻璃制造及深加工·河北沙河	建材	原材料	东部

序号	示范基地名称	所属子行业	所属行业	所属地区
34	石油化工·辽宁盘锦辽滨沿海经济区	石化	原材料	东北
35	钢铁（钢材精深加工）·辽宁鞍山经济开发区	钢铁	原材料	东北
36	陶瓷制品·江西景德镇	建材	原材料	中部
37	有色金属（铝精深加工）·山东龙口	有色金属	原材料	东部
38	化工·河南平顶山高新技术产业开发区	石化	原材料	中部
39	（铝精深加工）·河南巩义市产业集聚区	有色金属	原材料	中部
40	化工·湖北宜昌经济技术开发区猇亭园区	石化	原材料	中部
41	新材料·贵阳高新技术产业开发区	有色金属	原材料	西部
42	新材料（稀贵金属）·昆明高新技术产业开发区	有色金属	原材料	西部
43	有色金属（钛材及深加工）·陕西宝鸡高新区	有色金属	原材料	西部
44	石油化工·新疆奎屯–独山子经济技术开发区	石化	原材料	西部
45	石油化工·新疆克拉玛依石油化工工业园区	石化	原材料	西部
46	化工·河北沧州临港经济技术开发区	石化	原材料	东部
47	化工新材料·浙江乍浦经济开发区	石化	原材料	东部
48	铜深加工·山东阳谷	有色金属	原材料	东部
49	硅基新材料·安徽蚌埠高新技术产业开发区	建材	原材料	中部
50	有色金属·河南三门峡高新技术产业开发区	有色金属	原材料	中部
51	钢铁及深加工·内蒙古包头昆都仑区	钢铁	原材料	西部
52	新型能源化工·四川达州	石化	原材料	西部
53	磷煤化工·贵州开阳	石化	原材料	西部
54	有色金属·云南祥云	有色金属	原材料	西部
55	新型能源化工·陕西榆林榆神工业区	石化	原材料	西部
56	有色金属精深加工·西宁东川工业园区	有色金属	原材料	西部

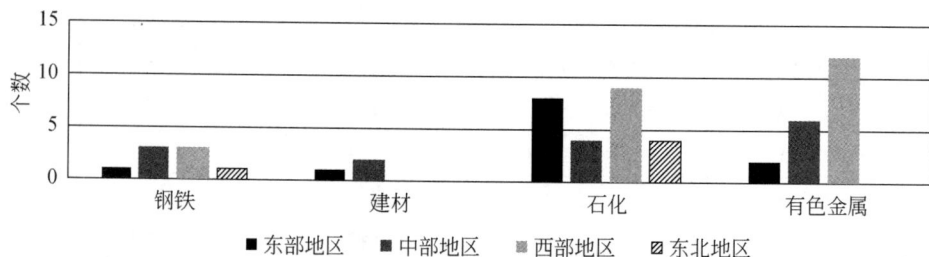

图 2-7 "原材料工业"示范基地的结构性布局

3. 消费品

消费品工业是指生产和提供生存性、发展性和享受性生活资料的部门。

目前，中国以消费品工业为主导产业的示范基地有 38 家（表 2-5），其中，东部地区 13 家，中部地区 4 家，西部地区 13 家，东北地区 8 家。这些示范基地涵盖纺织、家电、轻工、生物医药和食品等子行业，其在中国四大区域板块的分布结构如图 2-8 所示。从区域布局看，东部地区在纺织、医药、轻工业集中了相对较多的示范基地，食品行业示范基地则多分布在中部、西部地区。

表 2-5 以消费品工业为主导产业的"新型工业化"示范基地

序号	示范基地名称	所属子行业	所属行业	所属地区
1	医药产业·河北石家庄高新技术产业开发区	生物医药	消费品	东部
2	医药产业·吉林通化市	生物医药	消费品	东北
3	食品产业·黑龙江哈尔滨市	食品	消费品	东北
4	纺织印染·浙江绍兴县	纺织	消费品	东部
5	纺织（产业用纺织品）·浙江海宁市	纺织	消费品	东部
6	家电产业·安徽合肥经济技术开发区	家电	消费品	中部
7	生物产业·山东德州市	生物医药	消费品	东部
8	食品产业·河南汤阴县	食品	消费品	中部
9	纺织（羊绒制品）·宁夏灵武市	纺织	消费品	西部
10	农产品深加工·内蒙古通辽科尔沁区	食品	消费品	西部
11	生物产业·长春经济技术开发区	生物医药	消费品	东北
12	生物医药·上海张江高科技园区	生物医药	消费品	东部
13	家电产业·浙江余姚	家电	消费品	东部
14	纺织服装·福建泉州经济开发区	纺织	消费品	东部
15	食品·河南漯河经济开发区	食品	消费品	中部
16	食品（国优名酒）·四川宜宾	食品	消费品	西部
17	食品（国优名酒）·贵州仁怀	食品	消费品	西部
18	高原绿色食品·拉萨经济技术开发区	食品	消费品	西部
19	农产品深加工·陕西杨凌高新技术示范区	食品	消费品	西部
20	食品（清真）·宁夏吴忠金积工业园区	食品	消费品	西部
21	食品（乳制品）·内蒙古呼和浩特	食品	消费品	西部
22	轻工（林木产品）·黑龙江穆棱经济开发区	轻工	消费品	东北
23	医药·江苏泰州医药高新技术产业开发区	生物医药	消费品	东部
24	轻工（灯饰）·广东中山市古镇	轻工	消费品	东部
25	医药·珠海高新区三灶科技工业园区	生物医药	消费品	东部
26	食品·重庆涪陵工业园区	食品	消费品	西部
27	食品·四川泸州酒业集中发展区	食品	消费品	西部

序号	示范基地名称	所属子行业	所属行业	所属地区
28	纺织（真丝产品）·浙江嵊州	纺织	消费品	东部
29	五金制品·福建南安经济开发区	轻工	消费品	东部
30	生物医药·广东中山高技术产业开发区	生物医药	消费品	东部
31	食品·吉林梨树	食品	消费品	东北
32	清真食品·长春绿园区	食品	消费品	东北
33	食品·黑龙江肇东经济技术开发区	食品	消费品	东北
34	生物医药·哈尔滨利民经济技术开发区	生物医药	消费品	东北
35	家电·安徽滁州经济技术开发区	家电	消费品	中部
36	农副产品加工·宁夏贺兰山工业园区	食品	消费品	西部
37	纺织·新疆库尔勒经济技术开发区	纺织	消费品	西部
38	纺织服装·江西共青城经济开发区	纺织	消费品	西部

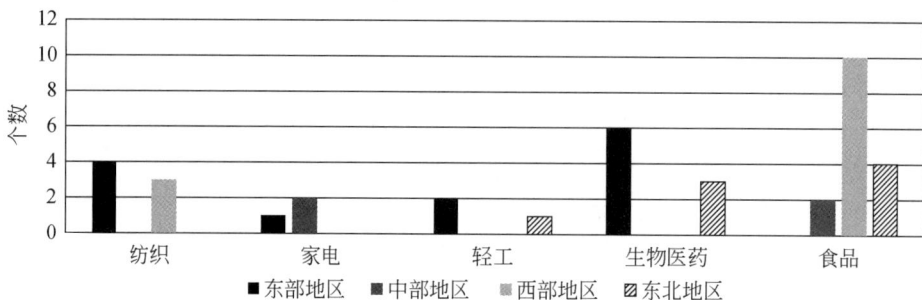

图 2-8 "消费品工业"示范基地的结构性布局

4. 电子信息

电子信息产业是研制和生产电子设备及各种电子元件、器件、仪器、仪表的工业。目前，中国以电子信息为主导产业的示范基地有 31 家（表 2-6），其中，东部地区 21 家，中部地区 3 家，西部地区 5 家，东北地区 2 家。从区域分布看，这些示范基地主要集中在东部地区，其占比约为 67.74%，而中、西部地区相对较少（图 2-9）。2012 年全国 31 家电子信息示范基地产业平稳增长，外贸出口逐步趋稳，结构调整扎实推进，全年主导产业实现工业总产值接近 3 万亿元，同比增长 21.4%。

表2-6 以电子信息为主导产业的"新型工业化"示范基地

序号	示范基地名称	所属子行业	所属行业	所属地区
1	电子信息·北京中关村科技园区	电子信息	电子信息	东部
2	电子信息（传感网）·江苏无锡高新技术产业开发区	电子信息	电子信息	东部
3	电子信息·江苏苏州工业园区	电子信息	电子信息	东部
4	电子信息（光电显示）·江苏昆山经济技术开发区	电子信息	电子信息	东部
5	电子信息·福建厦门火炬高技术产业开发区	电子信息	电子信息	东部
6	电子信息（显示器）·福建福清融侨经济技术开发区	电子信息	电子信息	东部
7	家电及电子信息·山东青岛市	电子信息	电子信息	东部
8	电子信息（通信设备）·山东烟台经济技术开发区	电子信息	电子信息	东部
9	电子信息（光电子）·湖北武汉东湖新技术开发区	电子信息	电子信息	中部
10	电子信息·深圳市高新技术产业园区	电子信息	电子信息	东部
11	电子信息（光电显示）·广东佛山市	电子信息	电子信息	东部
12	电子信息·四川绵阳高新技术产业开发区	电子信息	电子信息	西部
13	电子信息·四川成都高新技术产业开发区	电子信息	电子信息	西部
14	电子信息·天津经济技术开发区	电子信息	电子信息	东部
15	电子信息（太阳能光伏）·河北邢台经济开发区	电子信息	电子信息	东部
16	电子信息·大连经济技术开发区	电子信息	电子信息	东北
17	电子信息·上海漕河泾新兴技术开发区	电子信息	电子信息	东部
18	电子信息·南京江宁经济开发区	电子信息	电子信息	东部
19	电子信息·江西新余高新技术产业园区	电子信息	电子信息	中部
20	电子信息（物联网）·重庆南岸区	电子信息	电子信息	西部
21	电子信息·西安高新技术产业开发区	电子信息	电子信息	西部
22	电子信息·乌鲁木齐高新技术产业开发区	电子信息	电子信息	西部
23	电子信息·沈阳高新技术产业开发区	电子信息	电子信息	东北
24	电子信息·上海金桥开发区	电子信息	电子信息	东部
25	电子信息（光电子）·江苏吴江经济技术开发区	电子信息	电子信息	东部
26	电子信息（物联网）·杭州高新区（滨江）	电子信息	电子信息	东部
27	电子信息（新型平板显示）·合肥新站区	电子信息	电子信息	中部
28	电子信息（专用通信设备）·福建泉州丰泽区	电子信息	电子信息	东部
29	电子信息·北京经济技术开发区数字电视产业园	电子信息	电子信息	东部
30	电子信息·河北廊坊经济技术开发区	电子信息	电子信息	东部
31	电子信息·广东惠州仲恺高新技术产业开发区	电子信息	电子信息	东部

5. 军民结合

军民结合产业是指民用技术与能力用于国防建设或军用技术与能力用于

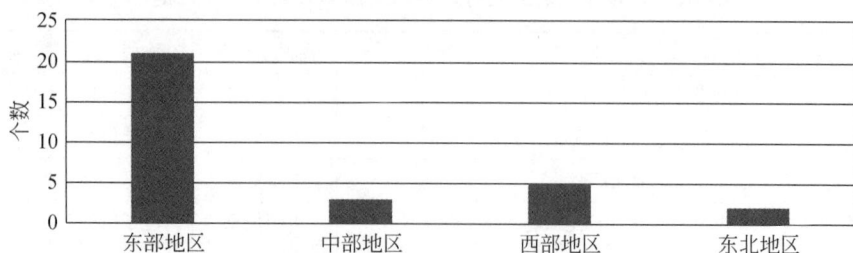

图 2-9　"电子信息产业"示范基地的结构性布局

民用产业。军民结合产业是先进制造业的重要组成部分和科技创新体系的重要力量,并已成为国家战略产业和综合国力的重要支柱。目前,中国以军民结合为主导产业的示范基地有 24 家(表 2-7),其中,东部地区 4 家,中部地区 9 家,西部地区 9 家,东北地区 2 家。从区域分布看,这些示范基地主要分布在中部地区和西部地区(图 2-10),涉及卫星及其应用、航空制造、光电及电子信息、重型装备、汽车及零部件、工程机械与配套、数控机床等产业领域。

表 2-7　以军民结合为主导产业的"新型工业化"示范基地

序号	示范基地名称	所属子行业	所属行业	所属地区
1	军民融合(航天)·陕西西安市	军民结合	军民结合	西部
2	军民结合·内蒙古包头青山区	军民结合	军民结合	西部
3	军民结合·湖北襄阳樊城区	军民结合	军民结合	中部
4	军民结合·湖北孝感经济开发区	军民结合	军民结合	中部
5	军民结合·湖南株洲	军民结合	军民结合	中部
6	军民结合·四川绵阳科技城	军民结合	军民结合	西部
7	军民结合·四川广元	军民结合	军民结合	西部
8	军民结合·贵阳经济技术开发区	军民结合	军民结合	西部
9	军民结合·北京大兴区	军民结合	军民结合	东部
10	军民结合·河北邯郸经济开发区	军民结合	军民结合	东部
11	军民结合(装备制造)·哈尔滨经济开发区	军民结合	军民结合	东北
12	军民结合(民用航天)·上海闵行区	军民结合	军民结合	东部
13	军民结合·宁波鄞州区	军民结合	军民结合	东部
14	军民结合·安徽芜湖高新技术产业开发区	军民结合	军民结合	中部
15	军民结合·合肥高新技术产业开发区	军民结合	军民结合	中部
16	军民结合(直升机)·江西景德镇	军民结合	军民结合	中部

序号	示范基地名称	所属子行业	所属行业	所属地区
17	军民结合·湖南平江工业园区	军民结合	军民结合	中部
18	军民结合·兰州经济技术开发区	军民结合	军民结合	西部
19	军民结合·昆明经济技术开发区	军民结合	军民结合	西部
20	军民结合·辽宁铁岭经济技术开发区	军民结合	军民结合	东北
21	军民结合·河南洛阳涧西区	军民结合	军民结合	中部
22	军民结合·湖南湘潭雨湖区	军民结合	军民结合	中部
23	军民结合·重庆璧山工业园	军民结合	军民结合	西部
24	军民结合（航空）·陕西汉中航空产业园	军民结合	军民结合	西部

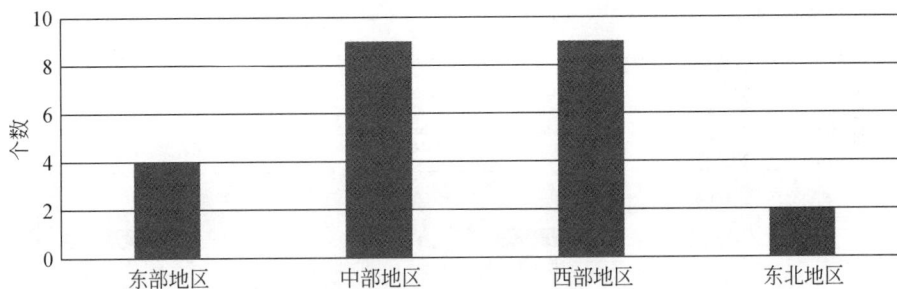

图 2-10　"军民结合产业"示范基地的结构性布局

6. 软件和信息服务

软件和信息服务业是指利用计算机、通信网络等技术对信息进行生产、收集、处理、加工、存储、运输、检索和利用的产业部门，以软件为代表的信息技术在重大装备、汽车、钢铁、石化等传统产业改造提升过程中的作用日益明显。目前，中国以软件和信息服务为主导产业的示范基地有 13 家（表2-8），几乎全部集中在东部地区（图2-11），其占比约为84.62%。

表 2-8　以军民结合为主导产业的"新型工业化"示范基地

序号	示范基地名称	所属子行业	所属行业	所属地区
1	工业设计·广东广州经济技术开发区	软件和信息服务	软件和信息服务	东部
2	工业设计·广东佛山顺德区	软件和信息服务	软件和信息服务	东部
3	软件和信息服务·大连高新技术产业园区	软件和信息服务	软件和信息服务	东北
4	软件和信息服务·南京雨花软件园	软件和信息服务	软件和信息服务	东部
5	软件和信息服务·福州软件园	软件和信息服务	软件和信息服务	东部

续表

序号	示范基地名称	所属子行业	所属行业	所属地区
6	软件和信息服务·齐鲁软件园	软件和信息服务	软件和信息服务	东部
7	软件和信息服务·青岛软件园	软件和信息服务	软件和信息服务	东部
8	软件和信息服务·广州天河软件园	软件和信息服务	软件和信息服务	东部
9	软件和信息服务·深圳软件园	软件和信息服务	软件和信息服务	东部
10	软件和信息服务·北京中关村科技园区海淀园	软件和信息服务	软件和信息服务	东部
11	软件和信息服务·上海浦东软件园	软件和信息服务	软件和信息服务	东部
12	软件和信息服务·厦门软件园	软件和信息服务	软件和信息服务	东部
13	软件和信息服务·武汉洪山区	软件和信息服务	软件和信息服务	中部

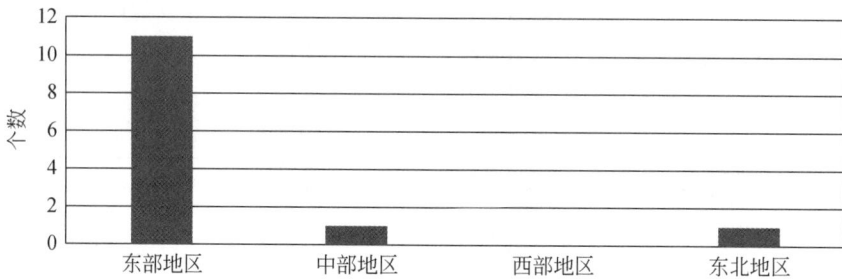

图 2-11　"软件和信息服务业"示范基地的结构性布局

7. 其他行业

国家级"新型工业化"产业示范基地不仅包括上述工业部门，还涉及资源利用和循环经济等其他行业部门。目前，中国以资源综合利用为主导产业的示范基地为 3 家（表 2-9），分别分布在东部、中部、西部地区。其中，天津子牙循环经济产业区的发展较为成熟，截至 2011 年年底，该园区企业已达 160 家，年回收加工处理各类工业固废 100 万吨，可生产铜 40 万吨、铝 15 万吨、钢铁 20 万吨、橡塑材料 20 万吨，其他材料 5 万吨。

表 2-9　以其他行业为主导产业的"新型工业化"示范基地

序号	示范基地名称	所属子行业	所属行业	所属地区
1	资源综合利用·天津子牙循环经济产业区	资源综合利用	其他	东部
2	工业物流·长沙金霞经济开发区	资源综合利用	其他	中部
3	循环经济·云南曲靖煤化工工业园区	资源综合利用	其他	西部

三、信息化推动新型工业化

党的"十八大"报告指出，走新型工业化道路应推动信息化和工业化深度融合，即坚持以信息化带动工业化，以工业化促进信息化。由于信息化是当今社会发展的趋势，用信息化推动工业化是 21 世纪中国的必然选择，本节将对工业化和信息化的基本内涵和融合关系进行分析。

（一）工业化与信息化的关系

1. 工业化与信息化的内涵解析

工业化一般是指人类社会生产活动由农业生产为主转向工业生产为主的社会发展过程，既包括大力发展工业使之成为国民经济的主导产业，也包括用大工业的思想、理念和方法改造农业和服务业的生产发展模式，提高生产效率。工业化既是一个产业发展升级过程，也是社会生产经营方式向规范化、标准化、规模化、专业化、社会化发展的过程（欧阳强和李祝平，2004）。信息化一般是充分利用信息技术，开发利用信息资源，促进信息交流和知识共享，提高经济增长质量，推动经济社会发展转型的历史进程。

信息化不是工业化的派生物，而是工业化发展到一定阶段的必然产物。信息化的出现和快速发展对于引导和支持工业化进程的推进具有重要意义。因此，从工业化和信息化的产生过程来看，工业化是信息化的源泉，信息化是工业化的动力。从其作用形式来看，工业化又为信息化的发展提供前提或基础条件，信息化则为工业化的发展和延伸增加科技动力。从产业发展阶段来看，工业化是工业社会的集中体现，而信息化则是工业化发展到一定阶段的产业形式（靖继鹏等，2002）。总之，工业化可直接导致信息化的出现，而信息化必须借助于工业化的手段才能获得发展。

2. 信息化带动工业化发展

中国正处于工业化发展的重要转型时期，只有通过发展信息化带动工业化，才能加快新型工业化进程。目前，中国信息化建设仍存在诸多问题：企业缺少应用信息技术的动力；市场不能提供完善的信息技术开发和应用的环境；政府对信息市场的调控乏力等。因此，要真正强化信息化对工业化的带动作用，走新型工业化道路，就必须健全企业、市场和政府层面的工业信息化建设。

（1）企业层面：强化工业信息化技术的改造

企业运用信息技术是转变经济发展方式和调整经营战略的必然要求。首先，企业在信息化发展的前提下，可通过优化竞争方式，使其从以往的以产品设计为中心的竞争模式逐渐转变为以产品营销为中心的竞争模式，即企业与消费者之间的关系更加紧密。只有通过运用信息技术减少企业与消费者之间的环节，缩短路径距离才能提升企业的成本优势。其次，企业还可以运用信息技术逐渐完善企业对信息的采集、运用和转化能力，提高企业获取新技术、新工艺、新产品和新思想的效率，并进一步通过自身信息化的建设来提升效率，从而带动整个工业化水平的提高（庞爱卿，2004）。最后，企业在确定信息应用的方向和程度后，还应将信息化与企业改革相联系，通过建立与信息化相适应的观念和管理模式来促进信息化在企业中的应用和发展。

（2）社会层面：完善市场对工业信息化的孵化

市场是工业信息化建设的孵化器，其最大的优越性就在于它能不断地培育创新并能够引导高新技术向工业渗透。市场经济国家高度重视市场对信息技术创新及其对工业化转型的激励作用。首先，市场应通过竞争机制和价格机制的方式，对工业企业的信息化建设进行引导。在市场经济体制下，企业必须时刻关注市场的导向，通过市场的变化应用信息化，调整和配置生产要素。其次，市场在信息化带动工业化过程中还应起中介作用。市场体系是信息化带动工业化的重要保障，具体包括如下三类市场：资本市场可以集合社会闲置资金投向信息高新技术产业，特别是中小型的信息技术企业，为信息产业的发展注入活力；信息市场通过发展信息传输业和信息服务业，为企业提供急需的新技术产品信息，完善的信息市场可以降低企业乃至整个社会的交易成本；技术市场是技术交易和扩散的重要渠道，不仅应借助于技术市场使信息技术进行有偿交流，还应注重相关配套信息技术服务机构的完善。

（3）政府层面：引领或推进工业信息化的建设

政府是工业信息化建设的推进器，这是由于市场机制本身存在着不可避免的缺陷，需要政府运用其功能对信息化带动工业化进行一定程度的扶持，政府层面的工业信息化建设需着重关注如下几个方面。首先，加快推进工业信息化的法律制度体系建设。当前已经形成的法律法规包括：《2006—2020年国家信息化发展战略》、《工业转型升级规划（2011—2015 年)》、《信息化和工业化深度融合专项行动计划（2013—2018 年)》等。其次，加速发展信息产业。目前中国信息产业的总体状况不容乐观，为了进一步提高信息化带动工业化的作用，应实行以下措施：要强化对信息化工作的领导；要注重政府扶持，做好统一规划；要建立信息产业的资金筹集机制；要大力发展公共信息网和公共数据库；要因地制宜做好产业选择工作（蓝庆新，2004）。最后，要抓好重点产品，扶植一批优势企业。具体包括信息服务企业、最大的综合型信息产品生产企业、最重要的软件生产企业、通信网络和终端设备生产企业、磁性材料生产企业、视听产品生产企业以及亚洲最大的半导体芯片生产企业。

总之，信息化带动工业化是一项复杂的系统工程，需要企业、市场和政府各层子系统的相互协调和密切配合。在这个系统中，企业通过信息化的应用和发展提高自身竞争力，市场使信息技术创新和创新成果商品化和产业化，政府则主要依靠其职能起到调控引导作用。

（二）工业化与信息化的融合发展水平

在党的"十八大"和十八届三中全会的要求下，各地区、各部门高度重视工业化与信息化融合发展的任务，信息技术在各地区工业生产和转型过程中得到了广泛应用。为深入分析中国工业化与信息化的融合关系，本节在完成2012 年中国各地区信息化水平统计的基础上，对其工业化与信息化的融合关系进行分析。

1. 各地区信息化的发展现状

基于中国对信息产业的分类准则，本报告从行业规模和行业效益的角度，完成了 2012 年中国各地区信息化指数的统计和分析。由于数据标准的原因，相关统计暂未列出香港特别行政区、澳门特别行政区和台湾省。同时由于统计数据的缺失，西藏自治区仅列出部分统计数据。

（1）地区信息化指数的核算框架

根据工业与信息化部的分类准则，中国的信息产业主要包括通信业、电子信息业和软件业。各类信息产业的区域差异主要体现在产业发展水平和速度上，即信息产业的规模和效益。因此，综合考虑地区信息产业的分类和发展两个维度，本报告建立了地区信息化指数评价体系，如图 2-12 所示。该核算框架包括四个主要层次：第一层为目标层，即地区信息化指数的核算；第二层为地区信息产业的分类维度，即通信业、电子信息业和软件业；第三层为地区信息产业的发展维度，即各信息产业的规模和效益；第四层则列举了各类信息产业的组成。在本节的统计环节，通信业主要包括固定通信、移动通信和互联网等；电子信息业主要包括电子元件、电子器件和电子设备等；软件业主要包括数据处理、系统集成和 IC 设计等（牛文元，2013）。

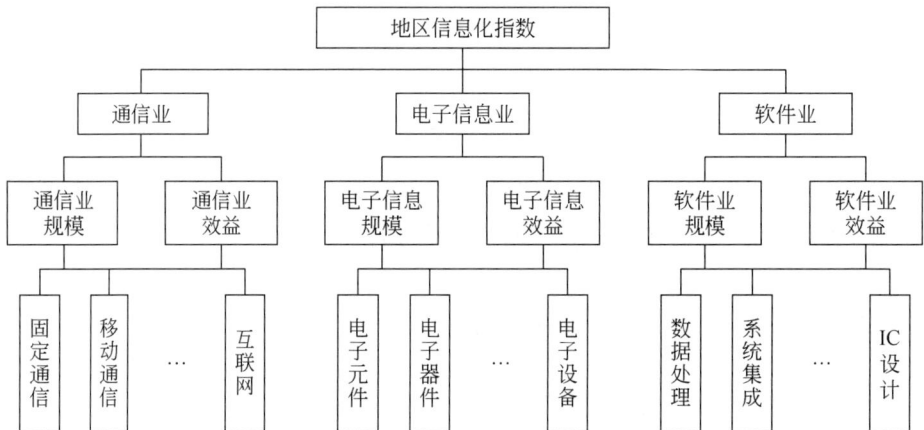

图 2-12　地区信息化指数的核算框架

（2）各地区的信息化发展水平

地区信息化发展水平的分析主要采取上述核算原则，以《中国统计年鉴2013》《中国高技术产业统计年鉴 2013》和 2012 年中国通信业、电子信息业、软件业统计公报的数据为依据，分析了 2012 年中国 30 个省（自治区、直辖市）的信息化发展水平，其中不包括香港、澳门、台湾和西藏，具体的统计结果如表 2-10 所示。通信业发展水平的核算主要考虑固定电话交换机容量、固定电话通话时长、移动电话交换机容量、移动电话通话时长、人均光缆长度、互联网普及率等数据。电子信息业发展水平的核算则主要考虑各地区相关电子信息类产业的法人数量、主营业务收入、利润总额、税金总额等方面的数据。软件业发展水平的核算主要考虑各地区软件企业的数量、产品收入、服务收入、软件收入和设计收入等。

表 2-10 各地区的信息化发展水平

地区	通信业发展水平			电子信息业发展水平			软件业发展水平			信息化指数
	通信业规模	通信业效益	通信业发展指数	电子信息规模	电子信息效益	电子信息发展指数	软件业规模	软件业效益	软件业发展指数	
北京	0.751	0.929	0.840	0.285	0.220	0.252	0.761	1.000	0.880	0.658
天津	0.325	0.449	0.387	0.523	0.426	0.474	0.325	0.196	0.260	0.374
河北	0.299	0.199	0.249	0.043	0.015	0.029	0.047	0.022	0.034	0.104
山西	0.434	0.230	0.332	0.083	0.090	0.087	0.034	0.008	0.021	0.147
内蒙古	0.331	0.270	0.301	0.018	0.003	0.010	0.000	0.007	0.004	0.105
辽宁	0.384	0.467	0.426	0.119	0.072	0.096	1.000	0.417	0.708	0.410
吉林	0.308	0.222	0.265	0.016	0.001	0.009	0.917	0.111	0.514	0.263
黑龙江	0.354	0.177	0.266	0.001	0.001	0.001	0.276	0.037	0.157	0.141
上海	0.704	0.839	0.771	0.724	0.858	0.791	0.659	0.511	0.585	0.716
江苏	0.542	0.368	0.455	1.000	0.945	0.973	0.563	0.394	0.478	0.635
浙江	0.674	0.567	0.621	0.224	0.133	0.178	0.276	0.201	0.238	0.346
安徽	0.356	0.050	0.203	0.140	0.035	0.088	0.008	0.018	0.013	0.101
福建	0.585	0.556	0.571	0.358	0.333	0.346	0.481	0.265	0.373	0.430
江西	0.278	0.033	0.155	0.291	0.108	0.200	0.003	0.018	0.011	0.122
山东	0.323	0.215	0.269	0.233	0.111	0.172	0.270	0.171	0.220	0.221
河南	0.264	0.096	0.180	0.155	0.168	0.161	0.048	0.025	0.036	0.126
湖北	0.277	0.142	0.210	0.151	0.093	0.122	0.222	0.059	0.140	0.157
湖南	0.197	0.115	0.156	0.129	0.036	0.082	0.192	0.050	0.121	0.120
广东	0.657	0.695	0.676	0.970	1.000	0.985	0.597	0.366	0.481	0.714
广西	0.247	0.124	0.186	0.117	0.047	0.082	0.007	0.026	0.017	0.095
海南	0.426	0.405	0.415	0.047	0.030	0.039	0.072	0.031	0.052	0.169
重庆	0.343	0.254	0.299	0.319	0.390	0.354	0.208	0.239	0.224	0.292
四川	0.363	0.136	0.250	0.279	0.236	0.257	0.239	0.271	0.255	0.254
贵州	0.300	0.085	0.193	0.015	0.001	0.008	0.136	0.043	0.089	0.097
云南	0.263	0.083	0.173	0.000	0.000	0.000	0.007	0.023	0.015	0.063
陕西	0.360	0.276	0.318	0.073	0.014	0.043	0.570	0.179	0.374	0.245

地区	通信业发展水平			电子信息业发展水平			软件业发展水平			信息化指数
	通信业规模	通信业效益	通信业发展指数	电子信息规模	电子信息效益	电子信息发展指数	软件业规模	软件业效益	软件业发展指数	
甘肃	0.240	0.089	0.165	0.009	0.005	0.007	0.025	0.016	0.021	0.064
青海	0.475	0.268	0.372	0.015	0.000	0.007	0.021	0.000	0.010	0.130
宁夏	0.381	0.242	0.311	0.020	0.000	0.010	0.160	0.012	0.086	0.136
新疆	0.431	0.409	0.420	0.002	0.002	0.002	0.073	0.026	0.049	0.157

从表2-10可以看出中国信息化发展水平的区域差异性较为明显，且信息化水平与区域经济实力（地区GDP）关系较为紧密。其中，信息化发展指数较低的区域集中在西部地区和中部地区，发展水平最低的5个省份依次为云南、甘肃、广西、贵州和安徽；信息化发展指数较高的区域主要集中在东部地区，发展水平最高的五个省份依次为上海、广东、北京、江苏和福建。

2. 各地区工业化与信息化的融合现状

为进一步分析各地区工业化发展与信息化水平的融合关系，本节用SPSS16.0软件，对总论核算的各地区工业化水平和本章统计的信息化水平进行聚类分析，如图2-13所示。按照各地区工业化水平和信息化水平的组合，本报告给出工业化与信息化融合发展的四种类型，分别为高工业化高信息化型、高工业化低信息化型、低工业化低信息化型、低工业化高信息化型。由于工业化是信息化发展的基础，显然低工业化高信息化型不存在，全国各地区工业化与信息化的融合发展也不存在这种类型。

基于上述分类原则，分别对各地区工业化与信息化的融合关系进行梳理如下：

1）高工业化高信息化型：北京、上海、广东、江苏、辽宁、福建。

2）高工业化低信息化型：天津、内蒙古、浙江、山东、重庆、宁夏、河南、陕西、山西、吉林、青海。

3）低工业化低信息化型：新疆、湖北、河北、湖南、黑龙江、江西、四川、安徽、广西、海南、甘肃、贵州、云南。

2012年中国工业化与信息化融合程度较高的地区只有6个，分布在东部

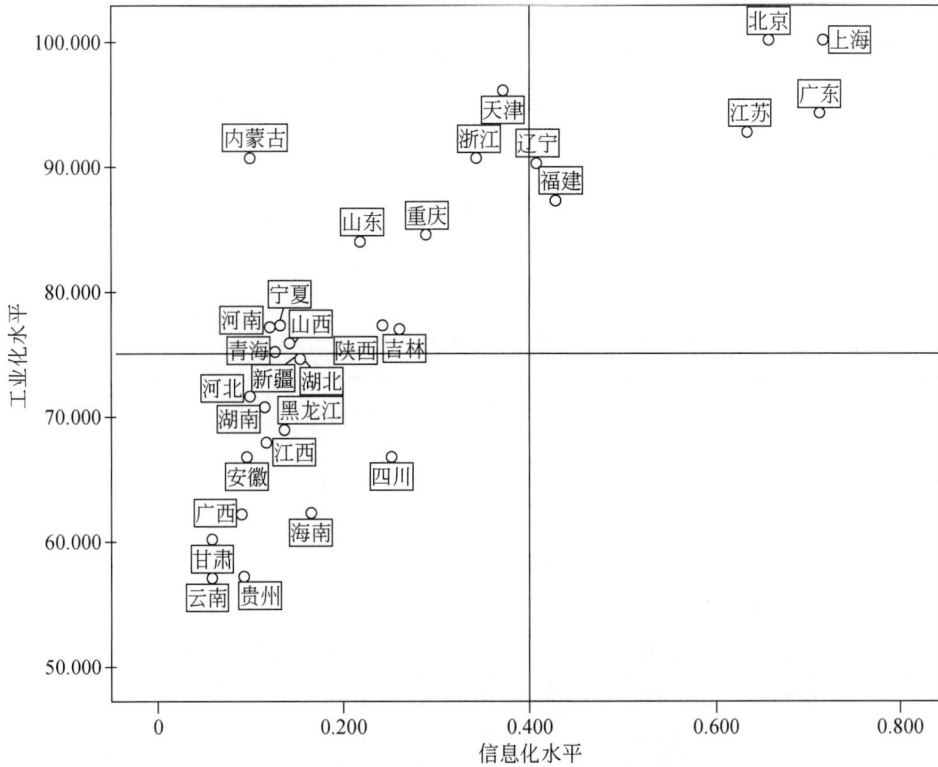

图 2-13　各地区工业化与信息化的融合程度

注：上述四个分类象限是以各地区工业化水平和信息化指数最大值和最小值的中位数为依据划分

地区和东北地区，并以东部地区为主。这说明中国大部分地区工业化与信息化的融合程度相对较低，呈现信息化相对滞后于工业化的状况。其中，高工业化低信息化的地区有 11 个，广泛分布在东部地区、中部地区、西部地区和东北地区，并以西部地区为主，是中国老工业较为集中的地区，老工业发展带动地区工业化水平的提升，但其工业化转型面临信息化水平过低的瓶颈。这些地区要走新型工业化道路，就必须提高其信息化水平，并最终实现信息化与工业化的融合发展。最后，中国仍有部分地区属于低工业化低信息化类型，这些地区主要分布在中部地区和西部地区，并以西部地区为主。这些地区应在提高工业化水平的同时，注重信息技术对工业化发展的作用。

3. 各地区信息化滞后于工业化的程度

由于中国各地区普遍存在信息化滞后于工业化的发展现状，本报告借鉴国际上对城镇化和工业化关系分析思路（段禄峰和张沛，2009），采用 NX 比指标来分析各地区信息化滞后于工业化的程度。NX 比是指劳动力非农化率与信息化率的比值，其中信息化率采用互联网普及率表示。通过分析工业化和信息化融合程度较高国家的 NX 比，本节将 NX 比的标准值定义为 2。采用《中国统计年鉴 2013》的数据，对中国各地区信息化滞后于工业化的程度进行测算，如表 2-11 所示。

表 2-11 各地区信息化滞后于工业化的程度

地区	互联网普及率（X）	劳动力非农化率（N）	NX 比	NX 标准	X-NX 标准	滞后程度排序
贵州	0.286	0.996	3.482	0.498	−0.212	1
云南	0.285	0.983	3.449	0.491	−0.206	2
江西	0.285	0.969	3.399	0.484	−0.199	3
河南	0.304	0.992	3.264	0.496	−0.192	4
安徽	0.313	0.985	3.147	0.493	−0.180	5
甘肃	0.310	0.972	3.136	0.486	−0.176	6
湖南	0.333	0.995	2.988	0.497	−0.164	7
广西	0.342	0.968	2.829	0.484	−0.142	8
西藏	0.303	0.856	2.824	0.428	−0.125	9
四川	0.378	0.995	2.633	0.498	−0.120	10
山东	0.401	0.997	2.487	0.499	−0.098	11
湖北	0.401	0.987	2.462	0.494	−0.093	12
吉林	0.386	0.951	2.464	0.475	−0.089	13
河北	0.415	0.990	2.386	0.495	−0.080	14
陕西	0.415	0.989	2.382	0.494	−0.079	15
青海	0.419	0.996	2.376	0.498	−0.079	16
黑龙江	0.347	0.848	2.443	0.424	−0.077	17
宁夏	0.403	0.953	2.364	0.476	−0.073	18
重庆	0.409	0.955	2.335	0.478	−0.069	19
新疆	0.436	0.987	2.263	0.493	−0.057	20
山西	0.442	0.992	2.245	0.496	−0.054	21
内蒙古	0.389	0.867	2.229	0.434	−0.045	22
海南	0.407	0.819	2.012	0.410	−0.003	23
江苏	0.500	0.988	1.977	0.494	0.006	24
辽宁	0.502	0.957	1.907	0.479	0.023	25
天津	0.585	0.998	1.706	0.499	0.086	26

地区	互联网普及率（X）	劳动力非农化率（N）	NX 比	NX 标准	X-NX 标准	滞后程度排序
浙江	0.590	0.999	1.694	0.500	0.090	27
福建	0.613	0.992	1.619	0.496	0.117	28
广东	0.631	0.994	1.576	0.497	0.134	29
上海	0.684	0.998	1.459	0.499	0.185	30
北京	0.722	0.996	1.380	0.498	0.224	31

如表 2-11 所示，中国大部分地区的"X-NX 标准"均为负值，表示这些地区的信息化发展均滞后于工业化。滞后程度较高的地区集中在西部地区和中部地区，滞后程度最高的五个省市依次为贵州、云南、江西、河南和安徽，这与本节第二部分的分析结果基本一致；滞后程度较低的区域主要集中在东部地区和东北地区。其中，北京、上海、广东、福建、浙江、天津、辽宁和江苏的信息化发展是超前于工业化的。

四、城镇化落实新型工业化

城镇化和工业化同样存在密切的关系，党的"十八大"报告指出，走新型工业化道路应落实工业化和城镇化的良性互动，即坚持以城镇化推进工业化，以工业化支撑城镇化。在这样的背景下，找准推进新型工业化与城镇化互动发展的结合点，使两者在相互促进中实现跨越，是一个需要探讨的问题。本节将对工业化和城镇化的基本内涵及其支撑关系进行分析。

（一）工业化与城镇化的关系

1. 工业化与城镇化的内涵解析

"城镇化"是辜胜阻在 1991 年提出的概念，并在党的"十八大"报告和十八届三中全会得到广泛使用并拓展。作为一种社会历史现象，城镇化既是物质文明进步的体现，也是精神文明前进的动力（叶裕民，1999；李国平，2008）。在学术界，"城镇化"概念至今尚无统一的表述，具有代表性的观点主要有：城镇化是农业人口不断转变为非农业人口的过程；城镇化是第一产业流向第二、第三产业，第二、第三产业人口不断向城镇聚集发展的过程；城镇化是城市生活方式不断向农村扩散和传播的过程；城镇化是农业文明不断向工业文明、现代文明转换的过程。上述表述均从不同角度，强调"城镇化"与产业升级、工业进步的关系，这表明"城镇化"与"工业化"存在较为密切的关系。

在经济社会发展的进程中，工业化和城镇化具有密切的关系，工业化是城镇化的经济内容，城镇化是工业化的空间落实（洪名勇，2011）。在传统农业社会向工业社会转变的过程中，越来越多的农村剩余劳动力逐渐离开农村，并由农业生产方式向工业、服务业等非农生产方式转变，这种转变导致原先分散居住在广大农村的人口开始向不同规模的城镇集聚，即工业化进程诱导城镇化进程。随着城镇化规模的持续扩大，相应基础设施的逐步完善，为工业发展提供了良好的外部环境，这些条件吸引更多的高素质人才、资金、科技创新等有利于工业进一步发展的要素向城市进一步集聚，即城镇化的发展开始反作用于工业化进程，推动工业不断向更高层次发展。

2. 城镇化推进工业化发展

根据工业化与城镇化关系的一般规律，走新型工业化道路，特别是随着产业分工的深化，对工业化、社会化程度的要求提高，对专业中间商以及对专业化服务经济的需求增强，从而对"城镇化"提出更高的需求。因此，要走新型工业化道路，就必须强化城镇化对工业化的推进作用，包括园区、社会和政府三个层面。

（1）园区层面：走生态工业的发展思路

园区是工业化与城镇化协调发展的产物，新型工业化对工业园区的发展提出新的要求，即走生态工业的发展思路。生态工业是一种兼顾环境与发展的模式，是由美国学者罗伯特·福罗什和尼古拉·加劳布劳斯首次提出。生态工业园区同时具备工业化和城镇化的特征，是工业生态理论在城镇化过程中的一项重要应用。对于其工业化特征，园区内的企业通过模仿自然界生态系统，相互之间存在协同和共生关系，将最大限度地充分利用资源和减少负面环境影响，最终实现新型工业化的发展目标。对于其城镇化特征，通过对居住、文教、医疗、商业等相关配套设施的规划，可将园区建设为小型城市综合体，在推进工业化的同时，提高其城镇化水平。生态工业园区的雏形是丹麦的卡隆堡。美国、加拿大、日本、英国、德国、荷兰等国均通过生态工业园区建设，实现了工业化的转型升级。进入21世纪，生态工业园区在中华大地也开始了建设步伐（姜爱林，2004）。国内最早的生态工业园区是成立于2001年8月31日的中国生态工业（制糖）建设示范园区。

总之，中国走城镇化推进工业化的发展道路，应大力发展生态工业，建设生态工业园区，其具体推进措施如下：加强生态工业与生态工业园区理论与实践的宣传交流工作；生态工业园区的设计应同时兼顾新型工业化和城镇化的发展要求；生态工业与生态工业园区前期建设要周密规划，不走或少走弯路。

（2）社会层面：处理城镇化与工业化的互动关系

城镇化与工业化的协调发展是一项复杂的社会问题，需正确处理城镇化与工业化之间的互动关系。首先，要正确认识工业化与城镇化的关系。根据相关部门的测算结果，中国工业化超前于城镇化的发展，这将导致城乡经济差距日益扩大，并过度扭曲资源配置机制。因此，研究中国工业化与城镇化的关系，必须认真探究导致上述现象的根源及其具体的发展路径，并进一步提高工业化与城镇化的协调水平。其次，要把推进城镇化与推进工业化结合起来。中国工业的规模已经初步形成，未来发展可能面临的主要问题包括提高产业素质和技术水平，这就需要将工业化与城镇化有机地结合起来（姜爱林，2003）。最后，要注意处理好农村工业化与农村城镇化的关系。推进中国工业化是一项长期的过程，在这个过程中，作为中国工业化重要组成部分的农村工业化要引起我们的极大关注。当前，过于分散的农村工业化不仅占用了大量耕地，而且导致土地资源的严重浪费。

（3）政府层面：引导和扶持工业化与城镇化协调发展

新型工业化和城镇化作为提高经济发展水平的主要方式，需要从政府层面给予一定的引导和扶持，具体可以从如下几个方面着手。首先，要创新制度安排，消除城镇化、新型工业化过程中的制度性障碍。例如，改进户籍管理制度，建立公平就业制度，完善社会保障制度，健全土地管理制度等。其次，要调整优化产业结构，充分利用工业化中期经济快速发展的机遇，增强城镇产业竞争实力，制定更加有利于工业项目集中布局的政策，鼓励工业企业间的兼并联合，走产业集群的发展道路。再次，调整城镇发展方针，在城镇体系和区域经济协调发展的基础上，大力发展中小城镇，根据中小城镇所在地区的资源和经济发展的具体情况，确定小城镇的发展模式，制定科学的产业发展政策，确立主导产业，带动区域经济发展。最后，建立适应工业经济发展的城镇建设投资体制，创新城镇化和工业化的融资机制。例如，采用BOT 模式、TOT 模式、ABS 模式、PPP 模式等项目融资的方式，扩大城镇化的建设步伐和工业化的转型升级。

总之，工业化与城镇化存在密切的关系，城镇化的推进有赖于工业化水平的提升，城镇化又是工业化发展的基本土壤。其中，城镇化推进工业化的发展需要着重关注园区、社会和政府等层面的体制、机制建设。

（二）工业化与城镇化支撑发展

在工业化和城镇化的发展过程中，各地区、各部门高度重视其相互支撑关系。为深入分析中国工业化与城镇化的支撑关系，本节在完成了 2012 年中国各地区城镇化水平统计的基础上，对各地区工业化与城镇化的支撑关系进行分析。

1. 各地区城镇化的发展现状

根据城镇化"发展、协调、持续"的运行原则，本报告完成了 2012 年中国各地区城镇化指数的统计和分析。由于数据标准的原因，相关统计暂未列出香港特别行政区、澳门特别行政区和台湾省。

（1）地区城镇化指数的核算框架

为了更好地反映地区的城镇化水平，报告从人口、经济、社会和环境的角度构建了城镇化指数的核算框架（表 2-12）。该核算框架包括三个主要层次：第一层为目标层，即地区城镇化指数的核算；第二层为地区城镇化水平的分类维度，即人口城镇化、经济城镇化、社会城镇化和环境城镇化；第三层为地区城镇化的发展维度，包括人口规模、就业结构、人口素质等11个指标。

表 2-12　中国城镇化综合评价指标体系

一级指标	二级指标	三级指标	三级指标名称
城镇化水平	人口城镇化发展水平	人口规模	城镇人口比重/%
		就业结构	第三/第二产业从业人员所占比重/%
		人口素质	人文发展指数
	经济城镇化发展水平	经济规模	人均 GDP/元
		经济结构	第三/第二产业生产总值占 GDP 比重/%
		经济效率	万元 GDP 电耗/（万千瓦时/万元）
	社会城镇化发展水平	居民生活	恩格尔系数/%
		社会保障	城镇社会保障覆盖率/%
		城乡统筹	城乡二元结构系数
	环境城镇化发展水平	城镇绿化	人均绿地面积/平方米
		环境保护	生活垃圾无害化处理率/%

（2）各地区的城镇化发展水平

地区城镇化发展水平的分析主要采取上述核算原则，以《中国统计年鉴2013》《中国城市统计年鉴2013》和《中国区域经济统计年鉴2013》的数据为依据，分析了2012年中国31个省份的城镇化发展水平，其中不包括香港、澳门和台湾地区，具体的统计结果如表2-13所示。

从表2-13可以看出中国城镇化发展水平的区域差异性较为显著。其中，城镇化发展指数较低的区域集中在西部地区，发展水平最低的5个省份依次为甘肃、西藏、云南、贵州和青海；城镇化发展指数较高的区域主要集中在东部地区，发展水平最高的5个省份依次为北京、上海、天津、江苏和浙江。

2. 各地区工业化与城镇化支撑发展的现状

为进一步分析各地区工业化发展与城镇化水平的支撑关系，本节用SPSS16.0软件，对总论核算的各地区工业化水平和本章统计的城镇化水平进行聚类分析，如图2-14所示。按照各地区工业化水平和城镇化水平的组合，本报告给出工业化与城镇化支撑发展的四种类型，分别为高工业化高城镇化

表2-13 各地区的城镇化发展水平

地区	人口城镇化				经济城镇化				社会城镇化				环境城镇化			城镇化水平
	人口规模	就业结构	人口素质	发展水平	经济规模	经济结构	经济效率	发展水平	居民生活	社会保障	城乡统筹	发展水平	城镇绿化	环境保护	发展水平	
北京	0.953	0.996	1.000	0.983	0.290	0.991	1.000	0.761	0.973	1.000	0.920	0.964	0.552	0.986	0.769	0.869
天津	0.883	0.108	0.897	0.629	0.311	0.971	0.973	0.752	0.684	0.652	0.974	0.770	0.253	0.998	0.626	0.694
河北	0.361	0.265	0.484	0.370	0.073	0.532	0.751	0.452	0.850	0.137	0.744	0.577	0.085	0.682	0.384	0.446
山西	0.428	0.171	0.492	0.364	0.060	0.789	0.640	0.496	0.960	0.224	0.387	0.523	0.094	0.663	0.378	0.441
内蒙古	0.526	0.345	0.607	0.493	0.192	0.650	0.710	0.517	1.000	0.284	0.477	0.587	0.221	0.851	0.536	0.533
辽宁	0.644	0.203	0.679	0.509	0.161	0.669	0.898	0.576	0.774	0.519	0.780	0.691	0.335	0.782	0.558	0.583
吉林	0.465	0.338	0.579	0.461	0.103	0.539	0.983	0.542	0.952	0.381	0.847	0.727	0.140	0.070	0.105	0.459
黑龙江	0.513	0.309	0.536	0.453	0.070	0.390	0.957	0.472	0.715	0.368	1.000	0.695	0.281	0.101	0.191	0.453
上海	1.000	0.197	0.972	0.723	0.283	1.000	0.933	0.739	0.679	0.856	0.897	0.811	1.000	0.720	0.860	0.783
江苏	0.605	0.119	0.710	0.478	0.211	0.766	0.867	0.615	0.755	0.454	0.803	0.671	0.457	0.931	0.694	0.614
浙江	0.608	0.242	0.694	0.515	0.190	0.828	0.838	0.618	0.772	0.569	0.834	0.725	0.153	0.985	0.569	0.607
安徽	0.357	0.298	0.361	0.339	0.039	0.505	0.888	0.477	0.573	0.154	0.534	0.420	0.187	0.849	0.518	0.439
福建	0.554	0.000	0.575	0.376	0.143	0.655	0.884	0.561	0.539	0.277	0.599	0.472	0.164	0.940	0.552	0.490
江西	0.372	0.189	0.369	0.310	0.039	0.543	0.933	0.505	0.521	0.195	0.747	0.488	0.102	0.814	0.458	0.440
山东	0.446	0.098	0.603	0.382	0.139	0.674	0.900	0.571	0.885	0.261	0.646	0.597	0.200	0.969	0.585	0.534
河南	0.296	0.181	0.429	0.302	0.051	0.502	0.837	0.463	0.853	0.137	0.651	0.547	0.063	0.768	0.416	0.432

续表

地区	人口城镇化				经济城镇化				社会城镇化				环境城镇化			城镇化水平
	人口规模	就业结构	人口素质	发展水平	经济规模	经济结构	经济效率	发展水平	居民生活	社会保障	城乡统筹	发展水平	城镇绿化	环境保护	发展水平	
湖北	0.462	0.164	0.504	0.377	0.082	0.499	0.930	0.504	0.490	0.256	0.685	0.477	0.171	0.512	0.342	0.425
湖南	0.359	0.256	0.444	0.353	0.060	0.468	0.956	0.494	0.653	0.222	0.572	0.482	0.064	0.916	0.490	0.455
广东	0.671	0.163	0.639	0.491	0.149	0.821	0.881	0.617	0.674	0.740	0.571	0.661	0.581	0.643	0.612	0.595
广西	0.312	0.477	0.353	0.381	0.036	0.340	0.853	0.409	0.560	0.090	0.213	0.288	0.222	0.967	0.595	0.418
海南	0.432	1.000	0.440	0.624	0.054	0.000	0.911	0.322	0.215	0.385	0.594	0.398	0.069	1.000	0.535	0.470
重庆	0.514	0.266	0.476	0.419	0.083	0.687	0.946	0.572	0.426	0.793	0.440	0.553	0.257	0.990	0.624	0.542
四川	0.312	0.201	0.369	0.294	0.043	0.457	0.897	0.466	0.485	0.215	0.553	0.418	0.083	0.801	0.442	0.405
贵州	0.206	0.290	0.115	0.203	0.000	0.490	0.614	0.368	0.522	0.055	0.000	0.193	0.000	0.863	0.431	0.299
云南	0.249	0.248	0.159	0.219	0.011	0.365	0.707	0.361	0.538	0.050	0.023	0.204	0.018	0.704	0.361	0.286
西藏	0.000	0.018	0.000	0.006	0.013	0.554	0.923	0.497	0.000	0.000	0.418	0.139	0.039	0.828	0.434	0.269
陕西	0.410	0.362	0.500	0.424	0.082	0.636	0.907	0.542	0.710	0.210	0.180	0.367	0.088	0.804	0.446	0.445
甘肃	0.241	0.388	0.242	0.290	0.010	0.457	0.528	0.332	0.730	0.112	0.068	0.303	0.066	0.000	0.033	0.240
青海	0.372	0.237	0.274	0.294	0.058	0.641	0.000	0.233	0.623	0.182	0.353	0.386	0.027	0.816	0.422	0.334
宁夏	0.420	0.344	0.417	0.393	0.072	0.675	0.004	0.251	0.834	0.618	0.388	0.613	0.376	0.497	0.436	0.423
新疆	0.319	0.229	0.389	0.312	0.061	0.302	0.642	0.335	0.628	0.308	0.605	0.514	0.175	0.636	0.405	0.392

型、高工业化低城镇化型、低工业化低城镇化型、低工业化高城镇化型。由于中国城镇化发展滞后于工业化发展，低工业化高城镇化型不存在，全国各地区工业化与城镇化的支撑发展也不存在这种类型。

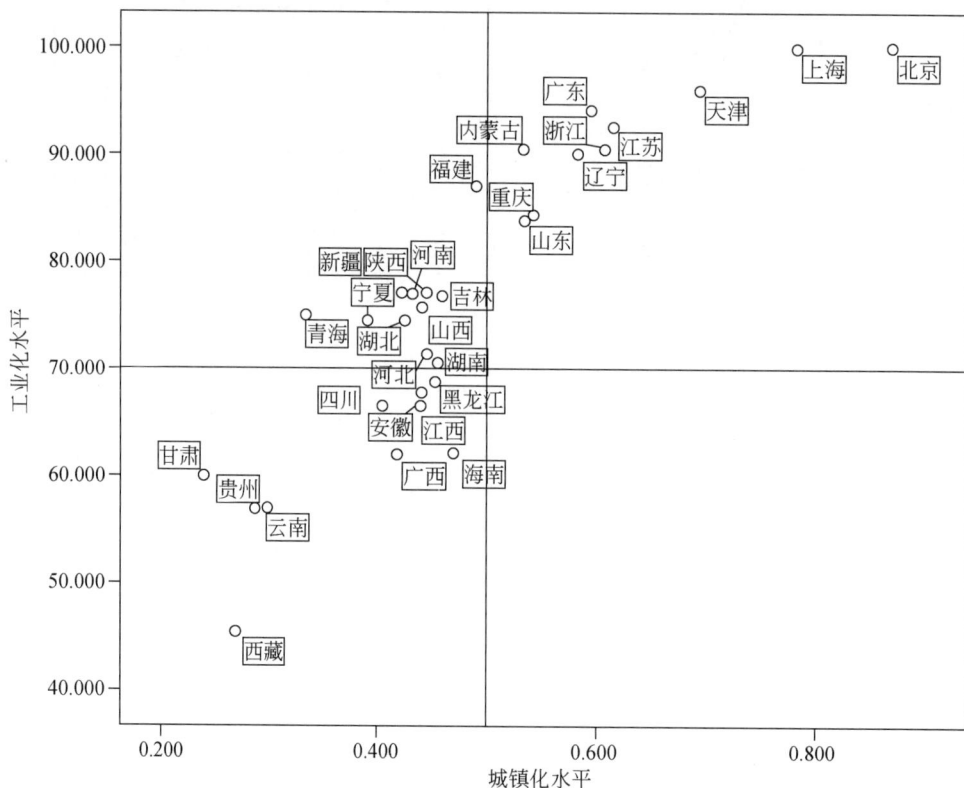

图 2-14　各地区工业化与城镇化的融合程度

注：上述四个分类象限是以各地区工业化水平和城镇化水平最大值和最小值的中位数为依据划分

基于上述分类原则，分别对各地区工业化与城镇化的支撑关系进行梳理如下：

1）高工业化高城镇化型：北京、上海、天津、广东、江苏、辽宁、浙江、内蒙古、重庆、山东。

2）高工业化低城镇化型：福建、陕西、宁夏、河南、吉林、山西、湖北、新疆、青海、河北、黑龙江。

3）低工业化低城镇化型：湖南、江西、四川、安徽、广西、海南、甘肃、贵州、云南、西藏。

2012 年中国工业化与城镇化支撑发展较好的地区只有 10 个，分布在东部地区、西部地区和东北地区，并以东部地区为主。其中，东部地区高工业化高城镇化型的省份在全国的占比为70%。这说明中国东部地区工业化与城镇化支撑发展的程度明显高于中西部地区。然而，中西部地区工业化与城镇化的发展关系为城镇化相对滞后于工业化。其中，高工业化低城镇化的地区有11个，广泛分布在中部地区、西部地区和东北地区，并以西部地区为主，是中国老工业较为集中的地区。老工业发展带动地区工业化水平的提升，但其工业化转型面临城镇化水平过低的瓶颈。这些地区要走新型工业化道路，就必须提高该地区的城镇化水平，并最终实现城镇化与工业化的支撑发展。最后，中国仍有部分地区属于低工业化低城镇化类型，这些地区主要分布在中部地区和西部地区，并以西部地区为主。这些地区应在提高工业化水平的同时，注重城镇化发展对工业化发展的作用。

3. 各地区城镇化滞后于工业化的程度

由于中国各地区普遍存在城镇化滞后于工业化的发展现状，本报告借用国际通用的 NU 比指标来分析各地区城镇化滞后于工业化的程度。NU 比是指劳动力非农化率与城镇化率的比值。1950～2000年，随着工业化和城镇化的协调发展，世界各国的 NU 比越来越接近1.2（段禄峰和张沛，2009）。本节采用 NU 比的1.2国际标准值法和《中国统计年鉴2013》的数据，对中国各地区城镇化滞后于工业化的程度进行测算，如表2-14所示。

表2-14　各地区城镇化滞后于工业化的程度

地区	城镇化率（U）	劳动力非农化率（N）	NU 比	NU 标准	U-NU 标准	滞后程度排序
西藏	0.227	0.856	3.764	0.713	−0.486	1
贵州	0.364	0.996	2.734	0.830	−0.466	2
云南	0.393	0.983	2.501	0.819	−0.426	3
甘肃	0.388	0.972	2.508	0.810	−0.423	4
河南	0.424	0.992	2.338	0.827	−0.403	5
四川	0.435	0.995	2.286	0.829	−0.394	6
新疆	0.440	0.987	2.244	0.822	−0.382	7
广西	0.435	0.968	2.223	0.806	−0.371	8
湖南	0.466	0.995	2.133	0.829	−0.363	9

地区	城镇化率（U）	劳动力非农化率（N）	NU比	NU标准	U-NU标准	滞后程度排序
河北	0.468	0.990	2.116	0.825	-0.357	10
安徽	0.465	0.985	2.119	0.821	-0.356	11
青海	0.475	0.996	2.097	0.830	-0.355	12
江西	0.475	0.969	2.039	0.807	-0.332	13
陕西	0.500	0.989	1.977	0.824	-0.324	14
山西	0.513	0.992	1.935	0.827	-0.314	15
山东	0.524	0.997	1.902	0.831	-0.307	16
湖北	0.535	0.987	1.845	0.823	-0.288	17
宁夏	0.507	0.953	1.879	0.794	-0.287	18
黑龙江	0.439	0.848	1.932	0.706	-0.268	19
吉林	0.537	0.951	1.771	0.792	-0.255	20
福建	0.596	0.992	1.665	0.827	-0.231	21
重庆	0.570	0.955	1.676	0.796	-0.226	22
内蒙古	0.497	0.867	1.744	0.723	-0.225	23
海南	0.459	0.819	1.785	0.683	-0.224	24
浙江	0.632	0.999	1.582	0.833	-0.201	25
江苏	0.630	0.988	1.569	0.824	-0.194	26
辽宁	0.656	0.957	1.459	0.798	-0.141	27
广东	0.768	0.994	1.294	0.829	-0.060	28
天津	0.815	0.998	1.224	0.832	-0.016	29
北京	0.862	0.996	1.156	0.830	0.032	30
上海	0.893	0.998	1.117	0.831	0.062	31

如表 2-14 所示，中国大部分地区的"U-NU标准"均为负值，表示这些地区的城镇化发展均滞后于工业化。滞后程度较高的地区集中在西部地区和中部地区，滞后程度最高的 5 个省份依次为西藏、贵州、云南、甘肃和河南，这与本节第二部分的分析结果相一致；滞后程度较低的区域主要集中在东部地区和东北地区。其中，上海和北京的城镇化发展是超前于工业化的。

参 考 文 献

段禄峰, 张沛 . 2009. 我国城镇化与工业化协调发展问题研究 . 城市发展研究, 16（7）：12-17

龚绍东 . 2014. 区域工业空间布局和产业组织结构形态的演进与创新 . 区域经济评论, 2：23-28

何永芳 . 2009. 中国改革开放以来的工业化进程分析 . 广东社会科学, 2：5-11

洪名勇 . 2011. 城镇化与工业化协调发展研究 . 贵州大学学报（社会科学版），29（6）：64-71

姜爱林 . 2003. 城镇化与工业化协调发展的六大政策建议 . 山东经济，1：11-13

姜爱林 . 2004. 城镇化与工业化互动关系研究 . 财贸研究，3：1-9

靖继鹏，吴扬，郑荣 . 2002. 信息化带动工业化的运行机制研究 . 情报科学，20（9）：897-900

蓝庆新 . 2004. 信息化带动工业化的实现机制研究 . 中共云南省委党校学报，5（1）：97-100

李国平 . 2008. 我国工业化与城镇化的协调关系分析与评估 . 地域研究与开发，27（5）：6-16

李松龄，刘宛晨 . 2003. 新型工业化与制度创新 . 湖南师范大学社会科学学报，32（5）：67-71

苗长虹，崔立华 . 2003. 产业集聚：地理学与经济学主流观点的对比 . 人文地理，18（3）：42-46

牛文元 . 2013. 中国"新四化"研究报告 . 北京：科学出版社

欧阳强，李祝平 . 2004. 信息化带动工业化的有效途径 . 长沙大学学报，18（3）：37-38

庞爱卿 . 2004. 信息化带动工业化研究 . 长沙：湖南师范大学硕士学位论文

肖金成，申兵 . 2012. 我国当前国土空间开发格局的现状、问题与政策建议 . 经济研究参考，31：15-26

杨明 . 2009. 中国工业空间集聚的演变分析 . 青岛：中国海洋大学硕士学位论文

叶裕民 . 1999. 中国城镇化滞后的经济根源及对策思想 . 中国人民大学学报，23（5）：1-6

第三章　新型工业化与生态建设

一、资 源 节 约

（一）发展概况

　　资源是人类社会赖以生存和繁衍的基本条件，也是国民经济进步和发展的重要基础。任何一个国家在走向工业化的进程中，都面临着如何充分利用稀缺性资源的问题，而是否能科学、合理地利用土地、矿产、能源、劳动力、技术、资本等资源要素将直接影响着这个国家工业增长效率和长期发展过程。事实上，资源要素与经济增长之间关系的研究由来已久，自然资源、人力资源、技术资源和资金资源已成为工业发展乃至当今社会经济发展的四种重要资源。

　　中国是一个人口众多、资源相对不足、环境承载力较弱的国家。当前，中国的工业化进程进入到一个新的发展期，对电力、石油、土地、水等资源的需求正快速增长，资源供需矛盾也愈发突出，资源形势十分严峻。伴随着工业经济的快速发展，中国正处在从农业大国向工业化国家转变的过程中，对资源的需求量越来越大。如果不加节制地大规模消耗资源特别是不可再生资源，将对未来的经济发展造成不利影响，甚至面临危机。从改革开放30多年来的工业化进程来看，中国现代工业发展的资源路线具有如下显著特点。

1. 持续高速的工业增长对资源形成巨大的压力

工业是中国国民经济的主体，是增长的重要引擎。1992～2012 年中国工业年均拉动 GDP 增长 5.25 个百分点，远高于第三产业对 GDP 增长的贡献。虽然伴随着工业化新阶段的到来，第三产业的社会贡献会逐年增强，但工业仍然是推动 GDP 增长的一个主要动力。中国现阶段工业化的特点是，资本形成率高，且资本形成总额中固定资本比例很高，这说明中国现阶段的工业化过程对于自然资源的使用和占用量将非常大，重工业的高速增长是一个突出特点。由于中国工业的持续增长，现阶段资源消耗明显增大。这主要表现为能源消费中工业消费量占有极高的比重，其中能源消费弹性系数和电力消费弹性系数都明显提高；能源对外依存度快速上升，石油对外依存度已从2000 年的27% 上升至2012 年的57%（国务院新闻办公室，2012）；非农业土地占用量大幅度提高，使得政府不得不采取相关措施来保护耕地，遏制土地资源的过度开发。

相关统计数据表明，中国现阶段经济增长仍以采矿、制造、建筑等资源消耗型生产为主要的经济增长点，对钢铁、铝等重要矿产资源的消费量也都大幅度增长。根据国家统计局的调查数据显示，2012 年中国共消耗了8.4 亿吨钢材、786 万吨精炼铜、1724 万吨电解铝，而2007 年中国钢材的消耗量是5.2 亿吨、精炼铜是399 万吨、电解铝是1112 万吨，短短5 年的时间中国矿产资源的消费量翻了将近一番。由此可见，中国工业的发展对资源的压力越来越大，经济的增长几乎已达到资源约束的临界边缘。

2. 资源空间分布不均衡，"资源诅咒"现象初显

俄罗斯学者盖达尔认为：资源财富、对工业化至关重要的矿产储量、大量肥沃的土地乃是发展的重要积极因素（E. T. 盖达尔，2008）。但该理念愈来愈遭到"资源诅咒"命题的严峻挑战。"资源诅咒"的概念最早由美国经济学家奥蒂提出并很快为学界所接受（Auty，1994）。他认为，丰富的自然资源可能是经济发展的诅咒而不是祝福，大多数自然资源丰富的国家比那些资源稀缺的国家增长的更慢。奥蒂常常以此来警示经济和发展对某种相对丰

富的资源过分依赖的危险性。就中国而言，由于生物、气候、地理、地质等的复合作用，其资源空间分布不均衡，特别是能源和矿产资源分布不均衡，表现在中西部地区自然资源丰裕，而东部沿海大部分地区资源匮乏。但是丰富的资源并没有给中西部地区发展带来应有的福音，在工业发展速度和质量上并没有占到优势；相反江苏、浙江、上海等自然资源较为贫乏的地区，地区生产总值却名列全国前十位（林燕华，2014）。在国家发展和改革委员会公布的118个资源型城市中，截至2011年年底，已有69个被国务院认定为资源枯竭型城市，其中大部分位于中西部地区，"矿竭城衰"是典型的"资源诅咒"带来的后果。

"资源诅咒"现象产生的原因是多方面的，荷兰病、挤出效应、制度弱化、寻租腐败、锁定机制、人力资本、技术创新等都被认为是"资源诅咒"的主要成因（Corden and Neary，1982；Askari et al.，1997；Frankel，2010）。对中国来说，发展模式单一、产业结构失衡、投资环境较差、产权制度不科学、劳动力供给不合理、技术水平的差异化是形成中国"资源诅咒"问题的基本原因。

专栏 3-1

国务院：有序开发综合利用资源，实现资源型城市可持续发展

资源型城市是以本地区矿产、森林等自然资源开采、加工为主导产业的城市（包括地级市、地区等地级行政区和县级市、县等县级行政区）。资源型城市作为中国重要的能源资源战略保障基地，是国民经济持续健康发展的重要支撑。促进资源型城市可持续发展，是加快转变经济发展方式、实现全面建成小康社会奋斗目标的必然要求，也是促进区域协调发展、统筹推进新型工业化和新型城镇化、维护社会和谐稳定、建设生态文明的重要任务。要坚持有序开发、高效利用、科学调控、优化布局，努力增强资源保障能力，促进资源开发利用与城市经济社会协调发展。

1. 加大矿产资源勘查力度

提高成熟型和成长型城市资源保障能力。重点围绕资源富集地区开展矿产资源潜力评价、储量利用调查和矿业权核查，全面掌握矿产资源储量和开发潜力。在成矿条件有利、资源潜力较大、勘查程度总体较低的资源型城市，圈定找矿靶区，开展后续

矿产资源勘查，争取发现新的矿产地。用 8～10 年时间，新建一批石油、天然气、铀、铁、铜、铝、钾盐等重要矿产勘查开发基地，形成一批重要矿产资源战略接续区。

推进衰退型城市接替资源找矿。加大资金投入，中央和省级财政专项资金、地质勘查基金向衰退型城市倾斜。加大矿山深部和外围找矿力度，重点围绕老矿区开展深部资源潜力评价，推进重要固体矿产工业矿体的深度勘查。优先在成矿条件有利、找矿前景好、市场需求大的资源危机矿山实施接替资源找矿项目，力争发现一批具有较大规模的隐伏矿床，延长矿山服务年限。

2. 统筹重要资源开发与保护

有序提高重要资源生产能力。重点加强石油、天然气、铀、铁、铜、铝、钾盐等资源开采力度。根据资源供需形势和开发利用条件，加快推进成长型和成熟型城市资源开发基地建设，鼓励与资源储量规模相适应的规模化经营，提升机械化开采水平。深入挖掘衰退型城市资源潜力，加大稳产改造力度，延缓大中型危机矿山产量递减速度，促进新老矿山有序接替。

加强重要优势资源储备与保护。选择部分资源富集地区，加快建设石油、特殊煤种和稀缺煤种、铜、铬、锰、钨、稀土等重点矿种矿产地储备体系。合理调控稀土、钨、锑等优势矿种开采总量，严厉打击非法违法开采和超指标开采。强化森工城市重点林区森林管护与保护，2015 年起全面停止大小兴安岭、长白山林区的天然林采伐，建设国家木材战略资源后备基地。

3. 优化资源开发布局

形成集约高效的资源开发格局。重点开采区主要在资源相对集中、开发利用条件好、环境容量较大的成长型和成熟型城市布局，创新资源开发模式，积极引导和支持各类生产要素集聚，着力促进大中型矿产地整装开发，实现资源的规模开发和集约利用。支持资源枯竭城市矿山企业开发利用区外、境外资源，为本地资源深加工产业寻找原料后备基地，鼓励中小型矿企实施兼并重组。落实主体功能区规划要求，严格限制重点生态功能区和生态脆弱地区矿产资源开发，逐步减少矿山数量，禁止新建可能对生态环境产生不可恢复破坏性影响的矿产资源开采项目。

统筹推进资源开发与城市发展。新建资源开发项目必须符合矿产资源规划和土地利用总体规划，并与城市总体规划衔接。尽可能依托现有城市产业园区作为后勤保障和资源加工基地，避免形成新的孤立居民点和工矿区。引导已有资源开发项目逐步有序退出城区，及时实施地质环境修复和绿化。合理确定矿区周边安全距离，在城市规划区、交通干线沿线以及基本农田保护区范围内，禁止露天开采矿产资源，严格控制地下开采。资源开发时，要严格开展环境影响评价，最大限度减少资源开发对居民生活的影响和生态空间占用，努力形成与城市发展相协调的资源开发模式。

4. 促进资源节约与综合利用

提高矿产资源采选回收水平。严格实施矿产资源采选回收率准入管理，从严制定开采回采率、采矿贫化率和选矿回收率等新建矿山、油田准入标准，并对生产矿山、油田进行定期监督检查。严格按照《矿产资源节约与综合利用鼓励、限制和淘汰技术目录》执行，引导资源开采企业使用先进适用工艺技术，切实提高矿产资源采选回收水平。充分利用低品位、共伴生矿产资源，重点加强有色金属、贵金属、稀有金属和稀散元素矿产等共伴生矿产采选回收。

强化废弃物综合利用。研究推广先进适用的尾矿、煤矸石、粉煤灰和冶炼废渣等综合利用工艺技术。在资源开发同时，以煤矸石、尾矿等产生量多、利用潜力大的矿山废弃物为重点，配套建设综合利用项目，努力做到边产生边利用。要因地制宜发展综合利用产业，积极消纳遗存废弃物。森工城市要提高林木采伐、造材、加工剩余物及废旧木质材料的综合利用水平，实现林木资源的多环节加工增值。支持资源型城市建设资源综合利用示范工程（基地）。

5. 发展绿色矿业

转变矿业发展方式。将绿色矿业理念贯穿于资源开发利用全过程，坚持开采方式科学化、资源利用高效化、企业管理规范化、生产工艺环保化、矿山环境生态化的基本要求，促进资源合理利用、节能减排、生态环境保护和矿地和谐，实现资源开发的经济效益、生态效益和社会效益协调统一。

建设绿色矿山。改革创新资源管理制度，逐步完善分地域、分行业的绿色矿山建设标准，不断提高矿山建设的标准和水平，严格资源开发准入和监管，使新建矿山按照绿色矿山的标准进行规划、设计和建设。对生产矿山进一步加强监督，督促矿山企业按照绿色矿山建设标准改进开发利用方式，切实落实企业责任。

资料来源：《国务院关于印发全国资源型城市可持续发展规划（2013-2020年）的通知》（国发〔2013〕45号）

3. 工业能耗居高不下，资源利用效率整体不高

从工业能耗来看，中国单位国内生产总值能耗不仅远高于发达国家，也高于一些新兴工业化国家。统计结果显示，中国总能耗占世界总能耗的比例从 2000 年的 10.9% 上升到 2012 年的 20.3%，10 余年间中国的总能源消费年复合增长近 7.8%，而同期内世界总能源消费年复合增长仅为 2.4%（表 3-1）。中国的能源消费量随着经济的发展而逐年增加，其增长速度远高于同期世界能源消费增长速度（王远亚等，2013）。能源密集型产业技术落后，第二产业特别是高耗能工业能源消耗比重过高，钢铁、有色、化工、建材四大高耗能行业用能占到全社会用能的 40% 左右，其中钢铁业的总能耗在近十年的时间中增加了近 2.36 倍。

表 3-1　2000~2012 年中国与世界的能耗变化情况　　　　（单位：亿吨标准煤）

年份	中国	世界
2000	14.6	134.0
2001	15.0	135.2
2002	15.9	137.9
2003	18.4	142.8
2004	21.3	149.7
2005	23.6	154.3
2006	25.9	158.4
2007	28.1	162.8
2008	29.1	164.8
2009	30.7	162.3
2010	32.5	171.5
2011	34.8	174.6
2012	36.2	178.2

资料来源：国家统计局能源统计司，2013；Petroleum British，2013

在资源利用效率方面，中国的能源利用率、工业用水重复利用率、矿产资源回收率等与发达国家相比还存在着相当大的差距。国家统计局的调查显示，目前中国的能源利用效率低于国际先进水平 10 个百分点以上，国民经

济的一些主要部门，如工业、交通、建筑等，对能源利用的效率普遍都很低。2012 年中国万元 GDP 用水量为 129 立方米，是世界平均水平的 2.5 倍；全国工业万元增加值用水量为 76 立方米，是发达国家的 3～4 倍；全部工业用水重复利用率不到 80%，而美国制造业已达 95%；中国煤炭资源回收率平均不到 40%；金属矿和主要非金属矿开发利用的综合回收率在 30% 左右，远低于世界发达国家 50% 的水平。

（二）内涵特征

关于"资源节约"的理念最早可见于 1992 年中国科学院国情分析研究小组发布的第 2 号报告《开源与节约——中国自然资源与人力资源的潜力与对策》，该报告首次提出了建立资源节约型国民经济体系的观点（中国科学院国情分析研究小组，1992）。2004 年，国务院发布《能源中长期发展规划纲要（2004～2020 年)》，坚持把节约能源放在首位，实行全面、严格的节约能源制度和措施，显著提高能源利用效率；并明确提出在全国范围内开展资源节约活动，推进资源节约工作，加快建设资源节约型社会。随后的"十一五""十二五"国家规划纲要中，也一再强调"要把节约资源作为基本国策"、"加快构建资源节约、环境友好的生产方式和消费模式，增强可持续发展能力"。一般来说，资源节约的主要内涵特征包括以下几个方面。

1. 资源节约是将资源开发与节能降耗双轮并举

"节约"是相对浪费而言的，资源的节约即是在社会再生产过程中尽可能地少浪费资源。一般而言，节约具有静态与动态两个方面的涵义。静态的节约，是指在技术水平等不变的条件下，为达到一定行为目标而尽可能地少使用自然资源，或者是利用资源替代的方式。以某些消耗资源少的方式来替代资源多的方式。动态的节约，指通过技术进步和改变生产方式等，不断提高资源的利用效率，使同样的资源生产出更多的产品或更大的产出（杨文进，2010）。相对于静态的节约，动态的节约往往更具有持续性。因此，资源节约本质上绝非一般意义上的"少花钱"甚至是"不消费"，而是在实现可持续发展的目标条件下，将资源开发与节能降耗结合起来，提高能源利用效率，在全社会形成节约能源资源的生活方式和消费模式，同时积极推进太阳能、生物质能、地热能等可再生能源的产业化发展。

2. 资源节约是对各类生产资源的高效循环利用

循环经济是一种以资源的高效利用和循环利用为核心，以"减量化、再利用、资源化"为原则，以低消耗、低排放、高效率为基本特征，符合可持续发展理念的经济发展模式，是对"大量生产、大量消费、大量废弃"的传统发展模式的根本变革，是一种将资源环境要素与经济社会发展融为一体的可持续性经济（韩民青，2004）。循环经济适用于工业发展的各个领域，强调的是工业生产过程中能源、材料、水电、劳动力等资源的循环流动过程，以提升资源的利用效率和配置效率为最终目标。因此，实现资源高效循环利用是新型工业化的基本手段之一，也是建设资源节约型社会的客观要求。

3. 资源节约是以提升资源配置效益为最终目标

所谓资源配置是对相对稀缺的各种可能的生产用途之间进行选择，以获得最佳效率的过程，即通过产业结构调整，优化配置资源，将资源配置到高效益领域，提高单位资源消耗的经济产出（何盛明，1990）。新型工业化道路就是要实现"资源节约"和"经济增长"的双赢，而不是以减缓经济发展速度来换取资源利用量的下降。因此，从某种意义上来说，"资源节约"命题的提出是缓解资源与经济矛盾的客观需要，其最终是要形成"低投入、高产出、低消耗、少排放、能循环、可持续"的工业发展的良好环境。

（三）测算分析

为进一步了解当前老工业城市的资源节约水平现状，从东中西部选取有代表性的城市和地区，剔除省会城市，得到包括阳泉、包头、抚顺、本溪、鹤岗、大庆、马鞍山、九江、淄博、洛阳、平顶山、焦作、黄石、株洲、湘潭、青白江、攀枝花、宝鸡、金昌、石嘴山在内的 20 个老工业样本城市，从单位产值电耗、单位产值水耗、单位产值地耗 3 个方面来建立对资源节约水平的理性认知与客观衡量，见表 3-2 和图 3-1。

表3-2 20个老工业样本城市资源节约水平排序

城市	单位产值电耗	单位产值水耗	单位产值地耗	资源节约水平	资源节约水平排序	
					城市	排序
阳泉	0.474	0.575	0.850	0.633	淄博	1
包头	0.669	0.526	0.785	0.660	焦作	2
抚顺	0.837	0.376	0.891	0.701	九江	3
本溪	0.751	0.198	0.913	0.621	洛阳	4
鹤岗	0.702	0.000	0.000	0.234	黄石	5
大庆	0.829	0.693	0.881	0.801	宝鸡	6
马鞍山	0.783	0.420	0.962	0.722	湘潭	7
九江	1.000	0.952	0.834	0.929	平顶山	8
淄博	0.924	0.966	1.000	0.963	大庆	9
洛阳	0.836	0.951	0.946	0.911	青白江	10
平顶山	0.876	0.773	0.922	0.857	株洲	11
焦作	0.843	1.000	0.983	0.942	金昌	12
黄石	0.876	0.791	0.948	0.872	马鞍山	13
株洲	0.899	0.543	0.886	0.776	抚顺	14
湘潭	0.881	0.755	0.958	0.865	包头	15
青白江	0.734	0.666	0.994	0.798	阳泉	16
攀枝花	0.602	0.319	0.861	0.594	本溪	17
宝鸡	0.966	0.874	0.771	0.870	攀枝花	18
金昌	0.645	0.867	0.686	0.733	石嘴山	19
石嘴山	0.000	0.623	0.796	0.473	鹤岗	20

资料来源：①国家统计局.2014.中国城市统计年鉴2013.北京：中国统计出版社；②2013年各城市《国民经济和社会发展统计公报》

资源节约水平主要用于表征工业生产活动中的电力、水、土地等相关生产要素的使用情况，包括单位产值电耗、水耗、地耗等方面，是反映一个地区节能降耗状况的重要指标。其中，单位产值电耗是指一定时期内，该地区创造一个计量单位（通常为万元）的工业产值所消耗的工业电力情况；单位产值水耗是指一定时期内，该地区创造一个计量单位（通常为万元）的工业产值所消耗的水量；单位产值地耗是指一定时期内，该地区创造一个计量单位（通常为万元）的工业产值所占用的土地面积。

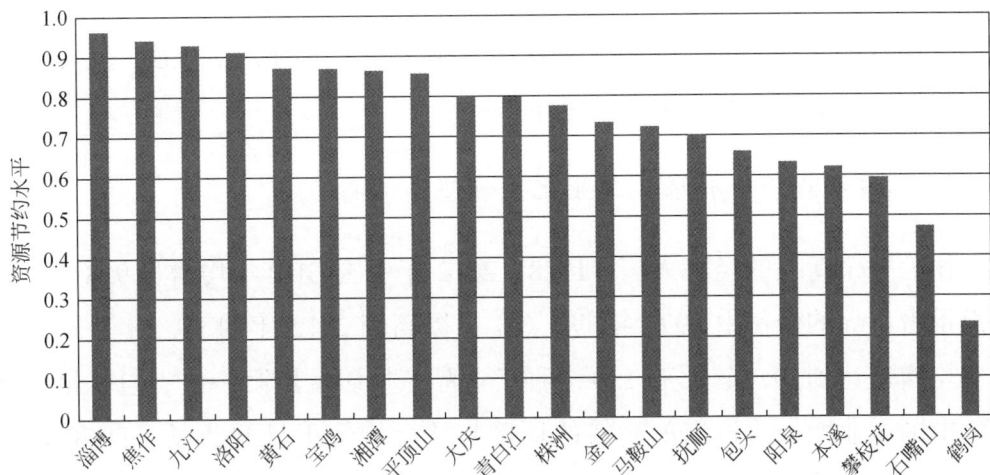

图 3-1　20 个老工业样本城市资源节约水平排序

二、环境友好

（一）发展概况

从广义上讲，环境也是一种"资源"，工业的发展必须依托于环境（金碚，2005）。随着社会经济的高速发展和生产活动的大幅扩张，人类的工业化进程正以前所未有的速度大踏步向前迈进，它一方面使得物质财富迅速增加，另一方面也使得自然环境面临着越来越大的压力。根据热力学第一定律，人类社会在生产出越来越多的物质产品的同时，也随之向自然环境不断索取原材料并排放大量的废弃物。比利时马斯河谷烟雾事件、美国多诺拉烟雾事件、美国洛杉矶光化学烟雾事件、英国伦敦烟雾事件、日本熊本水俣病事件、日本富山骨痛病事件、印度博帕尔毒气泄漏事件以及当前的中国京津冀强雾霾污染事件等为代表的环境类公害事件不断上演，给人类生活和社会发展带来了巨大挑战和威胁。

中国的环境问题是随着经济社会的发展逐步形成并加剧的。改革开放以来，随着经济高速发展，快速的重工业化、城镇化消耗大量资源的同时对环境造成巨大压力，经济社会发展与资源环境的矛盾日益突出。发达国家上百年工业化过程中分阶段出现的环境问题，在中国 30 多年的工业化建设过程中集中出现，呈现出结构型、复合型、压缩型特点（邱微等，2013）。环境问题日益成为普通公众、社会舆论以及国际社会关注的热点问题，环境安全成为国家安全的重要组成部分和基本保障。

1. 环境承载能力有限，工业化代价整体偏高

作为一个新兴的经济大国，1978~2012年中国GDP年均增长9.8%，经济总量占世界的份额由1978年的1.8%，提高到2012年的11.5%，同期工业年均增速达到11.4%，有220多种工业品产量居世界第一位。但就目前来看，中国工业增长所付出的高昂的环境与社会代价正日益凸显。自20世纪90年代开始，世界银行、原国家环保总局以及其他一些科研单位在环境损失评估领域做了大量工作，据估算，每年中国因污染所造成的经济损失都高达千亿美元以上，占GDP的比重少则为3%~4%，多则达到11%（Mundial，2007）。此外，横扫中国华北、华东等10余个省份的雾霾，其重要成因是燃煤及工业排放。根据亚洲开发银行做出的估算，中国的空气污染每年造成的经济损失，基于疾病成本估算相当于GDP比重的1.2%，约为5640亿元，是口罩、监测设备等"雾霾经济"的100多倍（张庆丰，2012）。

由此可见，中国工业化过程的环境代价是相当高昂的，而且支撑能源消费的主体依然是煤炭，更是加剧了生态环境保护的压力（图3-2）。2000~2012年中国的煤炭消耗量增长了近3倍，几乎是全世界总消耗量的一半，煤炭发电仍占发电能力的近70%，这种局面造成CO_2的排放总量难以控制。国际能源署的数据显示，2012年中国CO_2的排放总量已近100亿吨，超过美国和欧盟的总和，稳居世界第一位，占全球总排放量的26.7%。尽管拥有13亿人口，但中国的人均温室气体排放量仍高于法国、意大利和西班牙，几乎等于欧盟平均水平，人均温室气体排放相对较低的国际谈判优势已不复存在。

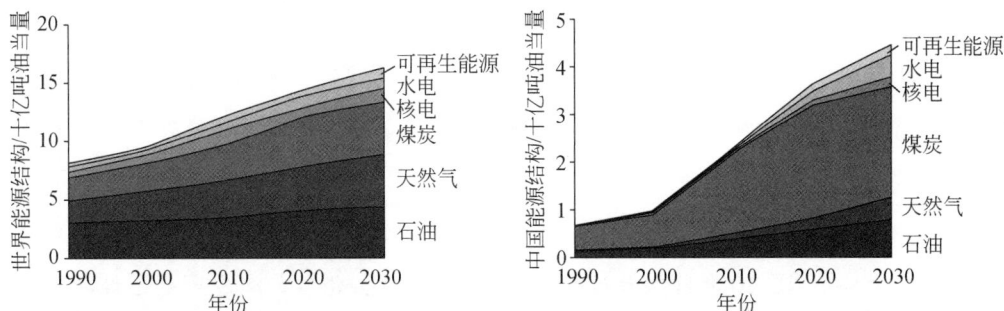

图 3-2 1990~2030 年世界及中国的能源结构

资料来源：Petroleum British. 2011. BP Energy Outlook 2030. BP Statistical Review

专栏 3-2

英国伦敦雾霾治理措施与启示

英国是世界上最早实现工业化的国家，伦敦是世界上最早出现雾霾问题的城市之一。20 世纪 50 年代，震惊世界的"伦敦烟雾事件"让"雾都"之名举世皆知。现在伦敦已经基本抛掉了"雾都"的帽子，其中有许多经验值得借鉴学习。1953年以来伦敦 60 多年的烟雾治理，按照其空气质量的改善趋势可划分成四个阶段。

第一阶段为准备阶段（1953~1960 年）。英国政府 1953 年成立了由比佛爵士领导的比佛委员会（the Beaver Committee），专门调查烟雾事件的成因并制定应对方案。在比佛委员会的推动下，1956 年英国出台专门针对空气污染的《清洁空气法》。该法提出禁止黑烟排放、升高烟囱高度、建立无烟区等措施，并且在控制机动车数量、调整能源结构等方面做出了很多努力。同时，清洁空气委员会（Clean Air Council）成立，负责监督空气污染的改善情况，并从对空气污染治理有经验、有学识或有责任的人那里获取空气污染治理建议。具体的管理措施包括由地方政府负责划定烟尘控制区，改造家用壁炉，更换燃料，禁止黑烟排放；设立奖惩机制，对控制区内进行壁炉改造的合理费用，由地方政府补贴至少 70%，而对违反条例的人员则依情节处以 10~100 英镑罚款或最高 3 个月的监禁。1960 年，伦敦的 SO_2 和黑烟浓度分别下降 20.9%、43.6%，取得了初步成效。

第二阶段是显著削减阶段（1960~1980 年）。1968 年，英国政府对《清洁空气法》进行了修订和扩充，赋予负责控制大气污染的住房和地方政府部部长更多权限，包括出台新的锅炉颗粒物和烟尘排放限值的权力和可以强制要求地方政府设立新的烟尘控制区的权力。1974 年，政府颁布《污染控制法》（*Control of Pollution Act*），规定机动车燃料的组成，并限制了油品（用于机动车或壁炉）中硫的含量。这一阶段最核心的措施，就是大幅扩大了烟尘控制区的范围。到 1976 年，烟尘控制区的覆盖率在大伦敦地区已达到 90%。伦敦空气中 SO_2 和黑烟的浓度在第一阶段还略有波动，但到了第二阶段，整个城市的空气质量便有了显著改观，SO_2 和黑烟的浓度在短期内均大幅下降，10 年降幅超过 80%。到 1975 年，伦敦的雾霾天数已经从每年几十天减少到 15 天，1980 年降到 5 天。

第三阶段是平稳改善阶段（1980～2000 年）。此阶段，伦敦大气控制与治理的重点已从控制燃煤开始逐步转向机动车污染控制。政府陆续出台或修订了一系列法案，如《汽车燃料法》（1981 年）、《空气质量标准》（1989 年）、《环境保护法》（1990 年）、《道路车辆监管法》（1991 年）、《清洁空气法》（1993 年）、《环境法》（1995 年）、《国家空气质量战略》（1997 年）、《大伦敦政府法》（1999 年）、《污染预防和控制法》（1999 年）。这使得伦敦大气污染治理的法律法规更加完善。

第四阶段是低碳发展阶段（2001 年至今）。此时伦敦的空气质量和 20 世纪 50 年代相比，已经有了巨大的改善，SO_2 和黑烟浓度分别下降 84.2% 和 47.4%，都不再是伦敦的主要污染物。2002 年，伦敦市长经过广泛咨询后发布了伦敦的空气质量战略，其中详细说明了伦敦要如何达到国家空气质量目标。2003 年，《英国能源白皮书——我们能源的未来：创建低碳经济》中首次正式提出低碳经济概念，提出将于 2050 年建成低碳社会。此后，伦敦的空气质量战略在 2006 年、2010 年进行了两次修订。目前，伦敦空气质量控制的重点是机动车污染控制，而主要污染物是 NO_2 和 PM_{10}。低层空气中烟的污染有 93% 得到控制，酸雨的危害已基本消除。今天的伦敦，已成为一座"绿色花园城市"，并荣登吸引全球游客最多的城市之榜首。

资料来源：http://scitech.people.com.cn/n/2014/0303/c376843-24514293.html

2. 重化工趋势明显，污染防治以外延式为主

从中国重工业发展规模来看，中国的工业结构是先有重工业后有轻工业。改革开放以后轻重工业均实现了快速发展，且比例基本比较均衡和协调。自 2000 年以来中国工业增长转向以重化工业为主导的格局，出现了重化工业加速发展的势头，以钢铁、有色金属、机械、建材、化工、电力、石

油等行业为代表，平均每年以16%~17%的速度增长，增幅高出轻纺工业4个百分点。目前，重化工业的产值比重已达71%，轻纺工业则不到30%，呈现出供大于求的局面（刘世锦，2004）。以高投入、高消耗、高污染为特征的重化工业的快速发展，导致能源消耗急剧上升，碳排放明显增加，这决定了现阶段中国环境保护的重点任务是淘汰落后产能，削减主要污染物排放总量，减轻环境容量负荷过重的压力。

目前，中国的工业污染防治仍以外延式为主，在微观上表现为采用末端治理的方式追求单位工业产值污染物达标、排放强度下降，而非从源头入手削减污染，避免生产、服务和产品使用过程中污染物的产生和排放；在宏观上表现为单位工业产值污染物排放强度下降主要依靠的是发展污染密集度较低的产业，提高其比重来实现，而非通过技术进步来实现，工业生态效率并没有得到实质性提升。

3. 污染治理形势严峻，环境风险进一步增大

近年来，"血铅"、硝基苯、铬渣等环境污染事件频发，仅2012年环境保护部就直接调度处理了33起突发环境事件，这其中有30起为水污染，2起为血铅，1起为大气污染。同时可以看到我国水环境质量不容乐观，2012年全国地表水水质总体为轻度污染，湖泊（水库）富营养化问题突出。其中，黄河、松花江、淮河、辽河总体为轻度污染，海河总体为中度污染。此外，中国近岸海洋环境污染呈现出立体、复合污染新趋势，具体表现在近岸海域营养盐结构失衡，个别陆源污染物排污口及河口邻近海域出现"荒漠化"现象（高之国，2011）。另外中国工业发展在常规污染问题尚未完全解决的同时又面临着诸如危险废物、微量有机污染物、挥发性有机物、脱硫石膏、重金属等非常规污染的挑战，使得治理任务更加错综复杂（陈健鹏和李佐军，2013）。

根据环境保护部《全国环境统计公报》显示，虽然近年来中国工业源的废水、废物中的主要污染物排放量已经基本得到抑制，但工业源污染物产生量大都处于"环境库兹涅兹曲线"的"上端区间"，污染物排放的"拐点"尚未到来。其中，2012年全国工业废水排放221.6亿吨，工业化学需氧量排

放 338.5 万吨，工业二氧化硫排放 1911.7 万吨，工业固体废物产生量 32.9 亿吨。工业二氧化硫去除率仍处于较低水平，对温室气体排放的监测机制也尚未建立。可以预见，中国工业源的水污染物、大气污染物、固体废弃物污染物产生量在未来 10 年乃至更长时间，仍将呈现上升态势，环境风险不断凸显，工业污染治理任务依然严峻。

（二）内涵特征

早在 1992 年联合国在里约热内卢召开了环境与发展大会，其通过的《21 世纪议程》中就正式提出了"环境友好"（environmentally friendly）理念。随后，世界各国开始以全方位的视角认识"环境友好"的理念，涉及的范围涵盖了生产、消费、技术、伦理道德等众多领域。2002 年召开的世界可持续发展首脑会议所通过的"约翰内斯堡实施计划"多次提及环境友好材料、产品与服务等概念。在 2006 年 10 月召开的十六届五中全会上，中国政府正式将建设资源节约型和环境友好型社会确定为国民经济与社会发展中长期规划的一项重要战略任务。2011 年中国政府发布的"十二五"规划纲要中，将一整篇的篇幅用来论述"绿色发展，建设资源节约型、环境友好型社会"，这把环境友好型的生产方式提到一个前所未有的高度。一般来说，环境友好的主要内涵特征包括以下几个方面。

1. 环境友好是以生态环境的可承载能力为现实基础

传统的工业发展模式对于生态环境的依赖性强，而面向环境友好的新型工业化发展将会占有更少的资源和生态、环境要素，选择以生态环境的可承载能力为现实基础，以遵循自然规律为一般准则，以绿色科技为发展动力，强调经济–社会–生态三者之间协调发展的产业体系，体现出生态环境的弱胁迫性。环境友好型的新型工业化发展道路是一种有利于生态环境的生产方式，它通过采用无污染或低污染的技术、工艺，符合生态条件的生产力布局，少污染与低损耗的行业结构，持续发展的绿色工业，开展对环境和人体健康无不利影响的各种生产实践活动，最终提供无污染或低污染的产品。

2. 环境友好是从末端治理到清洁生产为其最终目标

末端治理，是指直接通过对生产中产生的污染物进行处理达到对污染物的消除或减量化，从而实现对环境的保护，减少污染物对环境的影响程度，属于被动方式。清洁生产，是指在生产过程中通过对工艺流程、技术手段的改良，来消除或减少污染物质的排放，并尽力使废物变为其他生产过程中的原料，达到系统的节能减排、治理污染的方式，属于主动方式（汪利平和于秀玲，2010）。从末端治理到清洁生产，从被动到主动，从治理到预防，综合体现了环境友好型生产方式的本质特征，根本上改变了以往"先污染，后治理"的发展模式，是传统产业优化升级、向科技要效益的重要手段。

3. 环境友好是实现绿色与增长有机统一的必然要求

绿色增长，是由联合国经济合作与发展组织最先提出的一个概念，指的是在确保自然资源能够继续为人类幸福提供各种资源和环境服务的同时，促进经济的增长和发展（OECD，2009）。2012 年在巴西里约热内卢召开的"联合国可持续发展大会"以"可持续发展和消除贫困下的绿色经济"为主题，进一步指出发展绿色经济是实现可持续发展的有效手段之一。绿色增长对工业结构转型具有重要的引导作用，发展绿色工业，实现绿色增长，已经日益成为国际共识。因此，环境友好在某种程度上追求的是工业发展的强可持续性，在于从根本上转变经济增长方式，走新型工业化道路，构建环境友好型生产方式，加快节能环保型产业建设，找到"绿色"和"增长"之间的平衡，最终实现经济系统与生态环境系统的协调发展。

（三）测算分析

为进一步了解当前老工业城市的环境友好水平现状，从东中西部选取有代表性的城市和地区，剔除省会城市，得到包括阳泉、包头、抚顺、本溪、鹤岗、大庆、马鞍山、九江、淄博、洛阳、平顶山、焦作、黄石、株洲、湘潭、青白江、攀枝花、宝鸡、金昌、石嘴山在内的 20 个老工业样本城市，从"三废"排放、固废利用、污水处理 3 个方面来建立对环境友好水平的理性认知与客观衡量，见表 3-3 和图 3-3。

表 3-3 20 个老工业样本城市环境友好水平排序

城市	"三废"排放	固废利用	污水处理	环境友好水平	环境友好水平排序	
					城市	排序
阳泉	1.000	0.082	0.874	0.652	淄博	1
包头	0.834	0.400	0.799	0.678	大庆	2
抚顺	0.951	0.101	0.614	0.555	湘潭	3
本溪	0.861	0.000	0.756	0.539	平顶山	4
鹤岗	0.000	0.414	0.730	0.381	株洲	5
大庆	0.913	0.995	0.907	0.938	马鞍山	6
马鞍山	0.717	0.962	0.807	0.829	洛阳	7
九江	0.338	0.402	0.969	0.570	黄石	8
淄博	0.905	1.000	0.956	0.954	青白江	9
洛阳	0.924	0.506	1.000	0.810	宝鸡	10
平顶山	0.718	0.942	0.916	0.859	石嘴山	11
焦作	0.731	0.546	0.823	0.700	焦作	12
黄石	0.782	0.794	0.810	0.795	包头	13
株洲	0.805	0.914	0.776	0.832	阳泉	14
湘潭	0.803	0.989	0.820	0.871	九江	15
青白江	0.518	0.870	0.932	0.773	抚顺	16
攀枝花	0.747	0.089	0.000	0.279	本溪	17
宝鸡	0.778	0.555	0.919	0.750	金昌	18
金昌	0.806	0.023	0.485	0.438	鹤岗	19
石嘴山	0.873	0.606	0.704	0.728	攀枝花	20

资料来源：①国家统计局 . 2014. 中国城市统计年鉴 2013. 北京：中国统计出版社；②2013 年各城市《国民经济和社会发展统计公报》

环境友好水平主要用于表征工业生产活动中的废水、废气、废渣等相关工业废弃物和污染物的处置利用情况，包括工业"三废"排放强度、工业固体废物综合利用、污水处理厂集中处理等方面，是反映一个地区污染排放与治理状况的重要指标。其中，"三废"主要是指工业废水、工业二氧化硫、工业烟（粉）尘，一般用该地区当年"三废"排放总量除以当年实际工业总产值得到，能较好地衡量工业生产对环境造成的污染情况；工业固体废物

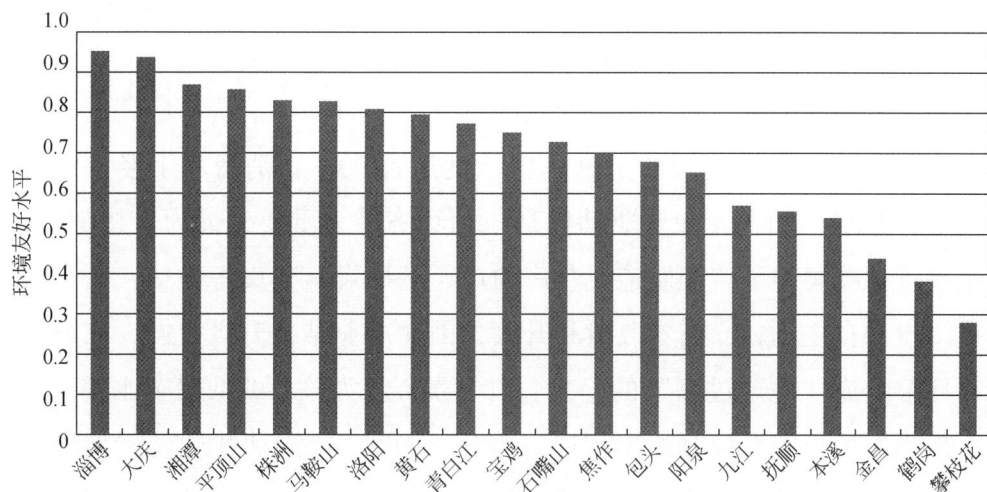

图 3-3　20 个老工业样本城市环境友好水平排序

是工业生产过程中产生的副产物，是一类具有潜在利用价值的次生资源，开展工业固体废物的综合利用是提高资源生产率、减轻环境压力、实现工业增长与环境协调发展的重要手段，其利用率一般用该地区工业固体废物综合利用量占工业固体废物产生量的百分率来表示；污水处理厂集中处理情况一般通过污水处理厂处理的污水量与污水排放总量的比率来表示，用于说明该地区所具备的处理工业污水的能力及对水体的影响程度，污水处理率越高，则对水体的影响程度越低，表明工业生产的循环能力越强。

三、创　新　驱　动

（一）发展概况

　　创新是人类社会发展的永恒主题，也是工业经济增长的不竭动力。当前，世界主要发达国家都把科技创新作为国家的发展战略，以"再工业化"的战略布局，谋求新的产业竞争优势，走创新驱动发展之路。由工业增长的阶段来看（洪银兴，2013），在第一阶段因劳动力、土地等资源要素禀赋条件，主要是通过大规模投入生产资源来推动增长，具有明显的粗放型增长方式的特征；在第二阶段，大规模投资用于获得规模经济成为主要特征，该阶段是粗放型向集约型增长的过渡阶段，兼具大规模要素投入和全要素生产率提高的特征；在第三阶段，创新取代要素投入成为工业增长的主要推动力，呈现出典型集约型增长方式的特征。

多年来，中国投资对于经济增长的贡献率一直高于消费，最高的时候在2009年投资对于经济增长的贡献率曾一度达到90%，消费对于经济的贡献率则不到50%。目前，投资驱动仍是拉动经济最为重要和最为直接的方式，大量投资主要集中于传统制造业、房地产、基础设施建设等领域，而只有少量投资投向自主创新、技术改造和升级，因此产业结构升级缓慢，在产业链低端环节形成"生产过剩"的趋势。以要素资源为核心的低层次比较优势和规模扩张对增长的效应开始出现递减趋势。同时，"流动性过剩"促使大量资本流向资本市场、房地产等领域，挤占了大量本应投向实体产业的社会财富，这种通过套利获取短期收益的行为助长了过度投机，经济陷入"泡沫经济"的可能性加大。这表明，中国处在工业化阶段，仍未摆脱投资驱动为主的经济增长模式（夏天，2010），主要表现在以下几个方面。

1. 缺乏创新的高投资率难以维系工业的长期持续增长

中国在过去的发展中，更多的是投资在驱动。自1998年以来，一系列积极的财政政策推动了中国基础设施的建设，包括高速公路、高铁、港口和机场等在内都得到了快速发展。就当前来看，投资驱动仍是中国发展的主旋律，2012年西部地区很多省份的投资几乎等于当地GDP总量，其中青海、西藏、甘肃的投资额与经济总量之比接近1（图3-4）。从结构性因素来看，2011年中国资本形成率升至48.3%，超过日本、韩国等国重工业化时期的最高40%水平，表明目前中国的投资率已超过重工业国家所达到过的合理水平。而当前产能过剩与政府投资驱动存在极强的正相关性，由于国内购买力不足，加上金融危机以后出口受阻，大量的投资使得制造业出现普遍的产能过剩问题，其中钢铁、电解铝、铁合金、焦炭、电石、水泥等重工业领域尤为严重。

科技对中国经济增长的贡献不高，本土的科技能力未能给国家发展提供有效的支撑，研发创新能力总体偏弱，依然是制约中国工业转型升级的重要瓶颈。根据美国Battelle研究院《2012年全球研发经费展望》公布的数据，

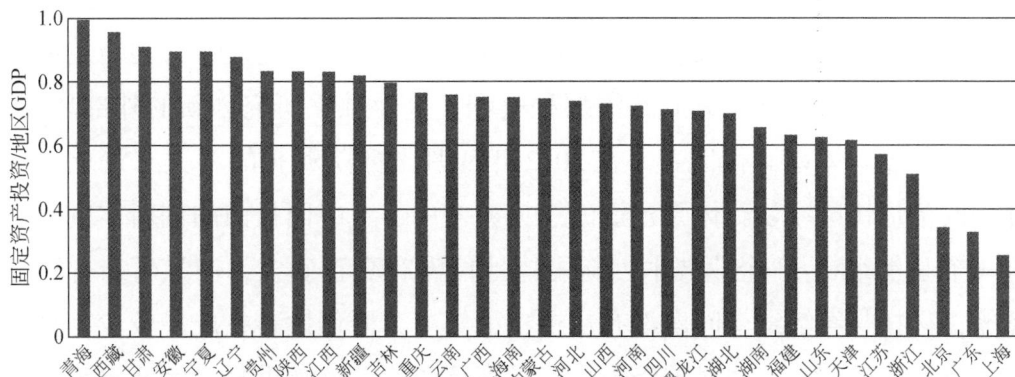

图 3-4　中国 31 个省份投资与经济总量比值

资料来源:《中国统计年鉴 2013》

中国基础研究能力薄弱、顶尖人才不足的局面仍没有根本改变，发达国家在全球研发投入格局中仍占据主导地位（Grueber，2012）。从规模来看，美国以多年来均超过 4000 亿美元的研发投入规模稳居世界第一的位置，是排名世界第二的中国两倍还多。英国、法国、德国、日本等老牌资本主义国家，除了在研发投入总量上不及中国外，在研发投入占 GDP 的百分比方面和科学家、工程师的人数方面都超过中国（根据汤森路透集团的世界顶尖材料科学家排名，美国研究人员占前 25 名中的 18 名，而中国研究人员在前 50 名中仅有 2 名）。

2. 创新机制不健全，工业技术创新体系建设有待完善

欧洲工业化的历程表明，工业发展的关键是工业创新，包括工业技术创新和工业组织制度创新，其中工业组织制度创新是其重要因素。英国之所以能成为人类历史上第一次工业革命的发源地，除了其优越的自然条件禀赋外，一个重要的原因是它拥有比欧洲其他国家更为先进的社会机制。当时英国的专利制度、技工制度都是欧洲，甚至世界来说最先进的，而且英国还拥有一个相对统一的国内市场。而德国之所以能够在后来的工业竞争中超过英国，除了德国人在技术创新上的不断努力外，一个重要原因是德国人擅长进行体制创新（薛彦平，2009）。

从时间来看，中国的工业化进程比欧洲工业国家晚了近两个世纪。新中

国成立以来，中国的工业化经历了三个截然不同的阶段：引进苏联模式阶段、探索和自力更生阶段、对外全面开放阶段。但是，企业作为创新主体的地位尚未确立，还未建立起欧洲那种有利于企业独立研究创新的外部环境，工业技术创新体系有待完善。在2012年9月国务院颁布的《关于深化科技体制改革加快国家创新体系建设的意见》当中，对中国目前的创新体制有这样一个基本判断："企业技术创新主体地位没有真正确立，产学研结合不够紧密，科技与经济结合问题没有从根本上解决，原创性科技成果较少，关键技术自给率较低；一些科技资源配置过度行政化，分散重复封闭低效等问题突出，……"因此，对工业技术创新体系建设来说，中国在财税政策支持、融资渠道建设、科技资源配置、知识产权保护等方面都需进一步加强和改进。

3. 工业技术创新能力弱，以"市场换技术"模式难以延续

整体来看，中国工业技术的原创性弱、模仿性强，构成了资源环境对工业化的强约束。目前，中国已经基本形成种类齐全、有一定规模的工业技术生产体系，创新能力和核心竞争力明显提升，但整体技术水平还相对落后，不少核心技术、关键技术仍受制于人，高端医疗设备、半导体与集成电路制造设备以及光纤制造等设备基本依赖进口。即使在中国创新能力相对较强的信息通信技术领域，也仅有中兴、华为等少数企业拥有世界一流的研发创新能力，绝大多数企业处于跟随模仿阶段。根据欧盟统计局的抽样调查结果显示，2010年中国工业企业研发投入占销售收入比重为1.2%，分别低于美国、德国和日本3.5、2.6和1.7个百分点；人均研发投入为2900欧元，约分别相当于美国、德国和日本的18%、22%和36%（表3-4）。可以看到，创新还没有成为中国企业主要的盈利模式，它们更多的是依靠技术含量低、附加值低的产品来获取利润。此外，中国工业共性技术研发仍十分薄弱，这已成为工业技术进步和工业发展质量提高的瓶颈，也是培育战略性新兴产业的主要障碍。

表 3-4　中国、美国、德国、日本工业企业研发投入情况对比（2010 年）

国家	研发投入 /亿欧元	销售收入 /亿欧元	员工数 /万人	研发投入占销售 收入比重/%	人均研发投入 /欧元
中国	76.3（19 家企业）	6 563.6	261.5	1.2	2 900
美国	1601.2（487 家企业）	33 913	990.5	4.7	16 000
日本	990.8（267 家企业）	25 864.1	711.6	3.8	13 300
德国	475.7（260 家企业）	16 330.9	585.5	2.9	8 100

资料来源：欧盟统计局数据库 . 2010. http：//epp. eurostat. ec. europa. eu/portal/page/portal/statistics/themes

所谓"以市场换技术"，即以允许外商在中国大量销售其产品、在中国工程招标中中标、在中国独资或合资设厂为代价，力求换取国外的先进技术（雷家骕，2011）。中国实施"以市场换技术"的战略与政策已有 20 余年，在汽车、机械制造、IT 通信、生物医药等行业领域都有涉及，除垄断行业外，国内高技术含量的行业大都处于外资实际控制之下，外贸依存度超过70%，其中工业品出口的 60% 来自外商投资企业。"以市场换技术"的策略虽然一定程度上为中国学习其他国家先进技术创造了条件，但是往往是给出了市场资源却换不来核心技术，基本停留在引进-消化-吸收-再创新的引进环节，重复引进、轻消化吸收和创新等问题依旧存在。从根本上讲，"以市场换技术"仍是依靠物质资源消耗等传统经济发展方式在技术进步领域的表现，解决不了自主创新的根本问题。

（二）内涵特征

"创新"概念的起源为美籍经济学家熊彼特在 1912 年出版的《经济发展概论》，他认为创新是指把一种新的生产要素和生产条件的"新结合"引入生产体系。而创新驱动这一理念最早是由美国学者迈克尔·波特提出的，他把一个国家或地区的经济发展概括为"要素驱动""投资驱动""创新驱动"和"财富驱动"四个阶段（Porter，1990）。其中，创新驱动（innovation driven）主要是依靠科学理论创新所带来的效益来实现集约型的增长方式，用技术变革来提高生产要素的产出率，从而形成产业竞争优势，带动经济发展。2008 年国家发展和改革委员会等九部委联合发布《关于促进自主创新成果产业化的若干政策》；2012 年底召开的中共十八大明确提出："科技创新是提高社会生产力和综合国力的战略支撑，必须摆在国家发展全局的核心位置。"强调要坚持走中国特色自主创新道路、实施创新驱动发展战略。创新驱动发展是以知识和科技为先导的创新型发展道路，是现代经济发展模式的重要表征。一般来说，创新驱动的主要特征包括以下几个方面。

1. 理论创新是中国工业创新发展的强大动力

工业本身是依赖于一定的科学理论而建立和发展起来的，工业活动的发展又反过来促进了科学理论的进步。在现代社会，科技与教育所提供的基础理论和科学方法是实现工业化的根本动力，是决定一个国家和地区工业化进程的核心动力。因此，理论创新理应成为中国工业创新发展的坚实基础和强劲保障。目前，西方发达国家正大力推进制造数字化、能源互联网等新兴技术的研发与应用，以迎接新工业革命的到来。而实现革命性的宏大变革需要经历较长时间，不可能一蹴而就，需要基础科学理论的保障和大批的创新型人才。大力推进基础理论创新和创新型人才队伍建设是当务之急，这是中国建设工业强国的基础保障。

2. 制度创新是中国工业创新发展的根本保障

新型工业化不仅涉及技术和生产手段的变革，更重要的是涉及整个社会经济制度的创新，制度创新决定着工业活动的效率、工业成长的速度、工业发展的质量。经过工业化初期的高速增长，中国在低成本的劳动力、土地、环境等"低级要素红利"逐步释放以后，将越来越趋向于新的禀赋优势即"高级要素红利"的积累和释放。因此，创新驱动背景下的中国工业发展模式不仅要着力解决资金、技术和人才等要素资源的短缺问题，改变过度依赖投资和外需的发展模式，更要重视解决制度性缺陷或制度保障，通过深化制度改革、优化制度安排、加强市场配置、继续推进所有制结构创新，为中国新型工业化进程创造制度保障。

3. 技术创新是中国工业创新发展的重要载体

发达工业化国家的成长经验表明，工业发展一般都经历了从以矿石燃料开发利用为主的传统工业向高加工度工业升级的过程，产品的技术含量和附加值大大提升，而这其中技术创新起了巨大作用。当前来看，信息技术、新能源技术、先进制造技术、新材料技术特别是节能环保材料技术正成为新工业革命的主要驱动力。而中国工业发展长期依靠高投入、高消耗发展模式，普遍存在着发展方式粗放、行业结构不合理、核心技术受制于人、资源环境约束强化、区域发展不平衡等结构性矛盾和深层次问题。这不仅给中国的工业化进程带来深刻影响，也给中国工业国际竞争力进一步提升带来重大挑战。在当今中国工业发展的低成本优势面临挑战的情况下，只有通过技术创新，才能提升中国工业在新一轮国际竞争中的地位。

专栏 3-3

敏锐把握科技发展趋势，把创新驱动发展摆在核心位置

党的十八大以来，习近平同志站在全局和战略的高度，围绕创新驱动发展提出了一系列新思想、新观点、新论断，集中体现了对世界科技创新发展趋势的深刻认识、对中国发展阶段性特征的准确把握，为实施创新驱动发展战略指明了方向。

科技创新是提高社会生产力和综合国力的战略支撑，必须摆在国家发展全局的核心位置。当前，从全球范围来看，科学技术越来越成为推动经济社会发展的主要力量，创新驱动是大势所趋。新一轮科技革命和产业变革正在孕育兴起，一些重要科学问题和关键核心技术已经呈现出革命性突破的先兆，带动了关键技术交叉融合、群体跃进，变革突破的能量正在不断积累。即将出现的新一轮科技革命和产业变革与中国加快转变经济发展方式形成历史性交汇，为实施创新驱动发展战略提供了难得的重大机遇。

从国内来看，中国经济总量已跃居世界第二位，社会生产力、综合国力、科技实力迈上了一个新的大台阶。同时，中国发展中不平衡、不协调、不可持续问题依然突出，人口、资源、环境压力越来越大。物质资源必然越用越少，而科技和人才却会越用越多。特别是中国经济已进入增长速度换挡期、结构调整阵痛期、前期刺激政策消化期叠加的阶段，迫切需要以科技进步和创新的新成果为加快转变经济发展方式、调整经济结构、提高社会生产力开辟新空间，从而推动新型工业化、信息化、城镇化、农业现代化同步发展，必须及早转入创新驱动发展轨道，把科技创新潜力更好释放出来，充分发挥科技进步和创新的作用。

习近平指出，实施创新驱动发展战略是一项系统工程，并提出五个方面的任务：一是着力推动科技创新与经济社会发展紧密结合，让市场真正成为配置创新资源的力量，让企业真正成为技术创新的主体；二是着力增强自主创新能力，努力掌握关键核心技术，提升国家创新体系整体效能；三是着力完善人才发展机制，打通人才流动、使用、发挥作用中的体制机制障碍，最大限度支持和帮助科技人员创新创业；四是着力营造良好政策环境，引导企业和社会增加研发投入，加强知识产权保护工作，完善推动企业技术创新的税收政策；五是着力扩大科技开放合作，充分利用全球创新资源，在更高起点上推进自主创新。

资料来源：http://news.xinhuanet.com/politics/2013-10/01/c_117582862.htm

（三）测算分析

为进一步了解当前老工业城市的创新驱动水平现状，从东中西部选取有代表性的城市和地区，剔除省会城市，得到包括阳泉、包头、抚顺、本溪、鹤岗、大庆、马鞍山、九江、淄博、洛阳、平顶山、焦作、黄石、株洲、湘潭、青白江、攀枝花、宝鸡、金昌、石嘴山在内的 20 个老工业样本城市，从研发支出比重、科技人员比重、创新有效率 3 个方面来建立对创新驱动水平的理性认知与客观衡量，见表 3-5 和图 3-5。

表 3-5　20 个老工业样本城市创新驱动水平排序

城市	研发支出比重	科技人员比重	创新有效率	创新驱动水平	创新驱动水平排序	
					城市	排序
阳泉	0.267	0.044	0	0.104	大庆	1
包头	0.362	0.110	0.506	0.326	马鞍山	2
抚顺	0.344	0.178	0.062	0.195	洛阳	3
本溪	0.382	0.109	0.864	0.452	本溪	4
鹤岗	0.013	0	0.735	0.249	淄博	5
大庆	0.265	1.000	1.000	0.755	焦作	6
马鞍山	0.959	0.247	0.838	0.682	平顶山	7
九江	0.025	0.179	0.698	0.300	青白江	8
淄博	1.000	0.021	0.282	0.434	湘潭	9
洛阳	0.669	0.414	0.695	0.592	株洲	10
平顶山	0.305	0.051	0.882	0.413	攀枝花	11

城市	研发支出比重	科技人员比重	创新有效率	创新驱动水平	创新驱动水平排序	
					城市	排序
焦作	0.658	0.033	0.589	0.427	包头	12
黄石	0.320	0.106	0.047	0.158	九江	13
株洲	0.372	0.076	0.696	0.381	金昌	14
湘潭	0.444	0.069	0.636	0.383	宝鸡	15
青白江	0.357	0.432	0.376	0.388	鹤岗	16
攀枝花	0.274	0.137	0.713	0.375	石嘴山	17
宝鸡	0.144	0.165	0.508	0.272	抚顺	18
金昌	0.030	0.003	0.856	0.296	黄石	19
石嘴山	0.000	0.051	0.554	0.202	阳泉	20

资料来源：①国家统计局.2014.中国城市统计年鉴2013.北京：中国统计出版社；②2013年各城市《国民经济和社会发展统计公报》

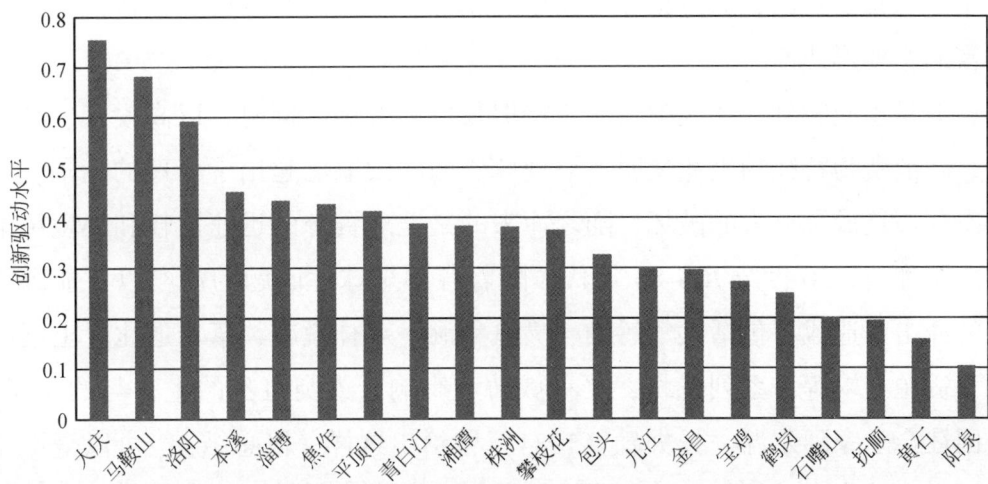

图3-5　20个老工业样本城市创新驱动水平排序

创新驱动水平主要用于表征一个地区的基础研发投入、科技人员配置以及自主创新水平，包括研发支出比重、科技人员比重、创新有效率等方面，是综合反映该地区创新能力状况的重要指标。其中，研发支出比重用科学技术支出除以该地区地方财政一般预算内支出得到，是衡量一个地区基础研发投入水平的重要指标；基础创新需要大量的科技人才，可用该地区科学研究人员与年末单位从业人员数之比来反映该地区的科技人员队伍的配置情况；创新有效率用一定时期内该地区专利授权量与专利申请量之比来得到，是衡量一个地区实质有效创新水平的主要指标。

四、工业文明与生态文明

(一) 工业文明：传统工业发展的理性反思

人类文明的演进史就是一部人与自然关系的变迁史。迄今为止，人类社会大约有 400 万年历史，历经原始文明、农业文明、工业文明三个发展阶段。自 18 世纪中叶英国工业革命以来，人类工业发生一场巨大的变革，从工场手工业发展到大机器工业，从蒸汽机发展到电动机，从纺织工业发展到电气工业，追求工业文明成为当时一种全球性的历史进程和社会现象。工业文明是以机械化、自动化、电气化为重要标志的一种社会文明形态，它以物质生产为重要目的，通过提高劳动生产率和机械化水平，成为创造社会物质财富的主要形式。

但是也应看到，在人类物质生产取得巨大发展的同时，以高投入、高耗能、高消费为特征的工业文明，对地球资源的索取已超出了合理的范围，对生态环境造成了巨大的破坏，随之而来的是地球资源的迅速消耗和环境污染的急剧加速。20 世纪 70 ~ 80 年代，随着各种全球性问题的加剧以及能源危机的冲击，造成了包括大气污染、臭氧空洞、森林锐减、草场退化、土壤侵蚀、资源枯竭等一系列危机，严重威胁和影响着人类自身的生存与的发展。美国社会学家阿尔温·托夫勒 (1984) 曾给出这样一段总结："可以毫不夸张地说，从未有过任何一个文明，能够创造出这种手段，不仅可以摧毁一个城市，而且可以毁灭整个地球；……从未有过开采矿山如此凶猛，挖得大地满目疮痍；从未有过让喷雾剂使臭氧层消耗殆尽，也从未有过热污染对全球气候造成如此大的威胁。"环境保护部公布的数据显示：人类文明在向工业文明转型的过程中，付出了极大的代价。整个 20 世纪，人类消耗了 1420 亿吨石油、2650 亿吨煤、380 亿吨铁、7.6 亿吨铝、4.8 亿吨铜，占世界人口 15% 的工业发达国家消费了世界 56% 的石油和 60% 以上的天然气，50% 以上的重要矿产资源。

理性反思工业文明背景下传统工业的发展模式，可以看到传统工业发展模式是借助以资源的大量消耗为支撑的工业发展，是通过工业增长与城市规模扩张，消除传统产业与现代产业、城市与农村、贫穷与富裕的对立，获得社会整体的发展。实践证明，这种模式有其较大的局限性。例如，1970～1984 年印度尼西亚的 GDP 年均增长 7%，但扣除森林、表土、矿物、燃料耗竭等因素后，其增长率仅 4%。因此，工业文明下的人与自然之间征服与被征服的生存方式，一味地追求工业增长的快速发展，割裂了人们物质生活和精神生活，其实质是人与自然关系的对立与失衡。

（二）生态文明：新型工业发展的科学诉求

从《寂静的春天》到《增长的极限》，从《我们共同的未来》到《21世纪议程》，世界已开始反思工业文明背景下传统工业增长的可持续性问题。20 世纪 90 年代后期以来，伴随着经济全球化的深入发展，世界性资源环境问题进一步凸显，并已逐渐演变成为与政治、经济、文化和社会等密切相关的多层次、多维度、多视角的"全球性的复杂问题"。1990 年，美国国家科学院与贝尔实验室共同组织了首届"工业生态学"论坛，系统论述了工业生态学的概念、内容和方法及应用前景。1991 年 10 月，联合国工业与发展组织提出"生态可持续性工业发展"的理念。生态文明背景下的新型工业是指在不损害基本生态环境的前提下，促进工业在较长时期内能给经济增长和社会发展带来贡献的工业化模式，即"生态可承受的工业发展模式"（贾卫列和刘宗超，2010）。生态文明是工业发展到一定阶段的科学诉求，它改变了以往工业文明背景下传统工业的发展模式，以可持续发展为前提，以尊重和维护生态环境为宗旨，追求的是人与自然的和谐发展，其核心是提高资源利用效率，最大限度地减少废弃物，以发展的力量优化环境，在发展中实现环保，最终营造生态财富和社会福利的最优化。

当前，大力促进能源和资源效率的提高、可再生能源和资源的利用、清洁能源的开发，以及资源循环利用和减排技术的创新，已成为世界各国共同努力的方向。以美国、英国、芬兰、瑞士、加拿大、澳大利亚为代表一些西方发达资本主义国家已着手实施生态文明的发展路线，制定和推行一系列以循环经济、低碳经济为核心的"绿色新政"，对工业生产的技术路线和工业化的资源路线进行重大调整。这一变化的深刻性不仅表现为技术的进步，更重要的是体现为制度安排、政策方向以及产业组织的全面变革，是在已经高度现代化的工业文明发展基础上推行生态化工业发展战略，朝着生态文明与绿色经济时代迈进。

例如，作为工业革命发源地的英国，在20世纪中叶由于工业生产和煤炭燃烧，导致烟雾事件频发。为此，英国政府采取立法等形式控制煤炭燃烧、减少尾气排放；调动公众力量参与大气污染防治、固体废弃物污染防治及噪音污染防治等环境影响评估；通过征收环境税、实行排污权交易等措施达到降低治理成本，提高环境治理效率的目标。此外，英国政府还出台了一系列税收优惠，诸如税收返还、加速折旧等措施，逐步从收入征税转向对环境有害行为征税，最终有效控制了污染的蔓延，并积累许多宝贵经验（杨拓和张德辉，2014）。

（三）新型工业化：从工业文明走向生态文明

中国自20世纪70年代改革开放以来，经济迅速发展，世界工业化200多年的历史被压缩到了中国加速工业化的30年里（金碚，2008），中国工业化是人类历史上从未经历过的世界工业化版图的迅猛变迁过程。因此，中国产业发展的阶段性特征表现为"压缩性"和"急速式"，主要依靠的是生产要素的大量投入而非生产率的本质提升（林毅夫和苏剑，2007）。30余年快速发展与大规模工业化进程不可避免地带来了严重的资源过度开发与环境代价，大气污染、水土流失、植被破坏等环境问题相继出现，能源和资源消耗水平的绝对量及单位产值的能源和资源消耗水平的相对量都居高不下，传统的高能耗、高污染、低效率的重工业化模式严重制约了中国工业经济的可持续发展。国家统计局的数据表明，2012年中国消耗了世界将近一半的钢材、水泥和煤炭，造成二氧化碳和二氧化硫的排放也是世界最大的，但是中国当年的GDP只占世界的不到12%，人口只占世界的19%。

工业的发展呼唤生态文明。结合当今世界文明发展的普遍规律和人类发展共同价值诉求，中国政府从具体国情出发，在2007年召开十七大正式确立要"建设生态文明，基本形成节约能源资源和保护生态环境的产业结构、增长方式、消费模式"。这既是对中国传统工业化发展道路的历史总结，也是汲取西方发达国家工业化过程中的经验教训。随后，《中华人民共和国国民经济和社会发展第十二个五年规划纲要》强调"坚持把建设资源节约型、环境友好型社会作为加快转变经济发展方式的重要着力点"，并指出"坚持走中国特色新型工业化道路""树立绿色、低碳发展理念""提高生态文明水平"。十八大报告又再次强调"建设社会主义生态文明""大力推进生态文明建设"。因此，转变经济增长方式，促进中国工业绿色增长成为中国经济发展的迫切需要和内在要求。中国工业要从依靠高消耗、高污染、低效率的传统增长方式向资源节约、环境友好的增长方式转型，实现从"工业大国"向"工业强国"迈进，关键在于以最少的能源资源消耗、最小的环境代价谋求促进工业经济发展的绿色增长，在于全面提升自主创新水平、实施创新驱动发展战略，在于实现经济社会的可持续发展的生态文明建设。

21 世纪的头 20 年，中国将处于工业化加速发展阶段，同时也是中国工业转型发展面临的重要战略机遇期，延续原有的经济增长模式，资源将难以为继，环境将不堪重负。为解决工业化进程中的资源、环境问题，必须改变传统经济增长方式与消费方式，必须调整和协调社会各主体间的利益关系，必须改革投资体制和决策机制，必须革新传统技术体系和制度安排，这既是中国经济发展的客观要求，也是生态文明建设的具体体现（姜智红，2010）。与传统工业化道路相比，新型工业化是在传统工业化走到"增长的极限"转而寻求"增长的质量"产物，是发展观由"灰色发展"转向"绿色发展"的产物。因此，新型工业化道路理应是资源节约的、环境友好的和创新驱动的。我们有理由相信，从工业文明走向生态文明的中国特色新型工业化道路能够担负起破解人类文明发展与经济发展道路的历史难题，即以资源节约和环境友好为基本原则，在创新驱动的战略引导下，寻求整个工业生产过程的科学化、集约化和绿色化，并最终实现经济效益与资源环境的双赢。

参 考 文 献

阿尔温·托夫勒（美）.1984. 第三次浪潮. 朱志焱等译. 北京：三联书店出版社

陈健鹏，李佐军. 2013. 新世纪以来中国环境污染治理回顾与未来形势展望. 环境与可持续发展，
　(2)：7-11

高之国.2011.中国海洋发展报告(2011).北京:海洋出版社

国家统计局能源统计司.2013.中国能源统计年鉴2012.北京:中国统计出版社

国家统计局.2014.中国统计年鉴2013.北京:中国统计出版社

国务院新闻办公室.2012.《中国的能源政策(2012)》白皮书.http://www.gov.cn/jrzg/2012-10/24/
　　content_ 2250377.htm〔2012-10-24〕

韩民青.2004.中国新工业化循环经济发展战略.山东社会科学,(2):12-16

何盛明.1990.财经大辞典.北京:中国财政经济出版社

洪银兴.2013.论创新驱动经济发展.南京:南京大学出版社

贾卫列,刘宗超.2010.生态文明观,理念与转折.厦门:厦门大学出版社

姜智红.2010.新型工业化与生态文明建设研究.理论建设,(6):5-8

金碚.2005.资源与环境约束下的中国工业发展.中国工业经济,(4):5-14

金碚.2008.世界工业化历史中的中国改革开放30年.财贸经济,(11):73-81

雷家骕.2011.经济及科技政策评估:方法与案例.北京:清华大学出版社

林燕华.2014.破解中国式"资源诅咒".资源与产业,(1):44-50

林毅夫,苏剑.2007.论我国经济增长方式的转换.管理世界,(11):5-13

刘世锦.2004.重化工中长期趋势凸显.财经界,(3):10-11

邱微,王立友,杜大仲,等.2013."美丽中国"与自然环境关系研究.环境科学与管理.(11):
　　181-185

汪利平,于秀玲.2010.清洁生产和末端治理的发展.中国人口·资源与环境,(3):428-431

王远亚,吉威宁,崔武军,等.2013.近十年来我国能源消费变化及未来发展趋势.上海:汉斯出
　　版社

夏天.2010.创新驱动过程的阶段特征及其对创新型城市建设的启示.科学学与科学技术管理,(2):
　　124-129

薛彦平.2009.欧洲工业创新体制与政策分析.北京:中国社会科学出版社

杨拓,张德辉.2014.英国伦敦雾霾治理经验及启示.当代经济管理.36(4):93-97

杨文进.2010.论"资源节约型"社会的经济增长之道——兼论"节约悖论"的破解.中国地质大学
　　学报(社会科学版),(5):1-5

张庆丰.2012.迈向环境可持续的未来,中华人民共和国国家环境分析.北京:中国财政经济出版社

中国科学院国情分析研究小组.1992.开源与节约——中国自然资源与人力资源的潜力与对策.北京:
　　科学出版社

E. T. 盖达尔(俄).2008.帝国的消亡:当代俄罗斯的教训.王尊贤译.北京:社会科学文献出版社

Askari H, Nowshirvani V, Jaber M. 1997. Economic development in the GCC: the blessing and the curse of
　　oil. Greenwich, ConnecticuT: Jai Press

Auty R M. 1994. Industrial policy reform in six large newly industrializing countries: The resource curse thesis. World development, 22 (1), 11-26

Corden W M, Neary J P. 1982. Booming sector and de-industrialisation in a small open economy. The economic journal, 825-848

Frankel J A. 2010. The natural resource curse: a survey (No. w15836). National Bureau of Economic Research

Grueber M. 2012. Global R&D Funding Forecast: R&D Spending Growth Continues While Globalization Accelerates. http://www.rdmag.com/Featured-Articles/2011/12/2012-Global-RD-Funding-Forecast-RD-Spending-Growth-Continues-While-Globalization-Accelerates

Mundial B. 2007. Cost of pollution inChina: economic estimates of physical damages. http://siterssources.woldbank.org/INTEAPREGTOPENVIRONMENT/Resources/China-Cost-of-Pollution.pdf

OECD. 2009. Green Growth: Overcoming the Crisis and Beyond. http://www.oecd.org/env/43176103.pdf

Petroleum British. 2011. BP Energy outlook 2030. BP Statistical Review

Petroleum British. 2013. BP statistical review of world energy. BP statistical Review

Porter M. 1990. The competitive advantage of nations. Harvard business review, (2): 73-93

第四章 青白江的新型工业化之路

青白江位于四川省成都市北部，是国家"一五"规划建设的西南第一个工业区，也是成都市乃至中国西部重要的工业区，化工、冶金、建材、机械产业发达。自建区以来，青白江经历了从典型的老工业区到生态工业区的转变，作为成都市重要的生态工业高地，青白江坚定不移地走新型工业化道路。从2006年起，青白江坚持"生态立区，工业强区、物流兴区、商贸活区，建设成都北部新城、构建和谐青白江"的科学发展战略，于2008～2012年连续五年跻身四川省县域经济综合评价"十强县"；2009年成为四川省唯一获得"中国人居环境范例奖"的地区；2011年，又提出建设新型工业样板区、物流商贸核心区、文化发展特色区、生态田园示范区、宜人和谐幸福区的"五区"发展战略；2014年，青白江工业集中区以推进千亿产业园区建设为主线，推动园区提档升级，将园区建成"新型工业领先区"。

本章立足于青白江的新型工业化，从生产方式的转变、产业结构的调整、清洁生产的实施、循环经济的发展四个方面分四个小节进行了详细的介绍。每小节第一部分先进行广义定性描述，然后再具体到青白江的实际情况。

一、转变发展方式，实现结构优化

(一) 工业与生态并举

1. 生态文明是新型工业化的必由之路

党的十六大提出"新型工业化道路"，党的十七大明确提出要"坚持走中国特色新型工业化道路"和建设生态文明。中国特色新型工业化道路与生态文明建设是我党关于发展理论中怎样发展的理论创新成果（高宜新，2009）。

生态文明是现代工业高度发展阶段的产物。美国匹兹堡老工业城市的转型、德国鲁尔区转型发展、法国老工业基地转型以及我国东北老工业基地的转型与发展，带来的启示都是调整产业结构，促进传统企业转型，保护生态环境，发展绿色经济，即走以生态文明为主导的中国特色新型工业化道路。

2. 生态文明与新型工业化的现状

(1) 国内外现状概述

从世界范围来看，芬兰、爱尔兰、瑞士、加拿大、澳大利亚等一些国家走的就是以生态文明为主导的新型工业化道路，其经济发展实现了高度现代化，同时也保持了良好的生态、人居环境。这些国家成功的关键在于把优化生态、保护环境纳入治国方略，从发展规划、政策设计到法律、法制，都体现出人与自然的和谐发展以及发展与环境同步的生态理念，避免了"先污染、后治理"的发展模式。

从中国的区域发展来看，威海、珠海、厦门、廊坊、三亚等一批城市，改革开放以来，其经济发展速度高于全国平均水平，同时生态环境质量也一直良好。其中关键在于这些城市的发展理念、方针和政策把保护和优化环境放到了应有的位置，做到了"生态立市、环境优先、发展与环境双赢"（徐之顺，2008）。青白江作为中国老工业基地之一，也把建设生态工业园区作为新型工业化的必由之路。

（2）青白江现状概述

2007 年，《成都市青白江生态工业园区建设规划》在北京通过评审，青白江成为了成都市第一个编制生态工业园区规划的区县。从此，青白江改变了过去"工业区就是污染区"的传统观念和"先污染，后治理"的发展模式，开始逐步探索生态与工业并举的新型工业化道路。在新型工业化的发展过程中，青白江始终把握两个大方向：一是不断深入地发展工业，二是在发展过程中坚持考虑生态文明建设。

（二）产业结构调整与升级

发展新型工业化的关键是转变发展方式，优化产业结构。青白江按照"突出发展、加快发展、优化发展"的三个差异化产业发展层级，突出发展商用车制造、建筑工业化；加快发展高端装备制造、新材料产业；优化发展传统冶金、化工产业；构建以新型工业为主导的现代产业发展新体系，推进城市产业转型升级，提升全区工业发展的质量和效益。在产业链上，促进产业链上下延伸。一方面，抓紧上游项目推进，尽快达产增效；另一方面，做大做强产业链，积极发展配套的下游产业。

1. 做大做强主导产业

2008 年，成都确立"一区一主业"的产业定位，并将冶金、建材制造业及相关生产性服务业定局青白江。青白江按照此发展规划，立足于主导产业和优势产业，坚持引进发展和改造提升并举，通过加快经济结构调整，推动制造业高端化、主导产业与现代物流业相融合、现代农业与都市生态旅游业积极互动，实现全区经济可持续、跨越式发展。

冶金、机械、建材、化工是青白江的四大主导产业，截至 2010 年，四大主导产业占全区规模以上工业实现总产值的比重为 91.3%。青白江冶金产业共有攀钢集团成都钢钒有限公司（简称攀成钢）、攀成伊红石油钢管有限责任公司、成都中远特殊钢管有限责任公司、艾切斯（成都）无缝钢管有限公司等 7 家大型企业，现已发展为国内规模最大、品种最多、技术含量高的新型冶金产业集群，生产的石油钢管、汽车薄板、高强建筑钢材等高端产品在国际国内市场上具有很强竞争力。青白江工业园区还大力支持攀成钢、川化股份有限公司（简称川化公司）的多元化发展，着力推进总投资 40 亿元的攀成钢达海工业科技园项目建设、总投资 11 亿元的川化量力钢铁新城，并且积极推动攀成钢冶炼系统搬迁及后续非钢产业的发展。

2014 年 1～2 月重点产业经济运行情况如表 4-1 所示，重点企业经济运行情况如表 4-2 所示。从表 4-1 可以得出商用车制造、新材料、新能源装备制造等产业增速明显；而冶金产业受宏观经济形势的影响，持续下降。2014 年，青白江共有 8 家企业被列为成都市大企业大集团培育企业。从表 4-2 可以得出除攀钢集团成都钢钒有限公司、台玻成都玻璃有限公司（简称台玻公司）产值、利润下降外，中国重汽集团成都王牌商用车有限公司（简称重汽王牌）、成都天马铁路轴承有限公司（简称天马轴承）等 6 家企业产值、利润均呈增长趋势，产业带动性明显强。

表 4-1　2014 年 1～2 月重点产业经济运行情况

序号	产业名称	实现销售收入/亿元	增幅/%
1	建材	11.9	54.3
2	机械（含商用车）	16.4	34.6
3	化工	8.9	22.9
4	冶金	15	−16.6
5	新材料	8.1	29.3
6	新能源装备制造	3	75.9

表 4-2　2014 年 1～2 月重点企业经济运行情况

序号	企业名称	产值/亿元	产值增幅/%	利润/亿元	利润增幅/%
1	攀钢集团成都钢钒有限公司	10.5	−27.1	−1.8	−33.2
2	川化股份有限公司	1.2	74.9	−0.7	−40.4
3	中国重汽集团成都王牌商用车有限公司	5	4.7	0.02	84.4
4	台玻成都玻璃有限公司	1.8	−9.3	0.03	−59.9
5	成都天马铁路轴承有限公司	1.2	11.2	0.5	−11.4
6	巨石集团成都有限公司	0.5	−45.6	−0.09	61.3
7	成都丽雅纤维股份有限公司	1.4	952.9	0.08	1060
8	成都玉龙化工有限公司	1.3	10.8	0.01	−89.8

资料来源：成都市青白江经济和信息化局

2. 促进产业链上下延伸

青白江围绕新型工业化的要求，遵循"高端、低碳、循环、智能"的发展理念，在突出主导产业优势的同时，大力发展新能源、新材料、节能环保等战略性新兴产业，实现工业园区的产业多样性。

青白江以"调高、调优、调强"为基本取向，将主攻工业产业结构调整和自主创新，着力推动传统制造业技改升级、技术创新和精细化生产，由传统的加工制造向高加工度化升级，向产业价值链高端发展，以带动关联产品的上下游产业链不断延伸。目前，青白江正在加快建设以重汽王牌为代表的西部商用车制造，打造西部第一、全国一流的商用车生产基地；以天马轴承、成都天保重型装备股份有限公司和四川三洲特种钢管有限公司为代表的西部新能源装备制造；以巨石集团成都有限公司（简称巨石集团）和台玻公司为代表的新材料制造；以攀成钢、川化公司、成都玉龙化工有限公司（简称玉龙公司）等企业等为代表的国家循环经济示范等现代制造业和战略性新兴产业基地。

近年来，青白江积极推动产品深加工，延伸产业链，形成园区企业生态链，发展园区生态工业经济，提高产品附加值。例如，攀成钢建设了轧管新区，连轧管机组生产线年产口径139.7～356毫米的高质量无缝钢管50万吨。成都盛达玻璃制品有限公司每年使用台玻公司7.2万重箱玻璃进行深加工等。这些项目的实施，增加了企业之间的关联度，降低了运行成本，提高了整个园区的生态效益和经济效益（范家堂，2010）。

（三）打造生态工业园区

1. 工业区森林公园

2006年6月，按照青白江区委、区政府"生态立区、工业强区"的战略部署和创建国家级生态区的规划和要求，青白江在工业集中发展区内实施了"森林工程"及工业区道路、水系、节点绿化工程建设；投入巨资建成了位于大弯、大同、祥福镇所辖的5个村、24个组1750亩[1]的森林公园，

---

[1]　1亩≈666.7平方米。

栽植银杏、香樟、天竺桂、广玉兰、栾树等 30 个品种，共计 15 万余株乔木（图 4-1）。

图 4-1　工业区森林公园

　　工业区森林公园建设是创建国家级生态区的重要内容之一，青白江始终坚持"基础建设和生态建设同步""工业产业聚集与生态环境优化并举"，打造北部生态屏障，把工业区建设成为环境优美的生态环境优化地；坚持科学规划、因地制宜、突出优势、创造特色、合理布局；坚持"常绿为主，乔、灌、草搭配，大小适度，三季有花"的绿色理念；坚持"适地适树，适时适树"和"众树聚焦，林、水、路相间"层次分明、风格各异的绿化格局，以彰显"生态工业区"为宗旨，辅以水体、路，形成生态上的和谐与形态上的景观。在实现人与企业、企业与自然和谐共生的同时，也为城市多样性的保护提供了条件，可以除尘、减少粉尘颗粒、改善环境温度，为城市形成了一处通风口，天然的"氧源"基地。2007 年 12 月，该公园被成都市政府命名并授牌为全市唯一的市级工业区森林公园。

　　森林公园以绿化栽植和养护为主，强化护林管理职责，广泛宣传爱林、护林人人有责，减少和杜绝了公园内树木的人为破坏。由于管理到位，树木长势良好，先后从森林公园移植出乔木 3000 株满足绿化需要，产生了一定的经济效益。后期将在规划的基础上实施相配套的公共设施建设，结合实际，青白江将选择适合的、具有经济效益的项目以支撑公园日常管护费用，使森林公园的社会效益、经济效益、环境效益进一步得以显现。

2. 实施生态隔离带

森林公园只是工业透绿的一个点，青白江还着力打造工业区生态隔离带。青白江生态隔离带位于青白江老城区与工业区之间，东部、南部均为工业区，北部为青白江老城区。这道绿色植物构成的生态隔离带把生活区和厂区有效分隔开来，并且有效地阻隔了污染。生态隔离带的面积还在不断地扩大，目前已建成1200亩的生态绿化隔离带和长10公里城市生态绿廊（图4-2）。生态隔离带的主要功能为工业区与城市居住区之间的生态防护、市政设施走廊等。

图4-2　10公里城市生态走廊

青白江的生态工程还覆盖了园区生态网络，包括生态隔离带、路网、水网、生态走廊和生态节点。按照规划，川化公司、攀成钢等企业厂区周围还将建设林带宽度30~50米、面积为500~800亩的生态隔离带，根据企业生产性质和排放污染物类型配套不同的树种，达到滞尘、降噪、吸毒（废气）

的作用；青白江主城区周边生态脆弱区将建设大型环状生态隔离带，在生活区与工业区之间建立起一道有效阻隔污染的"生态防火墙"；道路、水系两旁也将建设10～30米的生态公益林带，树种以乔木为主，花灌铺盖地表，形成乔、灌、草紧密结合的立体绿化效果。同时，还将建设包括怡湖公园绿化圈、成绵高速公路与华金大道交叉口绿化圈和三大生态公园在内的生态节点建设，并在大同镇、大弯镇建立818亩湿地公园，以起到净化空气和水体，营造环境的作用。

青白江正处在老工业城市向现代产业城市的快速转变期，在"五区战略、四态合一"的要求下，要以生态建设为润滑剂，实现老工业基地生态转型，努力实现宜居宜业、产城相融、生态优美的城市图景。绿化隔离带是传统工业的历史产物，在新型城镇化时代背景下，将会向现代城市的新型生态功能转变。根据成都市总体规划的远景规划，绿化隔离带将由"居住—工业"边缘的"消极屏障"转化为新型城市内部的"中央共享核"。生态隔离带南侧川化公司片区的工业用地在城市远期发展中会逐步转化成具备居住和生活功能，并成为与北部旧城呼应的南部城市新组团。

二、运用高新技术，改造传统产业

（一）集群发展高新技术产业

1. 高新技术产业集群是新型工业化的有效载体

在经济全球化和区域化两大趋势的背景下，产业集群逐渐成为了有效推动经济发展的一种空间组织形式，成为区域参与全球竞争的重要力量。高技术产业最能代表一国的工业发展水平，是最有潜力、增长速度最快的工业领域。高新技术产业重要的区位特征是集聚（李恒，2007），它对于优化制造业的产业结构，促成制造业新兴主导产业的形成和传统产业的升级具有重要作用。

产业集群与新型工业化之间存在互动关系，良好的产业集群可以推动新型工业化的发展，解决新型工业化中的所面临的一些问题。

2. 高新技术产业集群与新型工业化的现状

(1) 国内外现状概述

集群发展高新技术产业已经成为世界各国的普遍做法。发达国家占据世界知识和技术的高点，其高新技术产业集群起步较早，发展成熟，基本上形成知识型和技术型两种形式。例如，美国的硅谷是新知识创造和扩散的源头；日本大田区的产业机械综合体，则强调技术在生产中的运用。发达国家的高新技术产业集群具有不同的结构，按 Markusen 的分类，有四种类型：一是马歇尔式产业区，这类集群内中小企业密集，力量分散，企业具有高度的根植性，专业化突出；二是轮轴式产业区，以相当数量的关键企业或设施作为核心，供应商和相关活动集结在其周围，如美国的西雅图、日本丰田；三是卫星平台式工业区，这一般是由跨国公司的分厂组成，区内联系较为松散，也不一定囿于发达国家；四是国家力量依赖型产业区，政治力量在这里起决定作用，如美国的硅谷、洛杉矶和西雅图等（Markusen，1996）。

相较于发达国家，中国高新技术产业集群发展的趋势更为突出，集中体现在国家及地方政府设立的高新技术产业园区。例如，深圳高技术出口基地、昆明高新技术出口基础、武汉光谷、珠三角特别是东莞、深圳电子信息产业集聚区域的形成以及东南沿海等开放区域建立的高新技术开发区；北京的中关村科技园区集聚了中国最早也是最成熟的一大批高新技术企业，是中国电子产品市场最重要的晴雨表。

(2) 青白江现状概述

目前，青白江重点推进商用车制造、高端装备制造、新材料、建筑工业化产业集群发展，以尽快形成产业支撑；加快建设高性能纤维及复合材料国家级高新技术产业化基地，发挥高新技术产业化基地的聚集、辐射和带动作用（图 4-3）。同时，不断加强与高校、科研机构的联系，与四川大学、西南科技大学、成都理工大学、西南交通大学等大专院校签订院地合作协议，为区内企业搭建高端产业研发服务平台，提升工业企业自主创新能力提供技术支持。

青白江还将从以下三个方面加快推进"两化"融合：一是重点抓好智能

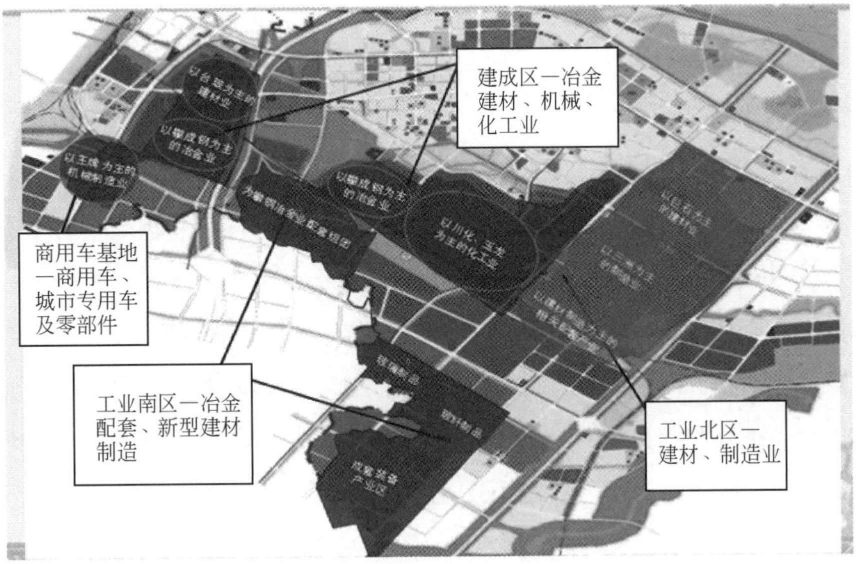

图 4-3　青白江工业集中发展区产业布局细化图

化园区、公共信息服务平台建设，提升"两化融合"支撑服务能力；二是以推进"产业智慧化"为重点，打造"工业云"平台，实施"两化深度融合企业"和示范试点工程等；三是加快商贸物流信息港建设。

（二）信息化的物流商贸核心区

2012 年，在第十三届中国商品交易市场发展论坛暨首届中国流通业发展高峰论坛上，青白江物流商贸商圈被评为全国十大最具投资潜力市场商圈。在贯彻落实成都市委"产业倍增"战略中，青白江提出了构建千亿现代服务业体系的目标，并且交通、物流、商贸是此目标中的重要组成部分。

1. 国际性枢纽型内陆无水港

青白江作为国际性枢纽型物流节点城市，拥有强大的公路、铁路资源和铁路口岸优势。2011 年，青白江提出构建大交通网络，以成绵高速、成南高速、成德南高速、川陕复线、川陕大件路、石化基地大件路、成青（金）快速通道、青南大道等构建起"内通外联"的公路交通路网；以成都枢纽北环铁路为纽带，宝成、成渝、达成及达成客运专线和正在修建的成兰等 5 条出川干线铁路和多条物流专用铁路让青白江与外界无缝对接，顺畅通达。

　　2011 年，青白江提出要全力打造"西部第一、全国一流"的国际性枢纽型内陆无水港。2013 年 4 月 26 日，连接中国西部和中亚、欧洲的铁路大动脉——蓉欧快铁正式运营。9 月，成都海关与呼和浩特海关就区域通关合作事宜签署了合作备忘录，开辟了蓉欧快铁第二条国内运输线路（图 4-4）。11 月，青白江与广西钦州保税港区管委会签署战略合作框架协议，构建中国西部又一条重要的出海大通道。

　　当前，青白江形成了以铁路、高速公路为主体的综合交通运输通道骨架网络，物流条件处于成都领先水平，特别是铁路物流优势相当突出。青白江是成都的铁路物流枢纽，拥有亚洲规模最大的铁路集装箱中心站。该中心站为铁道部规划的全国 18 个集装箱中心站之一，也是蓉欧快铁的起点，货物从这里源源不断地运往世界各地。该中心站 2010 年 5 月已投入正式运营，预计到 2025 年中心站将形成年货物吞吐量达 250 万标箱、4000 万吨左右运力。此外，即将建成的中国西部铁路物流中心投运后，青白江铁路物流优势将会进一步突显。

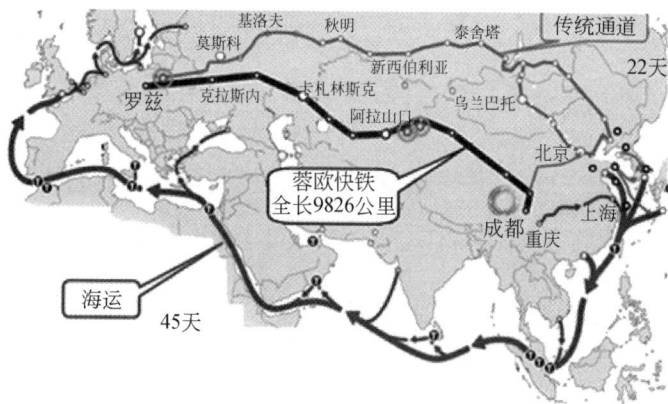

图 4-4　蓉欧快铁现状图

2. 成都铁路口岸信息化建设

　　成都铁路口岸由西南整车监管点及国际业务区组成，其中国际业务区是中国西部铁路物流中心项目的核心建设内容，依托建设规模"亚洲第一"的成都铁路集装箱中心站，国际业务区将打造成为未来成都地区铁路运输的唯一口岸通关平台。根据党的十八大关于"四化同步"的决策部署，坚持信息化与成都铁路口岸运营深入融合的发展路径，大力打造成都铁路口岸信息化平台。以下将从信息平台、智能化闸口、无缝对接、监控系统以及成都铁路保税物流中心（B型）信息化建设规划五个方面详细介绍成都铁路口岸信息化建设情况。

（1）信息平台

成都铁路口岸信息平台服务于海关、检验检疫、物流企业，实现对物流的全方位、全过程有效监管，提高国际业务区的通关效率（图4-5）。系统共有六大部分组成。

图4-5 成都铁路口岸信息化照片展示

1）企业一站式服务平台。物流公司可登录一站式服务平台根据 H2000 订阅的海关已放行的报关单信息、车号、集装箱信息录入核放单信息申报给海关，并可查询海关放行等指令。针对专用车进行电子车牌号管理，需要事先登记车辆信息；对于监管车辆需要备案车辆信息，进出卡口时领取 IC 卡，进行 IC 卡管理；对于非监管车辆不需要进行车辆备案，进出卡口时领取 IC 卡。

2）海关辅助管理系统。通过与查验场站系统、集装箱堆场管理系统、H2000 等系统的数据联网及交换，及时有效地采集物流信息，并与监管设备有机结合，实现卡口的"无人干预，自动核放"，对海关监管货物的进、出情况进行有效监控。

3）检验检疫辅助管理系统。实现企业的检验检疫货物的申报，设置抽检规则，自动抽检与人工抽检结合，发送查验指令，及时通知场站配合查验，发送放行指令给园区。

4）查验场站管理系统。进行海关、检验检疫查验及查验出入库的货物管理，为场站建立完善的集装箱堆场、查验仓储管理平台及严格的仓储流程控制，为场站提供良好的信息管理渠道，最大限度保障业务处理的流畅和安全，促进企业的高效运作。

5）智能闸口管理系统。实现卡口数据的采集、管理、发送，控制卡口设备，实现智能放行。

6）H2000数据订阅分发系统。订阅海关H2000系统中特定数据，来实现报关单采集，放行等功能。

（2）智能化闸口

成都铁路口岸共配备两个闸口，车道上集成RFID电子车牌识别系统、IC卡识别系统、车辆检测系统、电子栏杆、地磅、视频监控、LED显示设备、信号指示灯及车道控制器。车道所有设备与信息平台对接，通过数据及指令的传送，实现闸口的智能放行。

（3）无缝对接

国际业务区二号闸口为对接闸口，连接国际业务区及成都铁路集装箱中心站，该闸口集成双方硬件设备，实现了双方的数据共享与智能放行，仅供园区–中心站专用转场车辆通过，有效节约了资源，提高了通关效率，成为全国行业内首屈一指的"无缝对接"闸口。

（4）监控系统

视频监控系统是成都铁路口岸信息平台的重要组成部分，监控点位覆盖西南整车监管点及国际业务区。区内共设60个摄像点位，其中24个高速球形摄像机，36个固定式摄像机，分布在闸口、堆场、查验平台、仓库及检验检疫场地，实现24小时全方位、严密监管，确保园区监控无死角，所有监控数据可保存3个月。

（5）成都铁路保税物流中心（B 型）信息化建设规划

作为成都铁路口岸另一个重大建设项目成都铁路保税物流中心（B 型）各项筹备工作正在有序开展，该中心一旦建成，将大大丰富口岸的配套功能，未来中心信息平台规划如下（图4-5）：①海关物流申报系统；②海关辅助管理系统；③智能卡口管理系统；④查验场站管理系统；⑤H2000 数据订阅分发；⑥综合数据交换系统。

3. 中益吉城五金机电大市场

中益吉城五金机电大市场是由四川中益吉城投资集团有限公司（简称中益吉城）投资开发，位于成都市政府规划的大型五金机电市场集中发展区——青白江区城厢镇，紧邻成都铁路集装箱中心站及成都二绕金堂出口，交通物流四通八达，是集五金机电产品展示交易、仓储、物流配送一体的大型五金机电专业市场①。它超越传统市场，以全球视野、国际品质、创新标准、超值服务领航五金机电市场未来发展，为机电商家打造百年市场，打造中国品牌五金机电第一市场，打造中国交易额最大的五金机电市场。

中益吉城五金机电大市场是在青白江政府大力扶持下，按市场化运作的省、市、区三级政府重点工程项目，项目总投资 25 亿，规划总用地 600 亩，建筑面积 80 万平方米，市场建成之后可以容纳 3000 户商家入驻。项目以五金机电专业市场为主，涵盖独立商铺、空中商铺、大厅、五星级酒店、写字楼、住宅等物业形态。先进的规划布局、首创式的商铺空间设计、复合产业地产的产品形态、完善的管理服务体系和新经济的强势品牌战略，是中益吉城有别于其他专业市场的五大关键竞争力。项目总共分为三期，目前一期、二期商铺已抢购一空，三期将于 2014 年年底推出，预计 2015 年市场开业。

中益吉城秉承设计领先的理念，针对传统市场内的五金机电商家们做了 2 万份样本调查，了解到了商家对市场的最实际需求，为商家设计出了宽道路、大开间、超承重、强采光、高利用率的商铺：

1）市场规划建设上，充分考虑到五金机电行业 38 个大类行业特点，兼

---

① http://baike.baidu.com/link?url=6_aA_BQKX2WfZLg-xz6ohoCiD5Z1dAYMkaAVR0pyMGXwF8rL5x6wrnSv9ehvNG47me3Zc5bh-TWRKgblDOtA2K

顾商家的使用习惯，规划商铺形态包括有三层独立商铺、大厅商铺、空中商铺，市场道路以 20 米、17 米、15 米为主，车位配比达到 1∶2，可全面满足商家的经营需求。

2）商铺设计上，商铺内部布局更为方便实用，科学合理：8.4 米的柱距，6 米的首层层高，二层 700 公斤/平方米超强承重、门口 1.5 米挡雨板等创新设计，给予商家更实用实惠的便利经营。

3）在产品功能组合上，项目一改商圈的餐饮、娱乐、住宿等配套不完善，档次低的现状，因地制宜，重金打造 1.8 公里沿河绿色配套带，并规划有小户型公寓、精英商务楼、高端商业集群、五星级酒店，充分满足商家以后经营、生活需要。建成之后，这里不仅仅是一个繁荣的专业市场，更是整个区域的生活中心与商业中心，构建全境界的商务平台。

（三）高性能高新技术产业基地

1. 节能环保建材产业基地

青白江节能建材基地是成都市的重点节能建材产业功能区，是成都市国家高性能纤维高新技术产业化基地、国家第二批循环经济试点园区、四川省"1525"工程确定的 500 亿元重点产业园区、四川省新一轮工业发展战略确定的产值过千亿的工业园区、四川省和谐劳动关系工业园区，产业基地重点发展节能建材、商用车、新材料、新能源装备等产业。目前，产业基地主体园区内共有节能建材企业 65 户，其中，规模以上企业达 30 户。预计到 2015 年，基地将实现主营业务收入 730 亿元。

节能建材产业园区按照集群发展、成链发展的总体思路，重点发展节能玻璃、玻璃纤维、无甲醛离心玻璃棉、高阻燃聚氨酯板材等产业链相关企业。目前已形成以巨石集团、台玻公司、成都瀚江新型建筑材料有限公司、利亨、中国建材股份有限公司等一大批科技含量高，发展潜力大的企业为龙头的产业集群。2012 年，主体园区内工业建筑容积率达 0.9，土地投资强度 300 万元/亩，平均产出 200 万元/亩以上，园区主导产业规模占园区比重已达 82%，符合集约程度高、规模效益好的产业发展要求。

在产业发展方向上，园区将进一步引进和发展汽车安全玻璃、低辐射镀膜玻璃、高性能纤维、金属基体材料、玻纤产品等节能型和特殊用途节能建材的相关企业。

在技术研发方面，青白江拥有以川化公司技术中心、重汽王牌技术中心、天保重装技术中心、巨石集团技术中心等国家级、省级技术中心。节能建材产业的多数生产技术已经达到国际、国内先进水平，为成都市建筑、汽车、机械、重装、电子信息等产业的发展提供了支撑和保障。例如，瀚江新型建筑材料采用的离心法生产玻璃棉及其制品技术居于国际领先；台玻公司的玻璃镀膜设备及技术居于世界领先；川化公司自主开发的连续微波发泡技术及虹波钼业的离子交换法生产工艺居于国内领先，得到了国家有关部委的高度重视和肯定，为成都市建筑、汽车、机械、重装、电子信息等产业发展提供了支撑和保障。

2013 年，节能建材产业基地成功获批四川省新型工业化示范基地，也是四川省唯一获批的节能建材示范基地。按照该区《节能建材产业发展规划（2013—2020）》，未来青白江节能建材基地将加快建设节能建材企业服务中心、节能建材研发和检测服务中心、节能建材物流和电子商务服务中心等；大力开发高性能新型节能建材产业链条；重点发展包括新型墙体材料、新型防水密封材料、新型保温隔热材料、节能装饰装修材料及整体房屋等；预计到 2015 年销售收入达到 200 亿元，实现利税 24 亿元。

2. 高性能纤维高新技术产业基地

按照《青白江区关于建设世界现代田园城市的意见》，高纤复材产业将重点抓好巨石集团年产 4 万吨池窑拉丝生产线技术改造；成都丽雅纤维股份有限公司（简称丽雅公司，原成都华明玻璃纸股份有限公司）3 万吨复合竹纤维及功能性产品开发技改等项目。

（1）巨石集团

巨石集团成都有限公司位于成都市青白江巨石路 1 号，注册资本 60 957 万元，目前总占地面积 1000 余亩，已完成总投资近 18 亿元，是成都市高新技术企业。公司重点研发和生产新型建筑玻璃，主要产品有：中、无碱玻璃纤维无捻粗纱，短切原丝，连续毡，针织复合毡和短切毡，乳剂型和粉剂型短切毡，方格布等增强型玻纤产品，以及电子级玻纤纱和玻纤布，有 20 多个大类近千个规格品种。

巨石集团是国内玻璃纤维行业产品品种较齐全的公司，依靠自身强有力的技术支撑，独立开发新技术、新产品、为市场提供优质、可靠的产品，现有专利 24 项，新产品开发 10 余项。公司年产十三万吨的玻璃纤维池窑拉丝生产线技改一期项目（总投资为 5.9 亿元）和二期项目（总投资为 2.8 亿元）是集无碱玻璃纤维大型池窑化生产、无硼玻璃配方运用、窑炉纯氧碹顶燃烧技术、全程自动化控制、全程自动物流无碱废丝再利用技术、工业矿渣综合利用等先进技术构成的综合利用项目，是专利与创新技术的融合。

（2）丽雅公司

丽雅公司于 1993 年发起组建，1998 年对始建于 1964 年的成都化学纤维厂实施整体兼并，历经多年的创业发展，已成为一个集粘胶短纤、玻璃纸、二硫化碳三大产品研发、产销于一体的股份制企业。2009 年，公司重组后逐步发展为四川新型纤维素原料试验基地和差别化、功能化纤维素纤维研发基地，新材料试验及新产品研发、产销走在行业前列。

公司技术力量雄厚，拥有先进的实验装置和完善的生产装备。具有年产粘胶短纤 6 万吨、玻璃纸 6 千吨、二硫化碳 1.5 万吨的综合生产能力。公司与天津工业大学、四川大学建立了长期科研合作战略关系，极大地保证了后续产品的设计、开发与生产能力。

2011 年，丽雅公司成为成都市重点新材料企业，四川省级技术中心，国家高新技术企业。2013 年 6 月 10 日，丽雅公司年产 10 万吨差别化高性能竹纤维产业化项目在青白江正式投产。该项目集成了美国、英国、德国先进的生产设备技术，为目前全球单线产能最大、装备技术最先进短纤生产线。

三、实施清洁生产，促进节能减排

（一）大力实施清洁生产

1. 清洁生产是新型工业化的有效措施

清洁生产是人类工业生产迅速发展的历史必然，是生产者、消费者、社会三方面谋求利益最大化的集中体现。企业是开展清洁生产的主体。实施清洁生产，可以帮助企业在生产全过程提高资源能源利用效率，减少废弃物产生量，从源头减少污染，减轻末端治理的压力，实现节能、降耗、减污、增效的综合效益，同时提升市场竞争力。大力推行清洁生产是企业走科技含量高、经济效益好、资源消耗低、环境污染少的新型工业化道路的有效措施。

2. 清洁生产与新型工业化现状

（1）国内外现状概述

发达国家通过治理污染的实践，逐步认识到防治工业污染不能只依靠治理排污口（末端）的污染，要从根本上解决工业污染问题，必须"预防为主"，将污染物消除在生产过程之中，实行工业生产全过程控制。20 世纪 70 年代末期以来，不少发达国家的政府和各大企业集团都纷纷研究开发和采用清洁生产工艺，开辟污染预防的新途径，把推行清洁生产作为经济和环境协调发展的一项战略措施。

中国从 1993 年开始推行清洁生产，目前全国绝大多数省、自治区、直辖市都开展了清洁生产试点工作，普遍取得了良好的经济效益和环境效益。2002 年 6 月颁布的《清洁生产促进法》对清洁生产的内容和要求做了更为明确的规定，它标志着中国已经开始运用法律来推动和保障清洁生产的实施。

（2）青白江现状概述

青白江工业发展区以推进资源节约、加强环境保护与生态建设，促进人与自然和谐发展为重要内容；以贯彻落实科学发展观，促进经济社会又好又快发展为重要举措；以"大气和水环境综合整治""主要污染物总量削减"和"创建四川省循环经济模范区"为重点，持续改善环境质量，提高城市综合竞争力，实现了环境和经济的协调发展。具体按照以下两个原则。

一是完善机制，落实责任和目标管理。各级领导"一岗双责"，构筑了环保工作保障体系；建立了政府节能减排工作问责制；建立和完善节能减排指标体系、监测体系和考核体系。

二是严格项目准入。一方面，在招商引资、新建项目和技改项目审批过程中，认真执行国家、省、市现行投资产业指导目录，严格控制高能耗低产出项目入驻青白江节能建材基地，在基本建设项目立项环节上注意把好节能评估和审查关，按规定对项目实施节能评估和审查。另一方面，认真做好企业淘汰落后产能工作，加快淘汰落后生产能力。按照国家、省、市安排部署，进一步完善落后产能退出机制，采取"关、停、并、转、迁"等措施，加大淘汰落后产能的力度。对不按期淘汰的企业依法予以关停，有关部门依法吊销生产许可证和排污许可证并予以公布，电力供应部门依法停止供电。

（二）川化公司的废物治理

川化公司是一家以生产化肥和化工原料为主的国有特大型化工企业，始建于1956年，公司下辖5家控股子公司。主要生产合成氨、尿素、三聚氰胺等59种100多个型号的产品，主导产品的年生产能力为：合成氨56万吨、尿素83万吨、三聚氰胺9.38万吨、硝酸铵（含NP肥）24万吨、浓硝酸2万吨、工业硫酸30万吨、亚氨基二乙腈4万吨、催化剂2500吨、双氧水4.5万吨、食品二氧化碳2.5万吨、硫酸钾5万吨、盐酸6万吨。公司是全国最大的合成氨、尿素和三聚氰胺生产企业之一。

站在新的历史高度，着眼于未来发展，川化公司充分发挥自身的人才、技术、资金、管理等资源优势，坚持科学发展观，走新型工业化道路。近几年在"节能减排"方面开展的主要工作有以下几个方面。

1. 合成氨装置节能改造

川化公司作为四川省经济委员会和四川省环境保护厅确定的第一批清洁生产企业之一，为加快推行清洁生产，提高资源利用效率，减少污染物的产生和排放，该公司于2009年2月启动了清洁生产审核工作，并于2010年12月通过审核。2010年公司投资1.7亿元对中型合成氨装置进行节能改造，2010年年初已完成了第一阶段技改工作，实施后年节能3万吨标准煤，并接受了国家发展和改革委员会组织的节能量专项审查。公司投资796万元对合成氨装置一段炉进行了改造（图4-6，图4-7），2007年2月完成，年节能32 383吨标准煤。通过不断努力，公司的生产规模不断扩大，但用水量已从2005年的每秒1.02立方米减少到现在的每秒0.46立方米，获得了四川省经济和信息委员会颁发的"节水型"企业称号。该公司对照《产品结构调整目录（2005年本）》清理了高耗能和需淘汰的设备，每年制定了高耗能设备淘汰计划，并按时完成了淘汰任务。在环境保护管理方面建立了19项制度，环境保护管理步入系统化、正规化的轨道；遵循国家建设项目环境保护管理条例，做到增产不增污，增产还减污，建设项目"三同时"执行率确保100%。

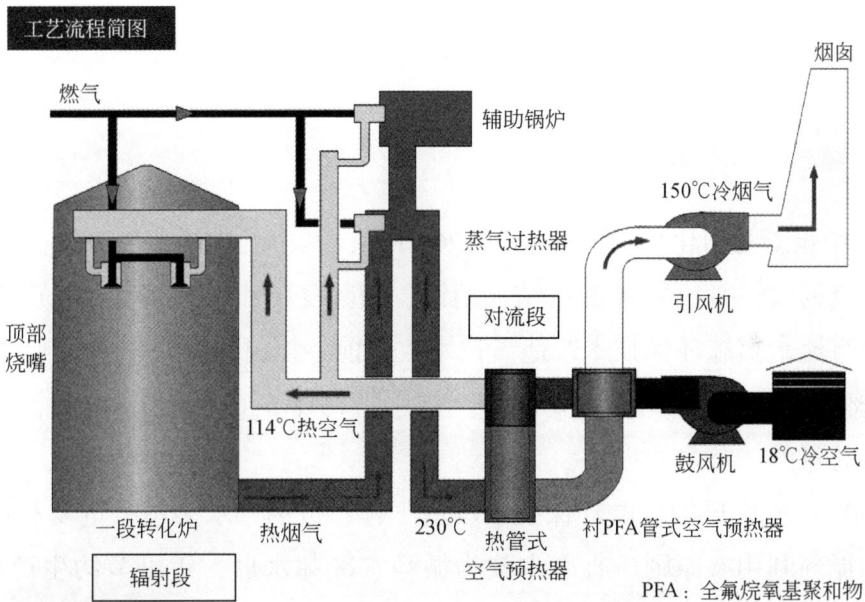

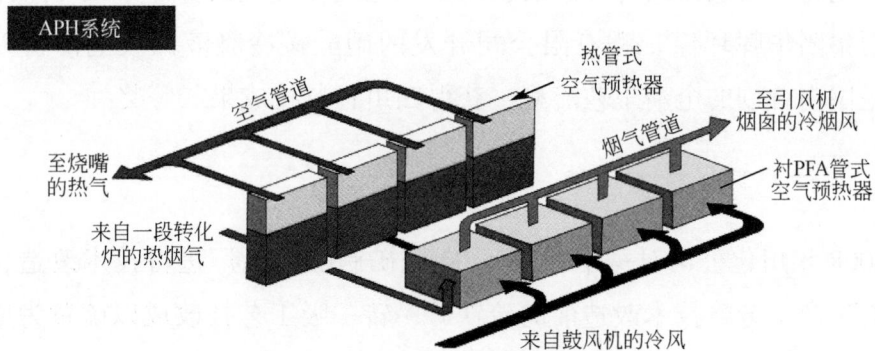

图4-6　川化合成氨装置一段转化炉废热回收技术

系统性能	
热回收率	$8.6×10^9$ k/小时
天然气节省	792万标准立方米/年
二氧化碳减少	1.42万吨/年

改造前后示范项目废热回收性能特征

改造前　　　　　　改造后

烟气流量
每小时28万标准立方米
排烟温度
230度

烟气流量
每小时27.6万标准立方米
排烟温度
150度

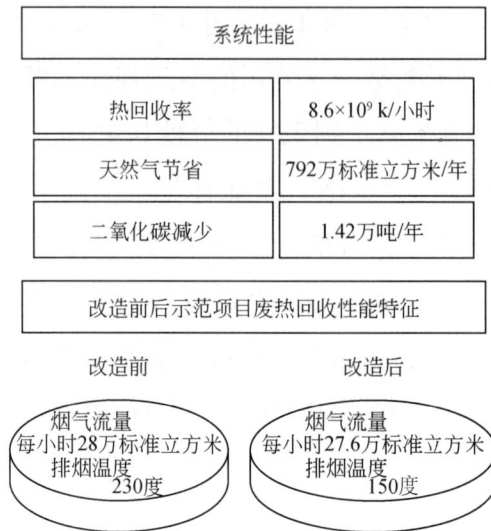

图4-7　改造前后系统性能对比

2. 硝酸厂环保技术改造

2007年1月川化公司投资4139.76万元，其中环保投资950万元，占工程总投资的22.9%，对硝酸厂结晶硝铵、硝基复肥和浓硝酸生产线产生的表冷液和直流水实施环保技术改造。技术改造前，氨氮排放总量为每年71.208吨，是公司废水中氨氮的主要来源；排水量每年546.12万立方米，占全公司排水总量的三分之一。

2007年底完成的硝酸环保技术改造工程，贯彻一水多用、重复利用，提高水的循环利用率原则。直冷水改为循环水冷却水后，年可节约生产水260万吨。同时，安装孟山都辅集器，减少工艺气体冷凝的雾沫带出。采用的江苏天雨集团华晖环保工程有限公司开发的硝酸铵冷凝液回收电渗析处理技术，是国内首创的全新工艺流程，获得四川省科技成果二等奖。

3. 硫酸厂环保技术改造

2008年川化公司对每年12万吨硫铁矿制酸的老厂进行技术改造，引进先进的生产工艺将技术改造前的硫铁矿一转一吸工艺技改成以硫黄为原料的两转两吸工艺。通过对工艺的改造，转化率和吸收率进一步提高，尾气中SO_2的浓度由每立方米1180毫克降到了每立方米300毫克，彻底杜绝了重金属排放，减少排放废水每年87万吨。该项目利用余热可副产大量中压蒸气，预计每吨酸可产1.3吨中压蒸气，大幅度降低天然气的消耗，每年能节约天然气4000万立方米，折每年标准煤27 800吨。本项目总投资为13 931.08万元，其中用于环境保护的一次性投资约260万元。

（三）台玻公司的节能减排

台湾玻璃工业集团公司由台湾工业家林玉嘉先生于1964年在台湾创立，经过40余年的稳健高速发展，已成为世界第六大浮法玻璃生产企业之一，而且玻璃纤维布的产销量更是居世界第三。台玻公司是台湾玻璃工业集团于2002年投资新建的外商独资企业，占地约700亩，现有员工1800余人。公司建设有一条每天700吨和一条每天900吨浮法玻璃生产线，在工艺上采用英国先进的PILKINGTON（皮尔金顿）技术，主要产品为高档浮法平板玻璃；同时，拥有现代化玻璃深加工厂两座，主要产品为Low-E中空节能玻璃、钢化玻璃、夹层玻璃、汽车玻璃及高档银镜。公司通过了ISO9000和ISO14001体系认证。

1. 节能减排项目

公司积极推进清洁生产，深化循环经济工作，扎实开展节能减排。"十一五"期间，公司完成约21 194.8吨标准煤的节能量，超过四川省经济委员会下达的10 785吨标准煤节能目标，完成节能目标的196.52%。近年来，公司产品能耗均处于国内同行业先进水平。

2008~2010年产品能耗分别为12.79，13.61，13.26（单位：千克标准煤/重量箱）。远低于国家标准《平板玻璃单位产品能源消耗限额》（GB21340—2008）中单位产品综合能耗≤16.5千克标准煤/重量箱。

公司贯彻"清污分流、一水多用"的原则，设置了冷却水循环利用系统，提高了清洁生产水平，生产用水循环率达99%以上，节约了水资源。

2. 节能技改项目

（1）烟气余热发电技术改造项目

烟气余热发电技术改造项目是利用两条浮法玻璃生产线窑炉产生的烟气

余热，进行余热发电。项目为余热余压利用工程，属于国家十大重点节能工程之一（图 4-8）。该项目设计年发电量 3034 万千瓦时，年供电量 2500 万千瓦时。公司每年可节约用电折标准煤 12 000 吨，年减少二氧化碳排放量 2.8万吨。

图 4-8　台玻烟气余热发电技术

（2）窑炉富氧燃烧改造项目

该项目充分利用制氮制氧建设项目所产生的氧气，对玻璃窑炉加装富氧燃烧装置，节约天然气约 100 万立方米，折标准煤 1200 吨（图 4-9）。

图 4-9　窑炉富氧燃烧技术

四、发展循环经济，打造生态文明

(一) 多渠道推动循环经济的发展

1. 循环经济是新型工业化的现实选择

循环经济是经济发展的新增长点。新型工业化中的"经济效益好、资源消耗低、环境污染少"恰恰是"循环经济"的内在要求。目前，中国的工业化战略选择面临着新的挑战，一方面，发展循环经济为解决可持续发展提供了有益的途径；另一方面，循环经济更为今后的工业化战略提出更高的要求。发展循环经济成为了中国新型工业化的路径选择与现实约束。

2. 循环经济与新型工业化的现状

(1) 国内外现状概述

循环经济是一种新型的、先进的经济形态。20世纪60年代以来，面对着资源短缺、环境污染和生态破坏的严峻形势，发展循环经济成为世界各国的共识和主题。发展循环经济也是解决当前中国资源和环境约束矛盾、实现可持续发展的必由之路。

国外发展循环经济的基本模式主要有杜邦化学公司模式、卡伦堡生态工业园区模式和日本模式三种。中国发展循环经济有生态产业模式、生态工业园模式、生态城市和生态区域模式（雷健，2008）。

(2) 青白江现状概述

青白江始终坚持"生态立区"发展战略，积极推进经济发展由高消耗型向循环集约型转变，先后出台《成都市青白江区循环经济发展规划》《成都市青白江区加快发展循环经济的实施意见》等一系列文件，建立一整套机制督促和引导全区各界共同建设资源节约型和环境友好型社会。青白江2006年被列为四川省第一批发展循环经济试点县，工业集中发展区2007年被批准为全国第二批循环经济示范试点产业园区，攀成钢、川化公司、玉龙公司、四川省鑫沙矿渣微粉有限责任公司四家企业先后被四川省、成都市列为循环经济试点单位。青白江还着力在循环经济方面探索出一条行之有效的路子。按照"减量化、再利用、资源化"的原则，在园区企业间构建了物资能源阶梯循环利用链，鼓励重点企业逐步完善内部循环，推动园区内企业建立互补互动、共生共利的有机产业链。自该区被列为国家第二批循环经济试点园区以来，已建成了6条资源循环使用的产业链，实现了工业资源的再循环、再利用，促进了经济效益和环境效益的"双赢"。

（二）企业内部的循环经济

1. 攀成钢的"四大闭路"循环系统

攀成钢是攀钢集团钢铁钒钛股份有限公司旗下重要子公司之一。公司经营范围包括无缝钢管、棒线材等冶金产品的生产和销售，具备年产铁160万吨、钢2000万吨、钢材270万吨的生产能力，是国内品种规格齐全、生产规模较大的无缝钢管生产企业和西南地区建筑钢材骨干生产企业之一，也是成都市首家销售收入过百亿的工业企业。近年来，公司获的"中国企业改革示范单位""中央生态建设杰出贡献单位""四川省高新技术企业""四川省循环经济示范企业""四川省工业节能先进企业"等荣誉。

攀成钢成立以来，牢牢树立科学发展观，坚持走新型工业化道路，充分利用企业搬迁机会，积极引进新技术、新工艺来调整产业结构，不断推进清洁生产节能减排技术项目的实施，大力发展循环经济。公司相继投入资金近3亿元，逐步建成了工业废水闭路循环、工业固体废弃物闭路循环、煤气闭路循环和蒸气余热闭路循环等"四大闭路"循环体系，实现了企业经营壮大与环境保护的协调发展（图4-10，图4-11）。

攀成钢实施和推广了富氧喷煤技术可以直接取代部分昂贵和紧缺的冶金焦炭，大大降低了冶炼过程的燃料消耗费用，降低生铁成本，既有利于合理利用煤炭资源，又减少了炼焦过程对环境的污染；将高效蓄热式燃烧技术运用于建材加热炉、炼钢厂钢包烘烤器、炼铁厂铁水烘烤器以及部分轧管缓刑加热炉，大幅降了能耗；实施余热蒸气溴化锂中央空调项目，利用富裕蒸气作为空调的动力，取代了耗电空调。

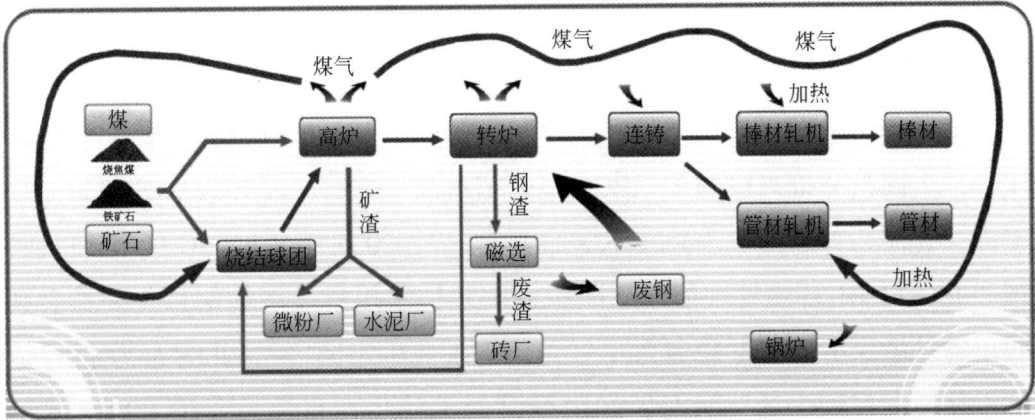

图 4-10 煤气、固废循环经济链

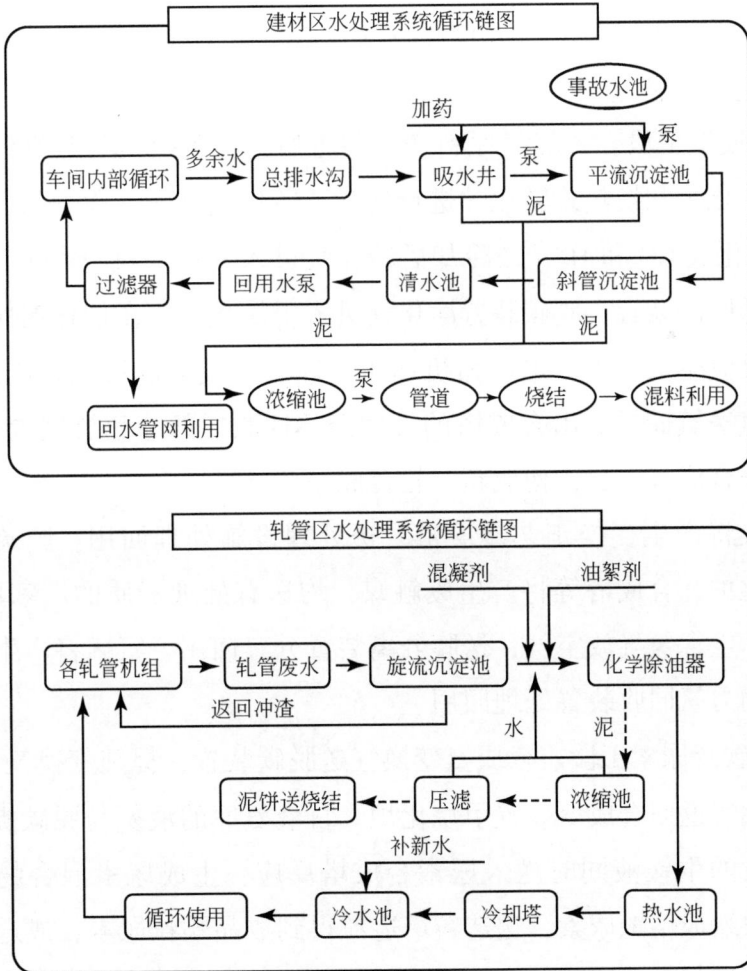

图 4-11 工业水循环链

2. 玉龙公司循环经济开展的方法与成效

玉龙公司是四川省化工骨干企业和成都市重点新材料企业，始建于1958年，是全国第一批兴建的十三家小型氮肥示范厂之一。公司先后被评为原化工部"化工六好企业""全国环境优美工厂"；2005年通过ISO 9001质量管理和ISO 14001环境管理体系认证；2006年被四川省经济和信息化委员会和四川省环境保护局首批命名为"玉龙化工工业生态园区"；2008年获得"成都市环境友好型企业"称号；2010年通过清洁生产审核，荣获"2010年度全国氮肥行业利润50强""中国化工最具成长性企业""四川省'十一五'工业节能减排暨淘汰落后产能工作先进集体""四川省'十二五'第一批省级循环经济示范单位""成都市百强企业"等荣誉称号。

（1）生产工艺过程中循环经济的情况

1）合成氨工段。天然气原料送入装置后，经脱硫后与蒸汽混合，分别进入一段转化炉和换热式转化炉进行转化，转化气进入二段炉与工艺空气反应，CH_4转化成CO和H_2，经冷却后转化气进入变换炉进行CO变换，出口气经冷却送脱碳装置。脱碳装置净化气进入甲烷化炉，在催化剂作用下CO、CO_2与H_2反应生成CH_4，送压缩机加压，进入合成塔进行氨合成，经氨冷、分离出液氨送氨储槽。出合成塔的气体经热回收，部分弛放气进处理设施，其余与新鲜合成气混合，构成新一轮合成循环。

该工段将产生变换工艺冷凝液，送处理设施处理回用；脱硫槽、转化炉、甲烷化炉、合成塔等将产生废触媒，均送有处理资质的厂家回收利用；合成塔将产生含氢气放空气，送膜分离装置分离回用。氨罐将产生含氨弛放气，由无动力氨回收装置处理回用。

2）脱碳及尿素工段。合成氨变换气送脱碳装置，提纯变换气中的CO_2，剩余的净化气返回合成氨装置甲烷化炉。自液氨库的液氨与脱碳提纯的CO_2气循环回收的甲铵液同时送入尿素合成塔反应，生成尿素混合物，经预分离、蒸发浓缩成熔融尿素，送造粒塔造粒得到成品颗粒尿素，或送三胺装置生产。分离气与净化回收的甲铵液经冷凝吸收生成二甲液后返回合成塔，未凝气进入氨冷凝器生成浓氨水返回系统。

该工段将产生含气氨的尿素尾气，经尾吸塔吸收生成稀氨水，送尿素深度水解系统处理回用；尿素造粒塔将产生含尿素粉尘和氨废气，由尾气回收装置回收处理。

3）碳化工段。来自攀成钢含 25% 左右 CO_2 的窑气送入碳化装置，浓氨水与窑气反应生成碳铵悬浮液，经离心机分离得到碳铵产品。脱碳后的气体经洗涤回收氨后向大气达标排放。离心机分离后的母液送三胺装置，吸收氨和 CO_2 再送回碳化塔生产。合成氨膜分离洗氨塔氨水送入碳化装置吸收岗位，制成浓氨水用于生产补充。该工段离心机、包装、运输将产生含氨气体，由回收装置收集处理回用。

4）三胺工段。来自公司尿素装置的熔融尿素送入液尿洗涤塔，经洗涤后送入流化床反应器，反应后的混合气经热气过滤器过滤，再到结晶器降温产生三胺结晶，气固分离出的三胺产品输送包装系统。

该工段将产生含 NH_3 和 CO_2 尾气（含量大致各占一半），经尾气吸收塔生成碳铵液，送碳铵装置作原料。

5）有机硅铜催化剂装置。利用合成氨装置生产的氢气、氨和二氧化碳气生产有机硅催化剂，与硫酸铜反应后，经还原收集等工序，生成铜粉产品。装置将产生还原尾气，含高浓度氢气，送氢气回收装置后回用于合成氨生产。

（2）治理"三废"过程中的循环经济情况

1）废气。①合成塔放空气：循环合成气甲烷含量低于 5%，氢含量约 60%，放空气流量约每小时 3000 标准立方米，采用膜分离高新技术，投资 300 万元建设放空气回收装置，回收的甲烷送转化作燃料，氢气则返回合成氨生产，每年增产合成氨 500 吨，节约天然气 3 万立方米。②氨罐驰放气：采用无动力氨回收装置，利用膜分尾气降压绝热膨胀提供冷量使液氨罐驰放气降温，气氨液化分离回收，每年回收液氨 300 吨。③碳化无组织氨：投资 100 万元建成氨回收装置，回收碳化母液储槽、浓氨水储槽以及离心机放空气中 95% 的气氨，减少无组织气氨排放，改善现场环境。④尿素造粒塔粉尘：投资 500 万元建成尿素造粒塔排放气粉尘回收装置，每年回收尿素 700 吨。⑤回收工业园区攀成钢公司放空石灰窑气中的二氧化碳每年 10.5 万吨与三胺尾气生产碳铵每年 25 万吨，变废为宝，大量减少了区域环境温室气体排放量，有效改善了成都市的空气环境质量。⑥铜催化剂装置尾气：建成氢气回收装置，回收铜催化剂装置还原尾气中的氢气返回合成氨装置生产氨，每年能够增产合成氨 2400 吨，增加效益约 500 万元。

2）废水。①投资 550 万元，建设尿素工艺冷凝液深度水解装置和回收装置，废水回用于锅炉，每年回收废水 14 万吨，尿素 4320 吨。之后又投资 95 万元，建成变换工艺冷凝液回收装置，将变换工艺冷凝液处理后回用作循环水补水，每年减少废水排放量 10 万吨。②投资 160 万元新建锅炉除尘废水沉清回用装置，污水沉清效率达 99%，清水由泵送水膜除尘器回用于烟气除尘。③投资 260 万元新建有效容积为 1850 立方米的环保事故应急池，能够全部收集事故超标废水，再用泵将废水回送至水解装置处理。④投资近 100 万元，改建废水管网，新建循环水装置，将直接转化、氨合成塔、压缩机等处的冷却水全部改为循环水。玉龙公司循环水装置的循环能力已达每小时 12 900 立方米，节约了大量水资源。⑤废水总排口安装 NH_3-N、COD 在线监测装置，将废水流量和污染物浓度监测数据实时传送省、市、区级环保部门。⑥投资 430 万元建成废水终端生化处理池，采用徐州水处理研究所短程硝化 A/SBR 新工艺，经处理的废水可回用于生产，进一步大幅削减了废水污染物排放量。

3）废渣。玉龙公司对三台老式链条燃煤锅炉实施改造，全部改为沸腾流化床锅炉，烟气经水膜除尘后，每年产生近 5 万吨煤渣，全部回收用于新型建筑材料的生产或筑路。改造后锅炉热工效率从原来的 60% 提高到 80%，炉渣残炭从原来的 3%~5% 下降为 0。工艺装置产生的废触煤等固体废物，全部交生产厂处置或有资质的专业回收厂再利用。

（3）开展循环经济的管理方法

玉龙公司有严格的能源、资源、环保、统计等管理制度，明确了工作职责，并按照程序文件规范执行，设立节能、环保工作领导小组，由公司领导任组长，各相关职能单位负责人和专业技术人员为成员，按照国家能源、资源、环保政策拟定能源、资源消耗等年度目标和指标，并定期进行督促检查，积极推广新技术、新设备、新工艺，推进循环经济工作。公司各级管理人员按照职责分工，每天现场检查相关设备设施运行情况，发现问题及时解决，保证正常运行，充分发挥效能。

（4）开展循环经济的主要成效

通过大力发展循环经济，实施清洁生产，推进新型工业，每年循环回收利用的废气、废水价值达2千万元，大幅减少了污染物排放量。2010年公司通过了四川省经济和信息委员会和四川省环境保护厅组织的清洁生产审核，指标优于国家《清洁生产标准氮肥制造业》一级标准（国际清洁生产先进水平），实现了清洁生产，特别是每年5万吨三聚氰胺项目，其尾气处理创造性地采取了回收利用工业园区攀成钢排放的每年生产10.5万吨碳铵化肥，不仅有效改善了成都市的环境空气质量，还年产碳铵20多万吨，增加销售收入达1.5亿元，取得了显著的经济、社会效益和环境效益，实现了由化肥向化工新材料生产企业的转型。

（三）企业之间的循环经济

青白江通过引进中联水泥、瀚江建材、富晶等多个项目，加大园区企业的循环关联度。目前，青白江在冶金、建材、化工等产业链之间探索建立了比较成熟的循环经济合作模式。

1. 攀成钢与川化公司的企业间循环

攀成钢烧结机头脱硫及烟气治理改造项目于2009年3月建成。自2009年3月试运行以来，每年川化公司为攀成钢公司输送浓度为10%～15.5%的氨水共计447.12吨，每年减少SO_2排放约4500吨，回收粉尘1040吨，生产硫酸铵化肥19 120吨。年回收烧结烟尘360吨，年脱除二氧化硫量4500吨。年少缴SO_2排污费约280多万元，具有较好的环保效益和社会效益。项目建成对青白江区的空气质量和成都地区的大气质量的改善将起到明显作用，同时也标志着第一个国产化的烧结机头烟气脱硫技术开发成功，将使中国拥有国产化、资源化和经济实用的烧结机头烟气脱硫技术，结束中国烧结机烟气脱硫装置的落后局面。

从2010年开始，川化公司的废氨水提供给攀成钢作为烧结烟气脱硫的基础原料，同时其副产物生产硫酸铵化肥，实现了污染减排和变废为宝的"双赢"。通过"内涵"式发展，弱化资源环境约束，科学发展之路渐趋明朗。

2. 攀成钢探索区域循环经济新途径

攀成钢公司在煤气综合利用方面还探索了区域循环经济的新途径，利用闲置锅炉和放散煤气生产蒸气，通过与成都恒正和能源科技有限责任公司合作，供给公司蒸气，既减少煤气放散，又置换停用了两家公司燃煤锅炉，实现了企业之间循环经济利用、节能减排的目的。

根据公司高炉煤气锅炉富裕及近期高炉煤气放散在每小时 2.3 立方米以上情况，与成都恒正和公司，相邻的成都华明公司、成都蓝风集团股份有限公司的蒸气需求调查，实施了利用现放散的煤气和闲置锅炉生产蒸气外销的各项工作。公司半年可增效 1005 万元，年减少高炉煤气放散量达 1.31 亿立方米，降低公司能耗 1.48 万吨煤气，公司吨钢综合能耗指标每吨下降 9 千克标准煤，折合可减少碳排放达 1 万吨，其社会、环保效益显著。

目前，公司通过充分利用放散的煤气各闲置锅炉生产蒸气，以及加大各余热蒸气回收力度，已实现外供蒸气每小时 40 吨，全年可节约降低公司能耗 4.33 万吨标煤气，"十二五"末达每小时 120 吨。

专栏 4-1

青白江关于加快新型工业领先区建设实现工业率先倍增的若干政策

党为加快"新型工业领先区"建设步伐，做优做强特色优势产业，促进我区工业又好又快发展，推进工业率先倍增，根据省委、省政府《关于加快推进新型工业化新型城镇化互动发展的意见》（川委发〔2011〕15 号）、省政府《关于迅速落实稳增长措施切实做好当前经济工作的意见》（川府发〔2012〕24 号）、市政府办公厅《关于加快发展先进制造业实现工业率先倍增若干政策的意见》（成办发〔2012〕23 号）精神，结合我区实际，重点支持符合国家、省、市产业政策及我区产业发展规划的企业，特制定本政策。

一、推动产业高端化发展

（一）加快推进企业升级改造。

（二）着力提高企业创新能力。

（三）加快推进项目建设。

二、支持企业做大做强

（四）扩大企业金融支持。

（五）鼓励企业兼并重组。

（六）支持企业拓展市场。

三、鼓励企业提升经营管理水平

（七）鼓励企业扩大规模。

（八）鼓励企业出口创汇。

四、加强工作保障

（九）加强组织保障。

（十）优化发展环境。

（十一）加强要素保障。

五、其他

（十二）区财政根据本政策执行情况和财政收入增长情况，逐年增加区级工业发展专项资金规模。

（十三）本政策所称"企业"指工商注册与税收解缴关系在我区的工业和信息化企业，所称"项目"指在我区实施的工业和信息化项目。

（十四）坚持招大引强，对新引进重大项目、重大兼并重组项目、重大科技成果转化项目，以及高、精、尖、优等小微企业项目采取"一事一议"方式给予支持。

（十五）同一企业的区级不同奖励及补贴的总额不得超过企业当年缴纳税费区本级所得。对企业（项目）已享受"一事一议"相对应优惠政策的，不再享受本政策；同一企业、同一奖励事项按照就高不就低不重复享受；对工业总部基地，参照《成都市青白江区总部经济扶持优惠政策办法（试行）的通知》（青委办发〔2012〕111号）执行。

（十六）区本级其他支持工业和信息化发展相关政策中与本政策不一致的，以本政策为准。本政策在实施过程中国家和省、市政策另有规定的从其规定。

（十七）工业企业如有违法违规、发生较大安全生产事故、重大环境污染事故、影响社会稳定事件的情况不得享受本政策。

（十八）本政策由区经信局负责解释，由区经信局、区财政局联合制定实施细则。

（十九）本政策自公布之日起施行，有效期三年。

资料来源：青白江区人民政府办公室．关于印发《关于加快新型工业领先区建设实现工业率先倍增的若干政策》的通知

参 考 文 献

范家堂．2010．工业老区的生态化路径——以成都市青白江区工业园区为例．环境经济，（6）：57-58

高宜新．2009．生态文明与新型工业化的辩证思考．生态经济，（2）：96-99

雷健．2008．国内外循环经济模式及其对中国新型工业化的启示．求索，（12）：29-31

李恒．2007．发展高新技术产业集群的国际比较及启示．科技管理研究，（2）：32-43

徐之顺．2008-02-18．生态文明：发展中国特色社会主义的新境界．新华日报，B07

Markusen A. 1996. Studying regional by studying firms. ProfessionalGeographer，46（4）：477-490

第二篇

指标篇：中国老工业基地"新四化"水平评价

第五章 中国老工业基地"新四化"的指标体系

一、中国老工业基地"新四化"指标体系的统计原则

衡量中国老工业基地"新四化"的指标体系构成了一个庞大和严密的定量式大纲，依据各个指标的表现和位置，既可以分析、比较、判别和评价中国老工业基地现代化发展的状态、进程和总体能力的态势，又可以还原、复制、模拟、预测中国老工业基地发展的未来演化、方案预选和监测预警。它是为决策者、管理者和社会公众认识和把握中国老工业基地"新四化"发展水平的基本工具。考虑到指标体系的上述意义，从具体操作层面来说，所构建的"新四化"指标体系应符合以下标准。

（1）指标体系的完备性

指标体系就评价目的和目标来说应该能够全面反映评价对象的各方面特征。在构建指标体系之前，应用物理—事理—人理的方法论（顾基发，2006)，深入分析和挖掘评价对象的潜在特征，并广泛征求与评价对象相关人员的意见，尽可能列出所有影响评价结果的指标，建立一个比较完备的指标库。理论上来讲，为了达到指标体系的完备性标准，指标数量应尽可能多一些。在构建指标体系时，我们往往都会选择尽可能多的指标供专家筛选，因此，指标体系完备性的这一标准比较容易满足。

（2）指标体系的精简性

为保证指标体系的完备性，将指标库所有的指标都加入到指标体系是不科学和不经济的。因为指标数量的增多意味着数据获取成本的增加，另外指标之间可能存在一定的相关性，致使一些指标成为冗余指标。因此，指标体系要在信息全面性和指标数量尽可能少之间寻找最优均衡点。

（3）指标体系的普适性

同类评价对象之间存在空间上的差异性，用同一指标体系进行测评难免存在一定的系统误差，因此构建指标体系时应该尽量控制指标体系的灵敏度，使其具有普适性。

依据"新四化"的理论内涵、结构内涵、功能内涵和统计内涵，我们建立了由工业化、信息化、城镇化和农业现代化四大体系组成的衡量中国老工业基地"新四化"水平的指标体系。这些指标以及由这些指标形成的体系，力求具备：①内部逻辑清晰、合理、自恰；②简捷、易取，所代表的信息量大；③权威、通用，可以在统一基础上进行宏观对比；④层次分明，具有严密的等级系统并在不同层次上进行时间和空间排序；⑤具有理论依据或统计规律的权重分配，评分度量和排序规则。

二、中国老工业基地现代化的指标体系

依据上述统计原则，本节以十八大报告提出的新型工业化、信息化、城镇化和农业现代化为对象，并结合主题篇对各研究对象的论述，构建了中国老工业基地现代化建设的指标体系。如表5-1所示，该指标体系主要由四大子系统、八大状态和二十个变量构成，即分别代表二级指标、三级指标和四级指标。四大子系统是指工业化子系统、信息化子系统、城镇化子系统和农业现代化子系统。八大状态主要是指各子系统的发展状态，如工业规模、工业效率、城镇化规模或城镇化质量等。二十个变量则主要取自《中国统计年鉴2013》《中国第三产业统计年鉴2013》《中国城市统计年鉴2013》和《中国区域经济统计年鉴2013》的数据。

表 5-1　中国老工业基地现代化的指标体系

一级指标 （1 个）	二级指标 （4 个）	三级指标 （8 个）	四级指标 （20 个）
"新四化"建设	工业化水平	工业规模	规模以上工业增加值增长率（%）
			规模以上工业总产值占 GDP 比重（%）
		工业效率	万元 GDP 能耗（千瓦时/万元）
			万元 GDP 水耗（吨/万元）
			万元 GDP 地耗（公顷/万元）
	信息化水平	产业信息化	电信业务总量/GDP（%）
			信息产业从业人员比例（%）
		社会信息化	移动电话使用率（%）
			互联网宽带接入率（%）
			社区便民服务信息机构数（个）
	城镇化水平	城镇化规模	城镇人口比重（%）
			第三产业生产总值占 GDP 的比重/第二产业生产总值占 GDP 的比重（%）
		城镇化质量	人文发展指数（%）
			城乡二元结构系数（%）
			城镇社会保障覆盖率（%）
	农业现代化水平	农村经济水平	农村居民人均纯收入（元）
			恩格尔系数（%）
		农业生产力水平	机械化水平（千瓦/公顷）
			有效灌溉率（%）
			地均粮食产量（吨/公顷）

（一）工业化水平

工业化水平反映的是中国各地区工业化的发展现状。工业化水平的基本状况是制定工业化发展战略、政策措施及其方针的重要依据之一；工业化水平同时也可以检验中国工业化转型、走新型工业化道路的阶段性成果，工业化水平的高低将是衡量产业结构调整、发展方式转变的集中体现。工业化水平包括两个三级指标：工业规模和工业效率。

1. 工业规模

工业规模由规模以上工业增加值增长率和地区工业生产总值占 GDP 的

比重两个正向指标组成，体现了一个城市或地区的工业对当地国内生产总值的贡献程度和经济发展的状况。工业效率由万元 GDP 电耗、万元 GDP 水耗和万元 GDP 地耗三个负向指标组成，主要考量的是地区工业化进程中的资源和能源的消耗程度。

2. 工业效率

如果说工业规模衡量的是工业对于一个城市或地区的国民财富积累具有重要意义，那么工业效率则衡量的是一个城市或地区国民财富积累投入与产出的效率，是对新型工业化调整产业结构、转变发展方式最直观的度量。工业规模和工业效率组成了工业化水平，能够总体度量一个城市或地区的工业发展质量，真正诠释新型工业化的基本内涵。

（二）信息化水平

2012 年党的十八大对中国未来几年的信息化建设提出全新的要求，这就要求各地区加快发展信息化产业，提高地区信息化水平。因此，信息化是衡量中国现代化建设的重要组成部分，正确衡量各地区信息化水平是完成"新四化"建设，实现"中国梦"的基础。考虑到信息化与工业化、城镇化和农业现代化的关系，本报告将信息化子系统的状态具体分为产业信息化和社会信息化两个方面。

1. 产业信息化水平

产业信息化是指充分利用信息技术，开发利用信息资源，促进信息交流，提高经济增长质量，推动经济发展转型的历史进程。产业信息化是实现产业结构优化升级的"助推器"，具体包括农业信息化、工业信息化和服务业信息化的方面。由于农业信息化在中国起步较晚，且尚未形成一定的规模，本节主要从工业信息化和服务业信息化角度反映产业信息化的发展水平。其中，工业信息化主要选取信息产业从业人员比例作为评价指标，用于反映各地区信息产业的规模；由于通信业是信息化服务业的代表，且在一定程度上反映了中国信息化服务业的发展历程，故服务业信息化则主要选取电信业务总量占 GDP 的比重作为评价指标。

2. 社会信息化水平

社会信息化建设是区域信息化战略的重要组成部分，其对于创新社会管理能力，提升社会管理质量，实现社会和谐、持续发展具有重要的作用。考虑近年来社会信息化的发展趋势，本报告主要选取移动电话使用率、互联网宽带接入率、社区便民服务信息机构数作为四级指标。其中，移动电话使用率主要反映各地区移动通信或移动信息化建设的基本情况；互联网宽带接入率主要反映地区互联网的覆盖率；社区便民服务信息化水平则是以社区作为社会信息化的基本单元，用其机构数反映社会服务信息化的覆盖率。

（三）城镇化水平

城镇化是现代化的必然趋势，对于促进中国经济社会协调发展、带动消费和投资需求、转移农村剩余劳动力、打破城乡二元结构等问题都有着重大的现实意义，因此需要对中国城镇化水平进行科学合理的测量。城镇化既是数量上的，也是质量上的一种进程，本报告从城镇化规模和城镇化质量两方面综合反映了城镇化的发展水平，体现了城镇的"发展度""协调度""持续度"。

1. 城镇化规模

城镇化规模通过城镇人口比重和第三产业生产总值占 GDP 比重/第二产业生产总值占 GDP 比重两个指标来反映。其中，城镇人口比重指标反映了人口数量城镇化的规模，通过城镇人口占总人口的比重得到。第三产业生产总值占 GDP 比重/第二产业生产总值占 GDP 比重指标反映了城镇第二产业和第三产业的规模以及老工业城市产业调整的情况。

2. 城镇化质量

城镇化质量通过人文发展指数、城乡二元结构系数和社会保障覆盖率三个指标来反映。其中，人文发展指数（HDI）是由联合国开发计划署提出的用以表达整个社会总体的发展状况。它主要包括三大要素：能过健康长寿的生活（人均预期寿命）、有受教育的机会（人均受教育年限）和拥有过上体面生活所需的资源（人均收入），可以用来反映人口的综合素质。

城乡二元结构系数从整体上反映城乡之间的差距，具体由"城镇居民家庭人均可支配收入/农村居民家庭人均纯收入"计算而来。城镇社会保障覆盖率指参加社会保险的劳动者人数占全社会劳动者的比率，由养老保险覆盖率、失业保险覆盖率、医疗保险覆盖率构成。

（四）农业现代化水平

农业现代化是现代化建设的重要组成部分，正确衡量农业现代化水平是指导农业现代化建设的前提。农业现代化水平主要从农村经济水平和农业生产力水平来进行描述和表征。

1. 农村经济水平

农业经济水平反映了农村经济总体水平和农民的基本生活状况，可从农村居民人均纯收入和恩格尔系数两个方面来说明农村社会经济发展的总体水平。其中农村居民人均纯收入是农村住户当年从各个来源得到的家庭总收入扣除有关费用性支出后，最终归农村居民所有的收入总和，它反映了该地区农村居民的平均收入水平；恩格尔系数是食品支出占农村居民人均消费支出的比重，它是衡量生活质量水平高低的重要指标，反映了农村居民生活消费水平和消费结构的优化程度。

2. 农业生产力水平

农业生产力水平反映农业现代化进程中农业综合生产力发展状况，是对农业生产力状况的整体度量，它由机械化水平、有效灌溉率、地均粮食产量3项构成。其中机械化水平是指单位耕地面积的农业机械总动力数，反映了该地区农业机械化程度；有效灌溉率是用有效灌溉面积与耕地总面积之比来表示，反映了该地区水资源利用状况以及农田水利化程度；地均粮食产量是指粮食作物总产量（包括稻米、麦类、豆类、薯类和杂谷）与耕地总面积的比值，反映了单位土地生产粮食的水平。

参 考 文 献

顾基发，唐锡晋. 2006. 物理—事理—人理的系统方法论：理论与应用. 上海：上海科技教育出版社

第三篇

中国老工业基地"新四化"的计算评估统计篇

第六章　中国老工业基地"新四化"的计算评估

一、关于中国老工业基地样本选择的说明

本书共选择 40 个主要老工业城市作为评价对象，具体分布如下：

河北：唐山；

山西：太原、大同、阳泉；

内蒙古：包头；

辽宁：沈阳、鞍山、抚顺、本溪、阜新；

吉林：长春、吉林；

黑龙江：哈尔滨、齐齐哈尔、鸡西、鹤岗、大庆；

安徽：马鞍山、铜陵；

江西：萍乡、九江；

山东：淄博、枣庄；

河南：洛阳、平顶山、焦作；

湖北：武汉、黄石、十堰；

湖南：株洲、湘潭；

重庆；

四川：青白江、攀枝花；

陕西：铜川、宝鸡；

甘肃：金昌、白银；

宁夏：石嘴山；

新疆：克拉玛依。

二、中国老工业基地"新四化"的数据统计图表

依据中国老工业基地"新四化"的指标体系，绘制出了 5 幅统计表以及相应的 5 幅统计图。

表 6-1 反映中国老工业基地的"新四化"水平；图 6-1 为中国老工业基地的"新四化"水平排序图。

表 6-2 反映中国老工业基地的工业化水平；图 6-2 为中国老工业基地的工业化水平排序图。

表 6-3 反映中国老工业基地的信息化水平；图 6-3 为中国老工业基地的信息化水平排序图。

表 6-4 反映中国老工业基地的城镇化水平；图 6-4 为中国老工业基地的城镇化水平排序图。

表 6-5 反映中国老工业基地的农业现代化水平；图 6-5 为中国老工业基地的农业现代化水平排序图。

表 6-1　中国老工业基地的"新四化"水平

城市	工业化水平	信息化水平	城镇化水平	农业现代化水平	"新四化"水平	排名
唐山	0.713	0.321	0.450	0.689	0.543	3
太原	0.558	0.496	0.627	0.429	0.527	5
大同	0.6	0.366	0.524	0.14	0.407	31
阳泉	0.615	0.339	0.473	0.44	0.467	19
包头	0.67	0.304	0.567	0.37	0.478	17
沈阳	0.671	0.462	0.604	0.477	0.553	2
鞍山	0.59	0.213	0.497	0.464	0.441	24
抚顺	0.534	0.255	0.549	0.366	0.426	28
本溪	0.463	0.246	0.534	0.378	0.406	32

续表

城市	工业化水平	信息化水平	城镇化水平	农业现代化水平	"新四化"水平	排名
阜新	0.646	0.343	0.441	0.413	0.461	20
长春	0.657	0.405	0.531	0.35	0.486	16
吉林	0.584	0.188	0.508	0.369	0.412	29
哈尔滨	0.551	0.527	0.556	0.422	0.514	8
齐齐哈尔	0.479	0.163	0.313	0.362	0.329	39
鸡西	0.528	0.392	0.373	0.437	0.433	27
鹤岗	0.523	0.335	0.35	0.435	0.411	30
大庆	0.757	0.347	0.425	0.563	0.523	6
马鞍山	0.638	0.186	0.298	0.64	0.441	25
铜陵	0.677	0.282	0.411	0.663	0.508	11
萍乡	0.723	0.192	0.366	0.531	0.453	21
九江	0.695	0.148	0.251	0.403	0.374	37
淄博	0.674	0.379	0.433	0.659	0.536	4
枣庄	0.719	0.395	0.369	0.55	0.508	9
洛阳	0.687	0.375	0.313	0.525	0.475	18
平顶山	0.657	0.212	0.225	0.483	0.394	35
焦作	0.741	0.244	0.209	0.839	0.508	10
武汉	0.621	0.586	0.624	0.564	0.599	1
黄石	0.641	0.189	0.332	0.421	0.396	34
十堰	0.509	0.387	0.324	0.227	0.362	38
株洲	0.69	0.397	0.262	0.674	0.506	12
湘潭	0.693	0.188	0.272	0.803	0.489	15
重庆	0.657	0.406	0.553	0.379	0.499	14
青白江	0.697	0.388	0.407	0.577	0.517	7
攀枝花	0.617	0.371	0.396	0.424	0.452	22
铜川	0.648	0.216	0.494	0.231	0.397	33
宝鸡	0.788	0.232	0.305	0.484	0.452	23
金昌	0.498	0.196	0.347	0.504	0.386	36
白银	0.288	0.274	0.301	0.126	0.247	40
石嘴山	0.471	0.329	0.407	0.545	0.438	26
克拉玛依	0.779	0.269	0.581	0.374	0.501	13

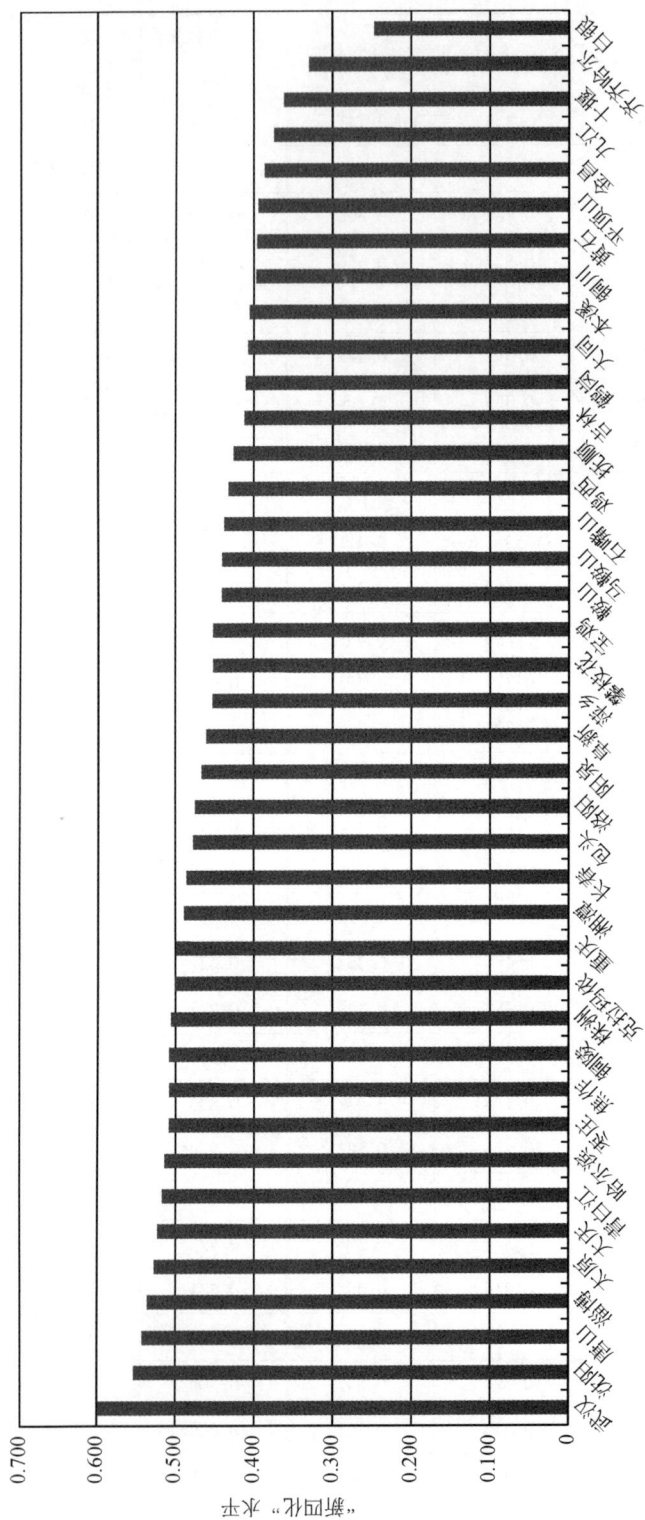

图 6-1 中国老工业基地的"新四化"水平排序

表 6-2　中国老工业基地的工业化水平

城市	工业规模	工业效率	工业化水平	排名
唐山	0.417	0.91	0.713	7
太原	0.249	0.764	0.558	30
大同	0.339	0.774	0.6	27
阳泉	0.369	0.78	0.615	26
包头	0.408	0.845	0.67	16
沈阳	0.292	0.923	0.671	15
鞍山	0.282	0.795	0.59	28
抚顺	0.372	0.643	0.534	32
本溪	0.342	0.544	0.463	39
阜新	0.612	0.669	0.646	21
长春	0.267	0.916	0.657	19
吉林	0.238	0.815	0.584	29
哈尔滨	0.093	0.856	0.551	31
齐齐哈尔	0.165	0.689	0.479	37
鸡西	0.494	0.55	0.528	33
鹤岗	0.542	0.509	0.523	34
大庆	0.528	0.909	0.757	3
马鞍山	0.472	0.748	0.638	23
铜陵	0.478	0.809	0.677	13
萍乡	0.45	0.905	0.723	5
九江	0.39	0.899	0.695	9
淄博	0.361	0.884	0.674	14
枣庄	0.362	0.957	0.719	6
洛阳	0.393	0.883	0.687	12
平顶山	0.311	0.888	0.657	18
焦作	0.509	0.895	0.741	4
武汉	0.339	0.808	0.621	24
黄石	0.292	0.874	0.641	22
十堰	0.186	0.724	0.509	35
株洲	0.439	0.858	0.69	11
湘潭	0.44	0.862	0.693	10
重庆	0.34	0.869	0.657	17
青白江	0.553	0.792	0.697	8
攀枝花	0.64	0.602	0.617	25
铜川	0.638	0.655	0.648	20
宝鸡	0.622	0.898	0.788	1
金昌	0.679	0.378	0.498	36
白银	0.515	0.137	0.288	40
石嘴山	0.448	0.486	0.471	38
克拉玛依	0.887	0.707	0.779	2

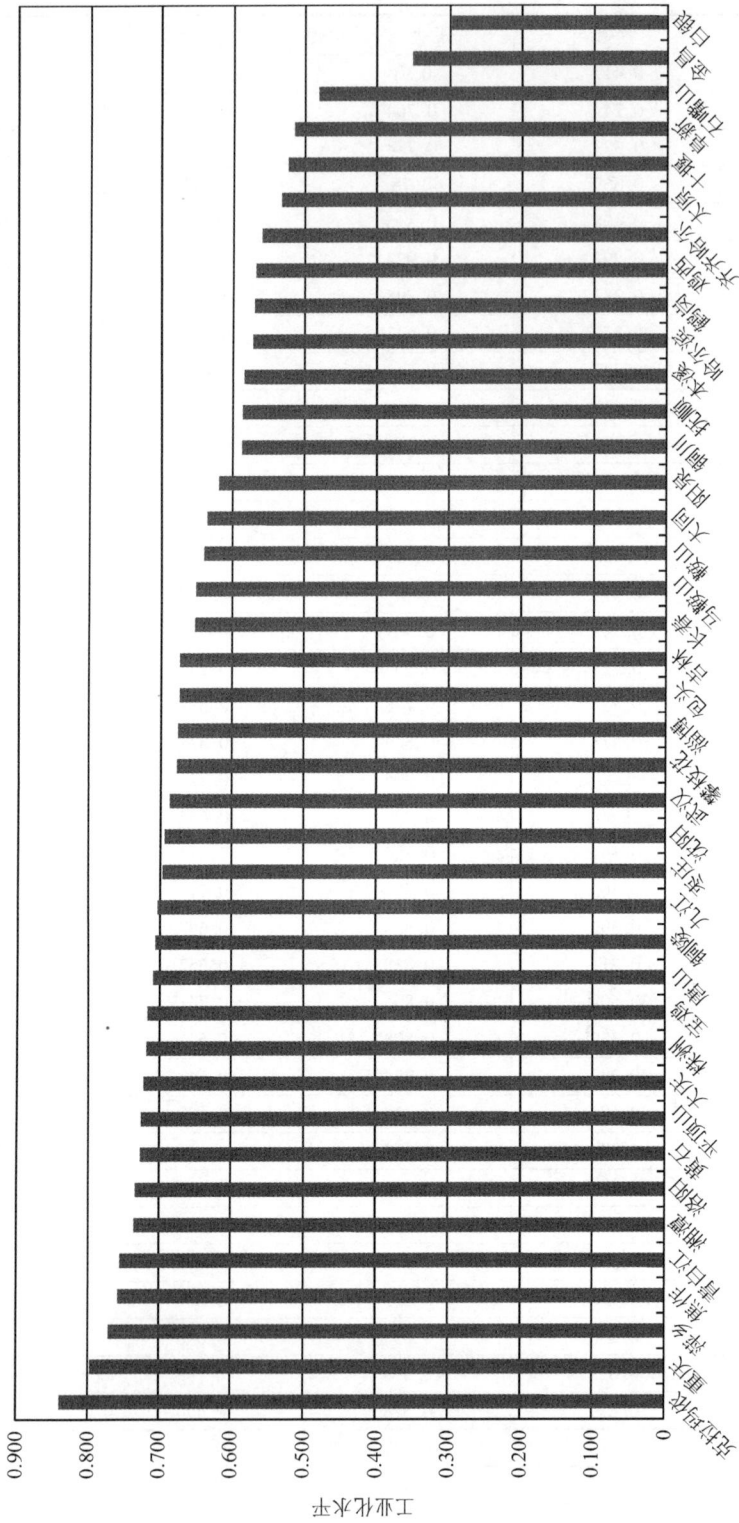

图 6-2 中国老工业基地的工业化水平排序

表6-3 中国老工业基地的信息化水平

城市	产业信息化	社会信息化	信息化水平	排名
唐山	0.225	0.385	0.321	21
太原	0.700	0.360	0.496	3
大同	0.532	0.255	0.366	15
阳泉	0.402	0.298	0.339	18
包头	0.334	0.283	0.304	22
沈阳	0.564	0.394	0.462	4
鞍山	0.218	0.209	0.213	31
抚顺	0.287	0.234	0.255	26
本溪	0.270	0.231	0.246	27
阜新	0.620	0.158	0.343	17
长春	0.689	0.215	0.405	6
吉林	0.268	0.134	0.188	37
哈尔滨	0.718	0.399	0.527	2
齐齐哈尔	0.326	0.054	0.163	39
鸡西	0.517	0.309	0.392	9
鹤岗	0.353	0.323	0.335	19
大庆	0.314	0.369	0.347	16
马鞍山	0.22	0.164	0.186	38
铜陵	0.174	0.353	0.282	23
萍乡	0.336	0.096	0.192	34
九江	0.249	0.081	0.148	40
淄博	0.119	0.552	0.379	12
枣庄	0.546	0.295	0.395	8
洛阳	0.265	0.447	0.375	13
平顶山	0.213	0.211	0.212	32
焦作	0.182	0.285	0.244	28
武汉	0.452	0.676	0.586	1
黄石	0.252	0.148	0.189	35
十堰	0.692	0.184	0.387	11
株洲	0.379	0.409	0.397	7
湘潭	0.308	0.108	0.188	36
重庆	0.517	0.332	0.406	5
青白江	0.509	0.307	0.388	10
攀枝花	0.526	0.268	0.371	14
铜川	0.307	0.155	0.216	30
宝鸡	0.373	0.137	0.232	29
金昌	0.239	0.168	0.196	33
白银	0.452	0.156	0.274	24
石嘴山	0.344	0.319	0.329	20
克拉玛依	0.133	0.36	0.269	25

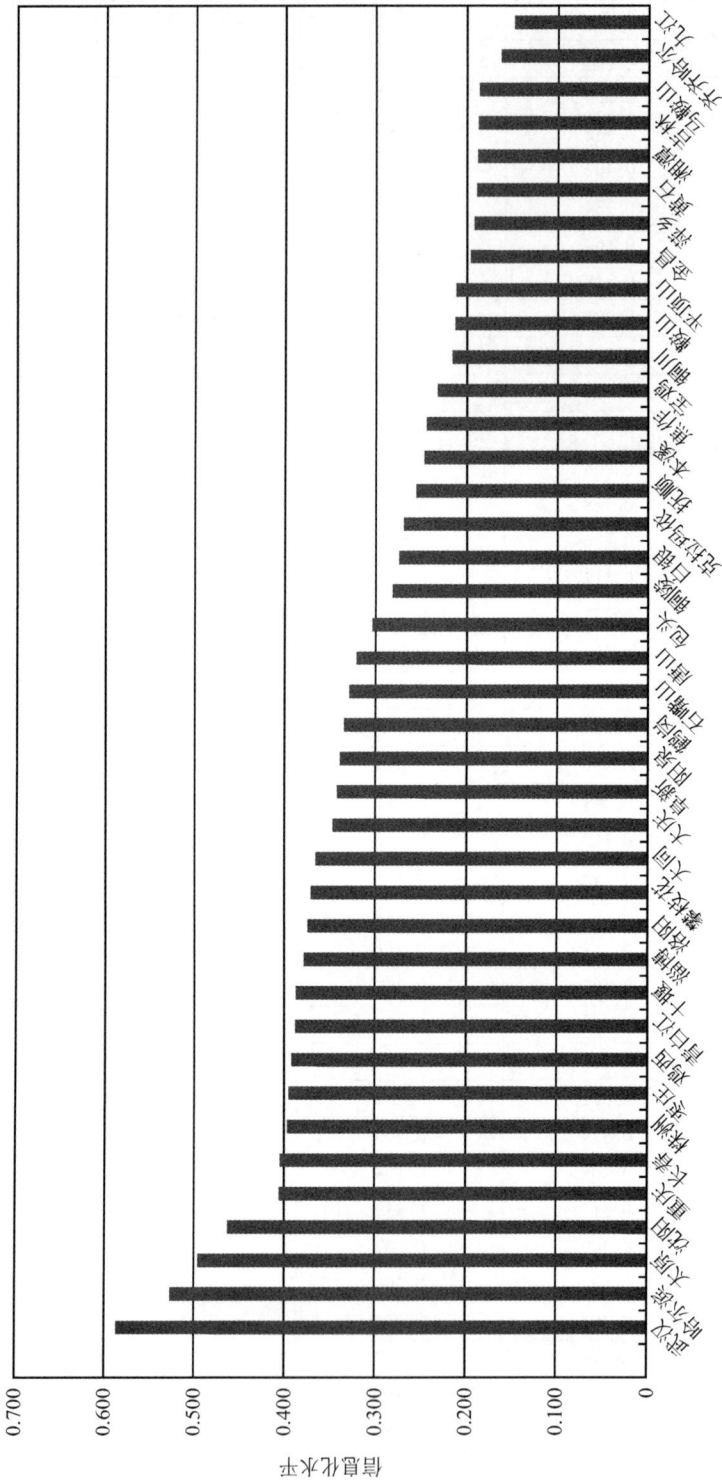

图 6-3　中国老工业基地的信息化水平排序

表6-4　中国老工业基地的城镇化水平

城市	城镇化规模	城镇化质量	城镇化水平	排名
唐山	0.329	0.570	0.450	16
太原	0.771	0.483	0.627	1
大同	0.484	0.564	0.524	11
阳泉	0.434	0.511	0.473	15
包头	0.535	0.599	0.567	5
沈阳	0.612	0.596	0.604	3
鞍山	0.419	0.574	0.497	13
抚顺	0.465	0.632	0.549	8
本溪	0.440	0.629	0.534	9
阜新	0.372	0.510	0.441	17
长春	0.454	0.607	0.531	10
吉林	0.424	0.591	0.508	12
哈尔滨	0.699	0.414	0.556	6
齐齐哈尔	0.406	0.220	0.313	32
鸡西	0.422	0.324	0.373	24
鹤岗	0.423	0.277	0.350	27
大庆	0.223	0.626	0.425	19
马鞍山	0.240	0.357	0.298	35
铜陵	0.350	0.473	0.411	20
萍乡	0.334	0.398	0.366	26
九江	0.179	0.323	0.251	38
淄博	0.495	0.371	0.433	18
枣庄	0.424	0.314	0.369	25
洛阳	0.239	0.387	0.313	31
平顶山	0.168	0.282	0.225	39
焦作	0.165	0.253	0.209	40
武汉	0.606	0.642	0.624	2
黄石	0.215	0.449	0.332	29
十堰	0.230	0.418	0.324	30
株洲	0.211	0.313	0.262	37
湘潭	0.251	0.293	0.272	36
重庆	0.464	0.642	0.553	7
青白江	0.227	0.587	0.407	22
攀枝花	0.333	0.460	0.396	23
铜川	0.551	0.437	0.494	14
宝鸡	0.232	0.378	0.305	33
金昌	0.254	0.439	0.347	28
白银	0.244	0.357	0.301	34
石嘴山	0.424	0.390	0.407	21
克拉玛依	0.500	0.662	0.581	4

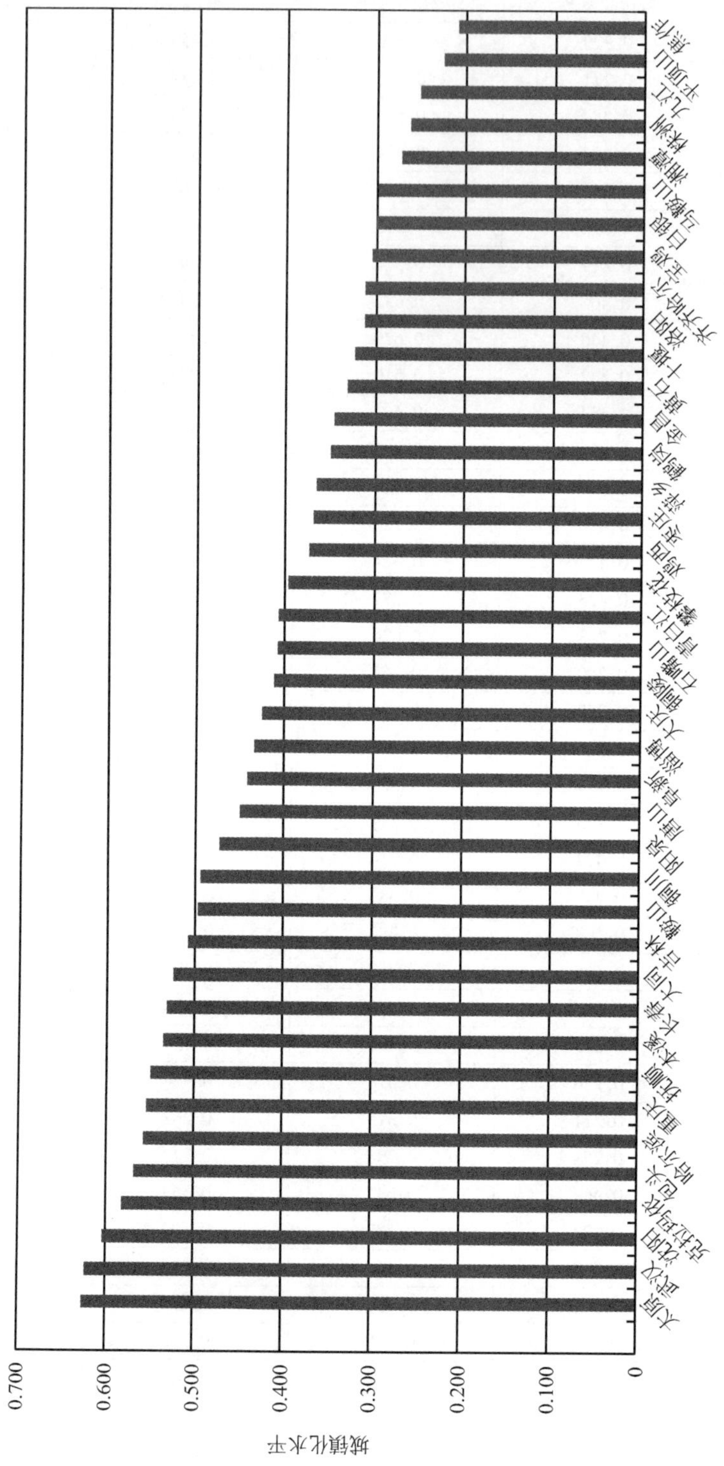

图6-4 中国老工业基地的城镇化水平排序

表 6-5　中国老工业基地的农业现代化水平

城市	农村经济水平	农村生产力水平	农业现代化指数	排名
唐山	0.695	0.685	0.689	3
太原	0.670	0.269	0.429	23
大同	0.067	0.189	0.140	39
阳泉	0.585	0.344	0.440	20
包头	0.671	0.168	0.370	32
沈阳	0.751	0.294	0.477	18
鞍山	0.704	0.305	0.464	19
抚顺	0.477	0.292	0.366	34
本溪	0.553	0.262	0.378	30
阜新	0.535	0.332	0.413	27
长春	0.503	0.249	0.350	36
吉林	0.488	0.290	0.369	33
哈尔滨	0.566	0.325	0.422	25
齐齐哈尔	0.563	0.227	0.362	35
鸡西	0.597	0.331	0.437	21
鹤岗	0.369	0.479	0.435	22
大庆	0.558	0.566	0.563	10
马鞍山	0.611	0.659	0.640	7
铜陵	0.605	0.701	0.663	5
萍乡	0.483	0.564	0.531	13
九江	0.370	0.424	0.403	28
淄博	0.777	0.580	0.659	6
枣庄	0.597	0.519	0.550	11
洛阳	0.654	0.439	0.525	14
平顶山	0.451	0.504	0.483	17
焦作	0.828	0.846	0.839	1
武汉	0.599	0.540	0.564	9
黄石	0.386	0.444	0.421	26
十堰	0.103	0.310	0.227	38
株洲	0.587	0.732	0.674	4
湘潭	0.604	0.935	0.803	2
重庆	0.272	0.450	0.379	29
青白江	0.490	0.634	0.577	8
攀枝花	0.268	0.528	0.424	24
铜川	0.252	0.216	0.231	37
宝鸡	0.665	0.363	0.484	16
金昌	0.638	0.415	0.504	15
白银	0.105	0.140	0.126	40
石嘴山	0.534	0.551	0.545	12
克拉玛依	0.749	0.124	0.374	31

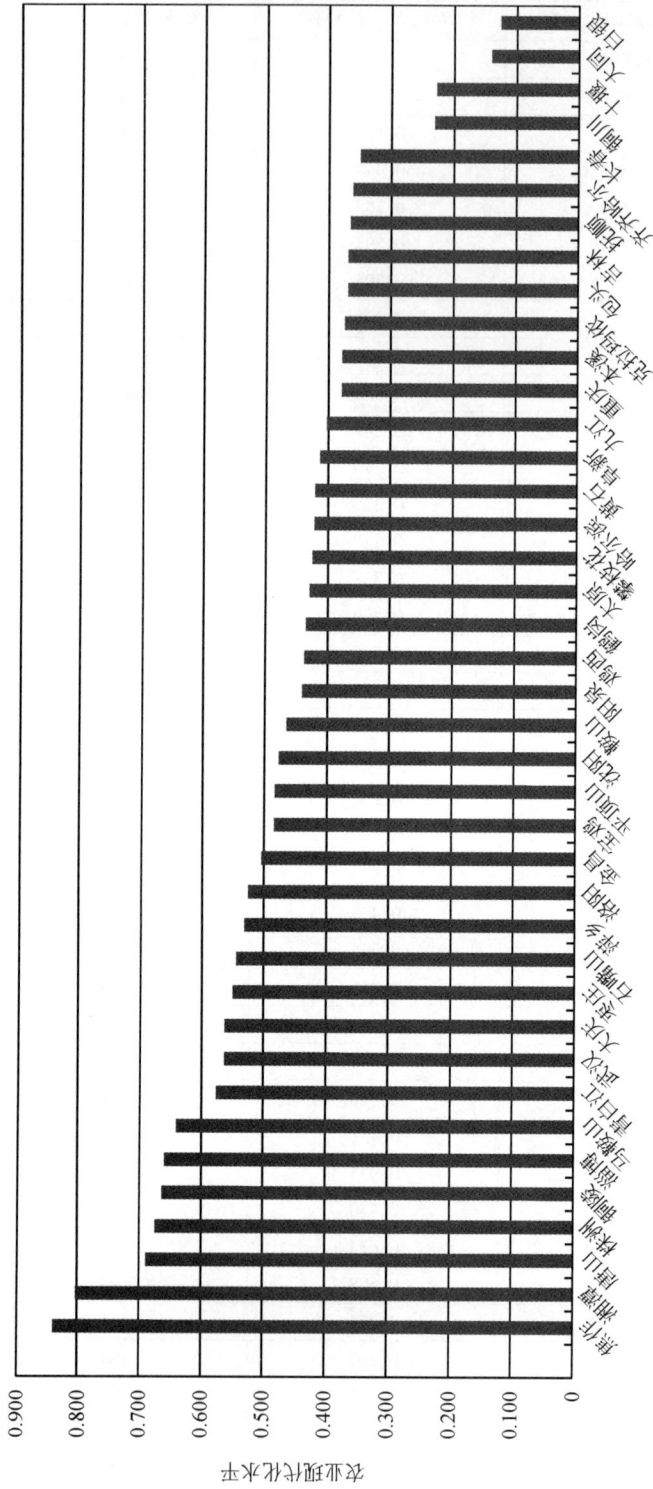

图 6-5 中国老工业基地的农业现代化水平排序

三、40 个老工业基地的"新四化"水平分析

以下分析中国 40 个老工业基地的"新四化"水平。

1. 唐山

唐山 2012 年的"新四化"水平为 0.543，在全国 40 个老工业城市中排名第 3。其中，工业化水平相对较高，信息化水平则相对较低（图 6-6）。

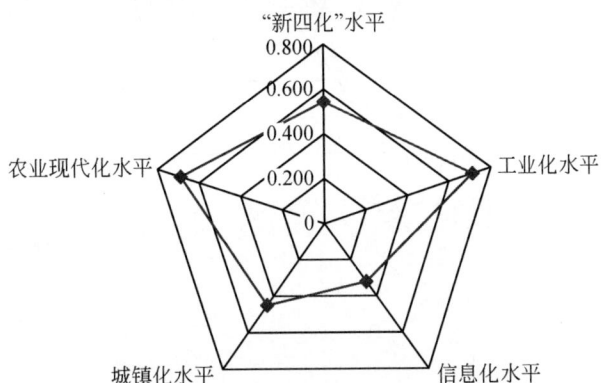

图 6-6　唐山的"新四化"水平分析

2. 太原

太原 2012 年的"新四化"水平为 0.527，在全国 40 个老工业城市中排名第 5。其中，城镇化水平相对较高，农业现代化水平则相对较低（图 6-7）。

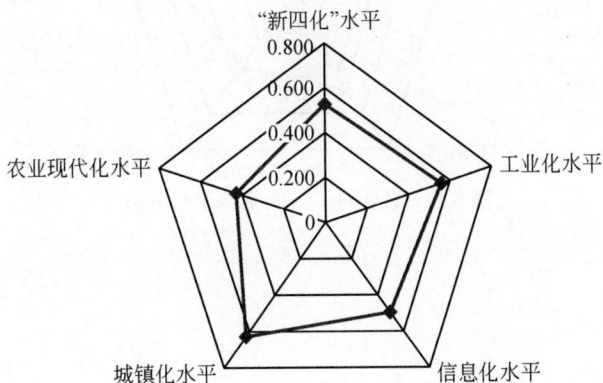

图 6-7　太原的"新四化"水平分析

3. 大同

大同 2012 年的"新四化"水平为 0.407，在全国 40 个老工业城市中排名第 31。其中，工业化水平相对较高，农业现代化水平则相对较低（图 6-8）。

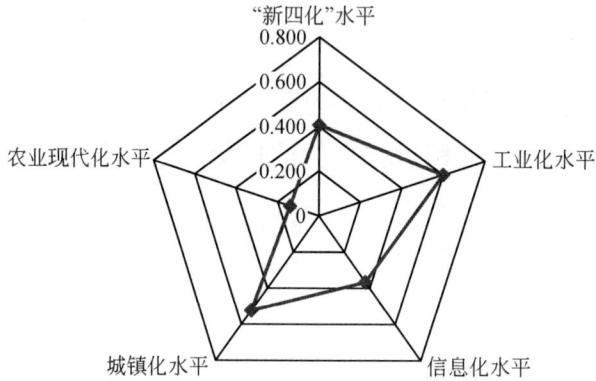

图 6-8　大同的"新四化"水平分析

4. 阳泉

阳泉 2012 年的"新四化"水平为 0.467，在全国 40 个老工业城市中排名第 19。其中，工业化水平相对较高，信息化水平则相对较低（图 6-9）。

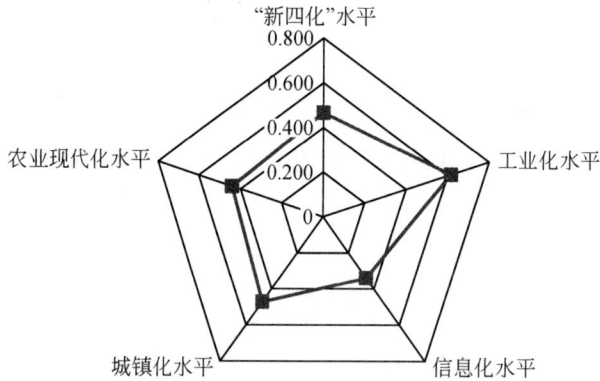

图 6-9　阳泉的"新四化"水平分析

5. 包头

包头 2012 年的"新四化"水平为 0.478，在全国 40 个老工业城市中排名第17。其中，工业化水平相对较高，信息化水平则相对较低（图6-10）。

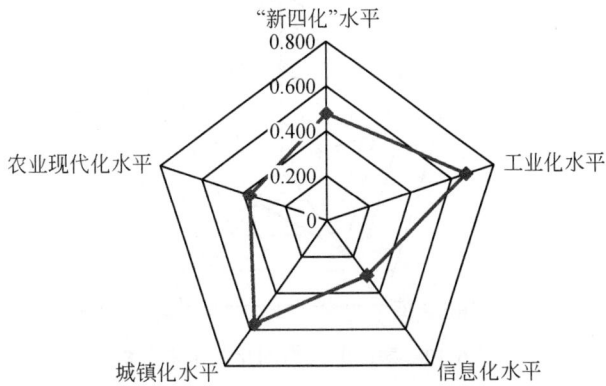

图6-10　包头的"新四化"水平分析

6. 沈阳

沈阳2012年的"新四化"水平为0.553，在全国40个老工业城市中排名第2。其中，工业化水平相对较高，信息化水平则相对较低（图6-11）。

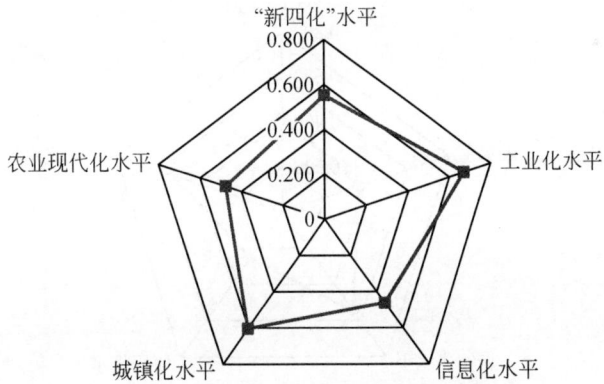

图6-11　沈阳的"新四化"水平分析

7. 鞍山

鞍山2012年的"新四化"水平为0.441，在全国40个老工业城市中排名第24。其中，工业化水平相对较高，信息化水平则相对较低（图6-12）。

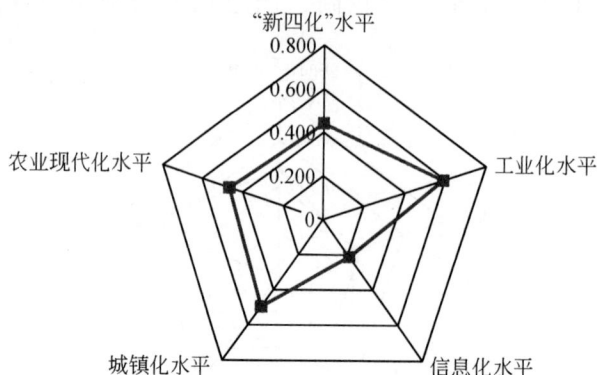

图 6-12 鞍山的"新四化"水平分析

8. 抚顺

抚顺 2012 年的"新四化"水平为 0.426，在全国 40 个老工业城市中排名第 28。其中，城镇化水平相对较高，信息化水平则相对较低（图 6-13）。

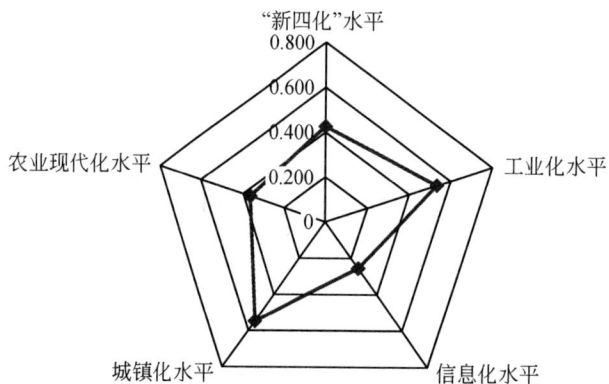

图 6-13 抚顺的"新四化"水平分析

9. 本溪

本溪 2012 年的"新四化"水平为 0.406，在全国 40 个老工业城市中排名第 32。其中，城镇化水平相对较高，信息化水平则相对较低（图 6-14）。

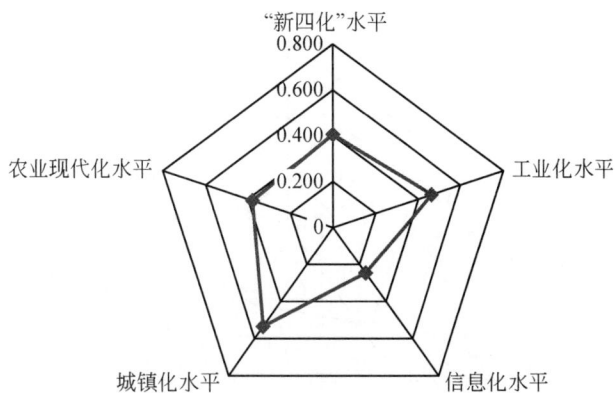

图 6-14　本溪的"新四化"水平分析

10. 阜新

阜新 2012 年的"新四化"水平为 0.461，在全国 40 个老工业城市中排名第 20。其中，工业化水平相对较高，信息化水平则相对较低（图 6-15）。

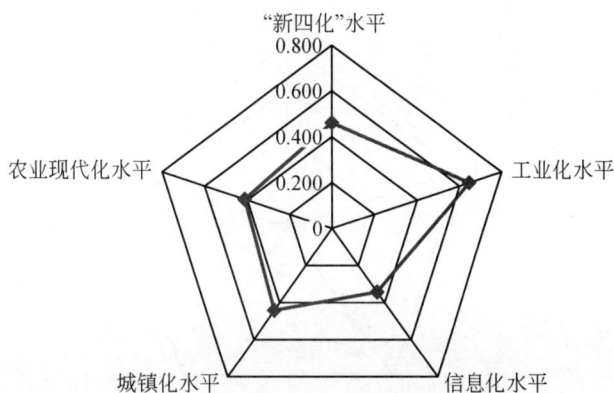

图 6-15　阜新的"新四化"水平分析

11. 长春

长春 2012 年的"新四化"水平为 0.486，在全国 40 个老工业城市中排名第 16。其中，工业化水平相对较高，农业现代化水平则相对较低（图 6-16）。

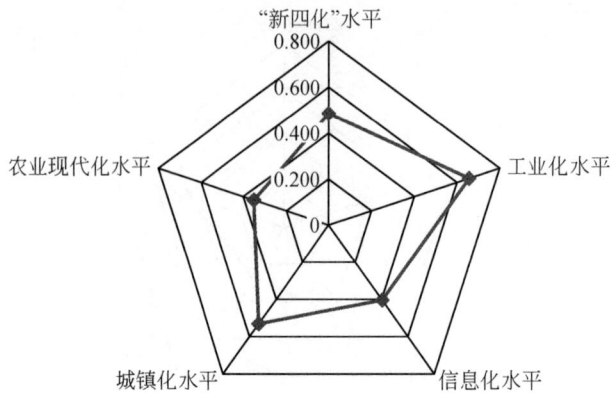

图 6-16　长春的"新四化"水平分析

12. 吉林

吉林 2012 年的"新四化"水平为 0.412，在全国 40 个老工业城市中排名第 29。其中，工业化水平相对较高，信息化水平则相对较低（图 6-17）。

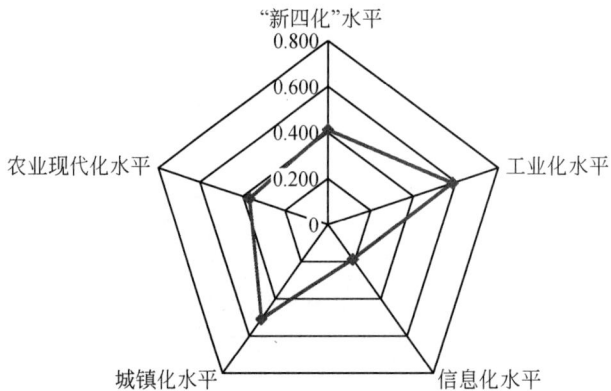

图 6-17　吉林的"新四化"水平分析

13. 哈尔滨

哈尔滨 2012 年的"新四化"水平为 0.514，在全国 40 个老工业城市中排名第 8。其中，城镇化和工业化水平相对较高，农业现代化水平则相对较低（图 6-18）。

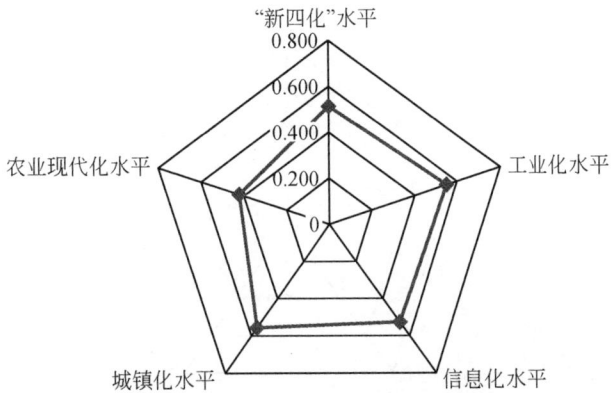

图 6-18　哈尔滨的"新四化"水平分析

14. 齐齐哈尔

齐齐哈尔 2012 年的"新四化"水平为 0.329，在全国 40 个老工业城市中排名第 39。其中，工业化水平相对较高，信息化水平则相对较低（图6-19）。

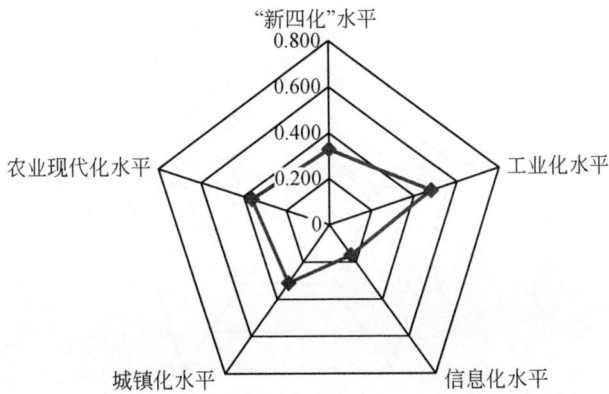

图 6-19　齐齐哈尔的"新四化"水平分析

15. 鸡西

鸡西 2012 年的"新四化"水平为 0.433，在全国 40 个老工业城市中排名第 27。其中，工业化水平相对较高，城镇化水平则相对较低（图 6-20）。

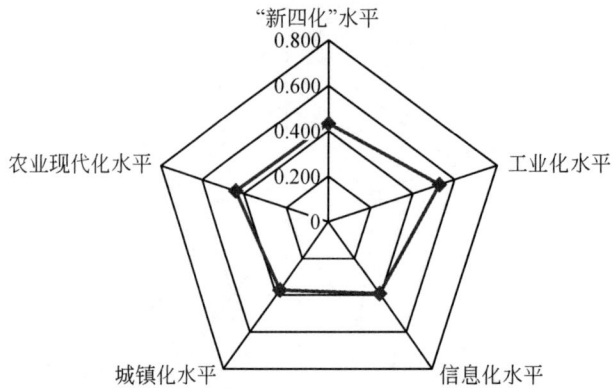

图 6-20　鸡西的"新四化"水平分析

16. 鹤岗

鹤岗 2012 年的"新四化"水平为 0.411，在全国 40 个老工业城市中排名第 30。其中，工业化水平相对较高，信息化水平则相对较低（图 6-21）。

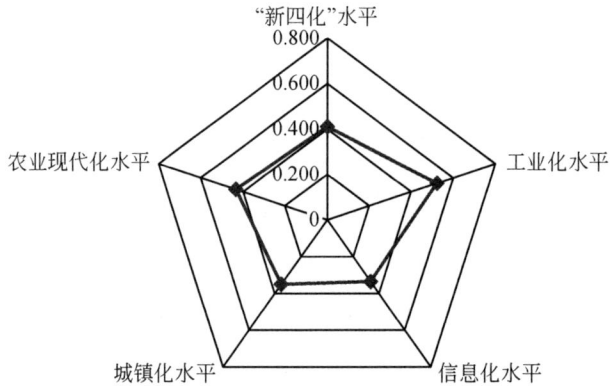

图 6-21　鹤岗的"新四化"水平分析

17. 大庆

大庆 2012 年的"新四化"水平为 0.523，在全国 40 个老工业城市中排名第 6。其中，工业化水平相对较高，信息化水平则相对较低（图 6-22）。

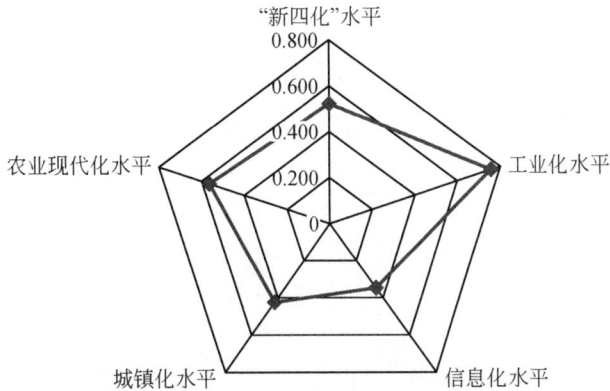

图 6-22　大庆的"新四化"水平分析

18. 马鞍山

　　马鞍山 2012 年的"新四化"水平为 0.441，在全国 40 个老工业城市中排名第 25。其中，工业化水平相对较高，信息化水平则相对较低（图 6-23）。

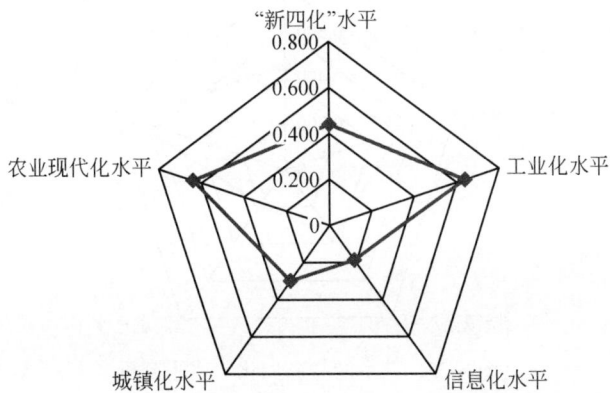

图 6-23　马鞍山的"新四化"水平分析

19. 铜陵

　　铜陵 2012 年的"新四化"水平为 0.508，在全国 40 个老工业城市中排名第 11。其中，工业化水平相对较高，信息化水平则相对较低（图 6-24）。

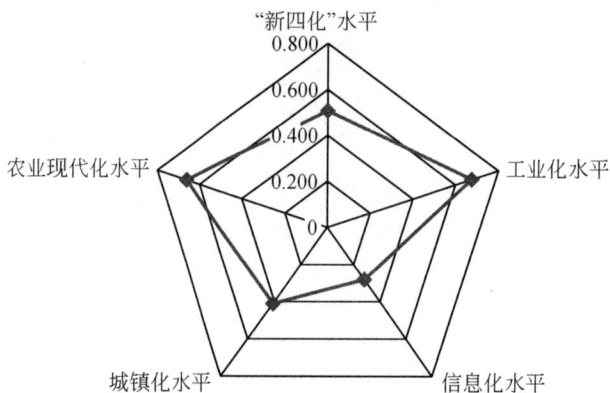

图 6-24 铜陵的"新四化"水平分析

20. 萍乡

萍乡 2012 年的"新四化"水平为 0.453，在全国 40 个老工业城市中排名第 21。其中，工业化水平相对较高，信息化水平则相对较低（图 6-25）。

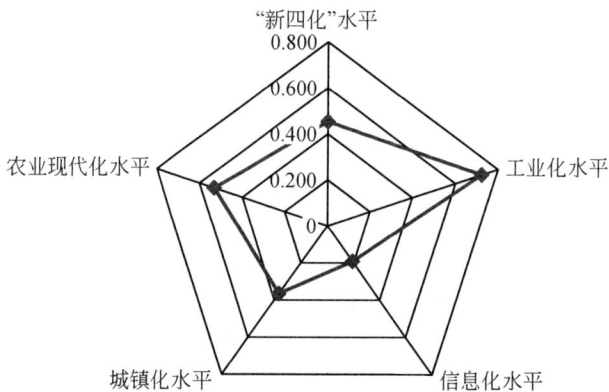

图 6-25 萍乡的"新四化"水平分析

21. 九江

九江 2012 年的"新四化"水平为 0.374，在全国 40 个老工业城市中排名第 37。其中，工业化水平相对较高，信息化水平则相对较低（图 6-26）。

22. 淄博

淄博 2012 年的"新四化"水平为 0.536，在全国 40 个老工业城市中排

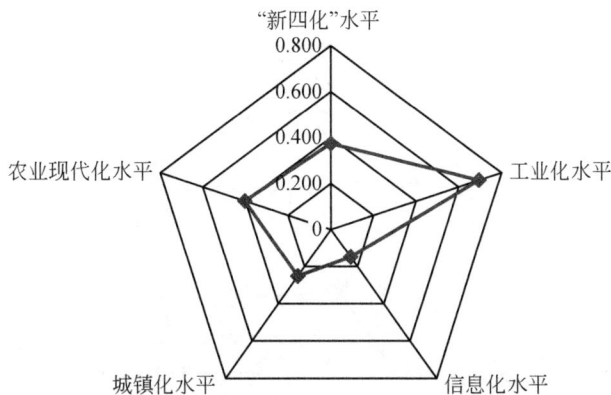

图 6-26　九江的"新四化"水平分析

名第4。其中，工业化水平相对较高，信息化水平则相对较低（图6-27）。

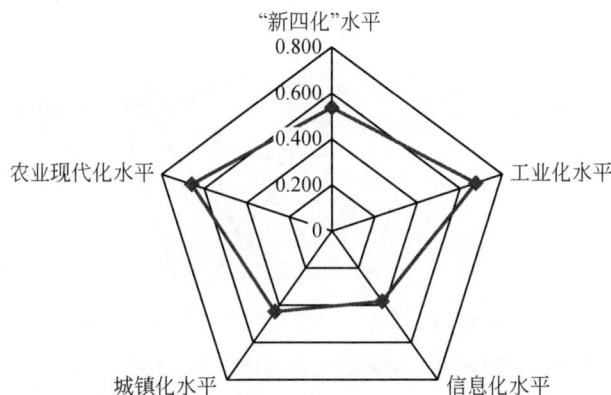

图 6-27　淄博的"新四化"水平分析

23. 枣庄

枣庄 2012 年的"新四化"水平为 0.508，在全国 40 个老工业城市中排名第9。其中，工业化水平相对较高，城镇化水平则相对较低（图6-28）。

24. 洛阳

洛阳 2012 年的"新四化"水平为 0.475，在全国 40 个老工业城市中排名第18。其中，工业化水平相对较高，城镇化水平则相对较低（图6-29）。

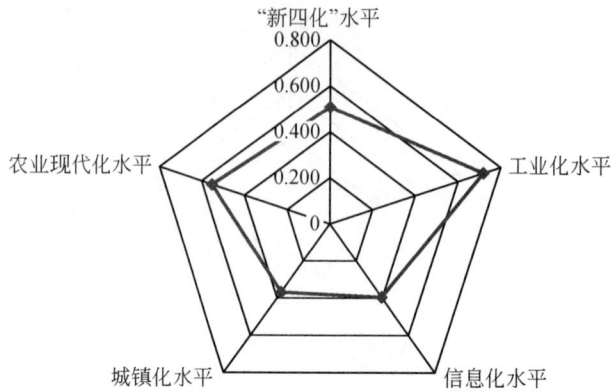

图 6-28　枣庄的"新四化"水平分析

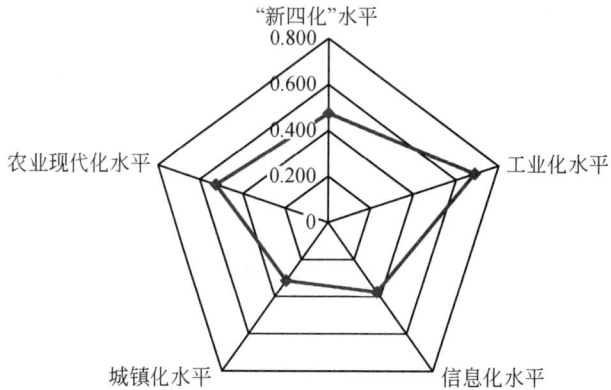

图 6-29　洛阳的"新四化"水平分析

25. 平顶山

平顶山 2012 年的"新四化"水平为 0.394，在全国 40 个老工业城市中排名第 35。其中，工业化水平相对较高，信息化水平则相对较低（图 6-30）。

26. 焦作

焦作 2012 年的"新四化"水平为 0.508，在全国 40 个老工业城市中排名第 10。其中，农业现代化水平相对较高，城镇化水平则相对较低（图 6-31）。

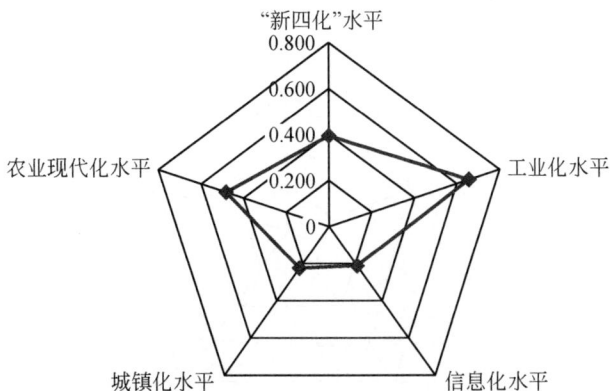

图 6-30　平顶山的"新四化"水平分析

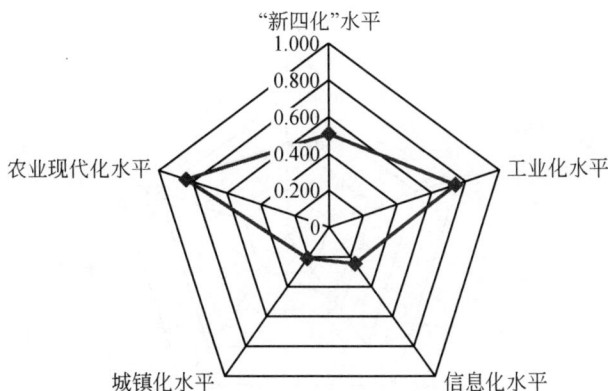

图 6-31　焦作的"新四化"水平分析

27. 武汉

武汉 2012 年的"新四化"水平为 0.599，在全国 40 个老工业城市中排名第 1。其中，城镇化水平相对较高，农业现代化水平则相对较低（图 6-32）。

28. 黄石

黄石 2012 年的"新四化"水平为 0.396，在全国 40 个老工业城市中排名第 34。其中，工业化水平相对较高，信息化水平则相对较低（图 6-33）。

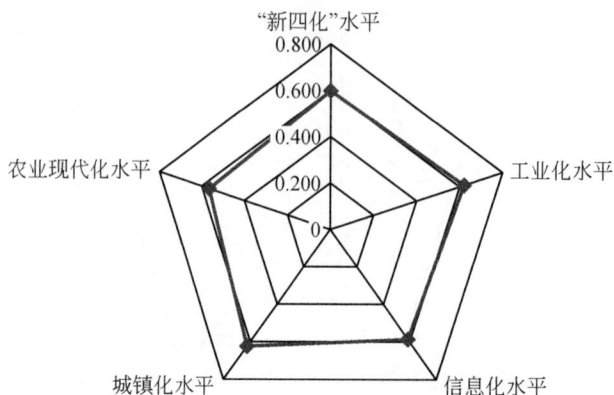

图 6-32 武汉的"新四化"水平分析

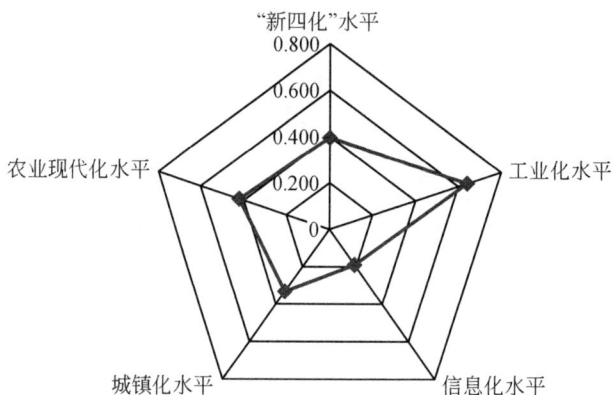

图 6-33 黄石的"新四化"水平分析

29. 十堰

十堰 2012 年的"新四化"水平为 0.362，在全国 40 个老工业城市中排名第 38。其中，工业化水平相对较高，农业现代化水平则相对较低（图6-34）。

30. 株洲

株洲 2012 年的"新四化"水平为 0.506，在全国 40 个老工业城市中排名第 12。其中，工业化水平相对较高，城镇化水平则相对较低（图 6-35）。

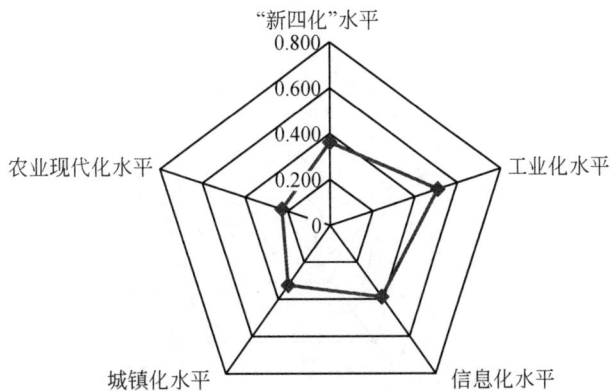

图 6-34 十堰的"新四化"水平分析

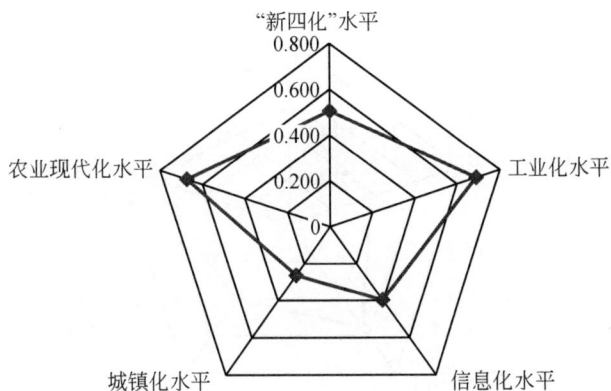

图 6-35 株洲的"新四化"水平分析

31. 湘潭

湘潭 2012 年的"新四化"水平为 0.489，在全国 40 个老工业城市中排名第 15。其中，农业现代化水平相对较高，信息化水平则相对较低（图 6-36）。

32. 重庆

重庆 2012 年的"新四化"水平为 0.499，在全国 40 个老工业城市中排名第 14。其中，工业化水平相对较高，农业现代化水平则相对较低（图 6-37）。

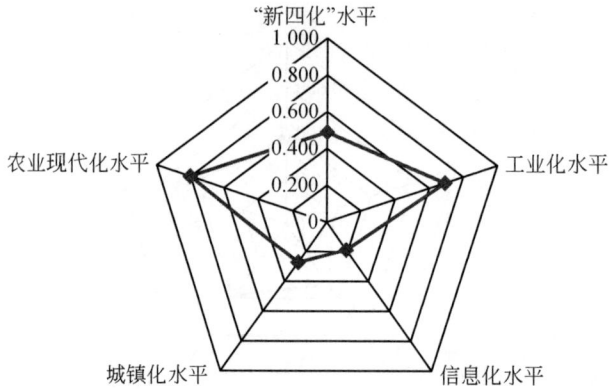

图 6-36　湘潭的"新四化"水平分析

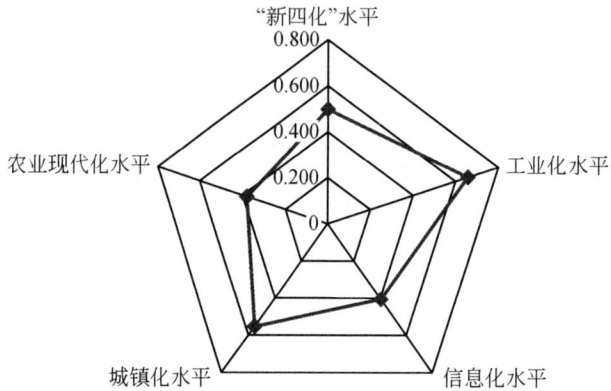

图 6-37　重庆的"新四化"水平分析

33. 青白江

青白江 2012 年的"新四化"水平为 0.517，在全国 40 个老工业城市中排名第 7。其中，工业化水平相对较高，信息化水平则相对较低（图 6-38）。

34. 攀枝花

攀枝花 2012 年的"新四化"水平为 0.452，在全国 40 个老工业城市中排名第 22。其中，工业化水平相对较高，信息化水平则相对较低（图 6-39）。

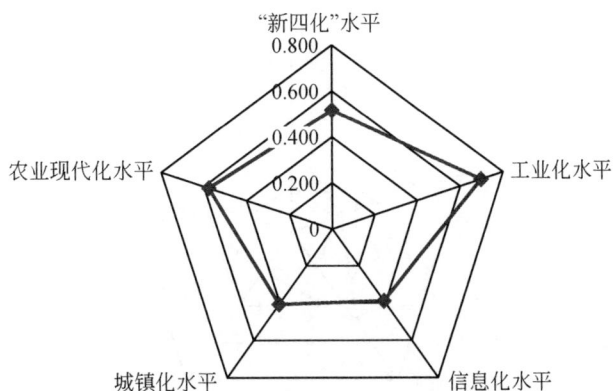

图 6-38　青白江的"新四化"水平分析

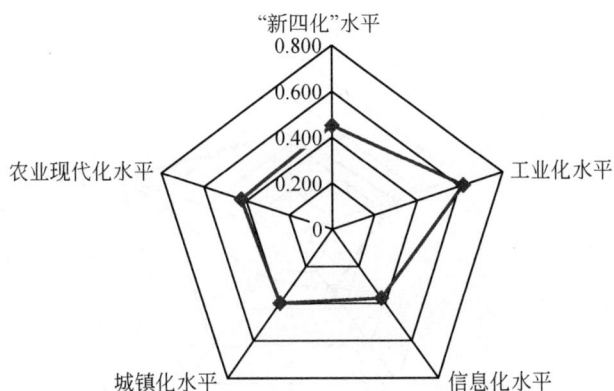

图 6-39　攀枝花的"新四化"水平分析

35. 铜川

铜川 2012 年的"新四化"水平为 0.397，在全国 40 个老工业城市中排名第 33。其中，工业化水平相对较高，信息化水平则相对较低（图 6-40）。

36. 宝鸡

宝鸡 2012 年的"新四化"水平为 0.452，在全国 40 个老工业城市中排名第 23。其中，工业化水平相对较高，信息化水平则相对较低（图 6-41）。

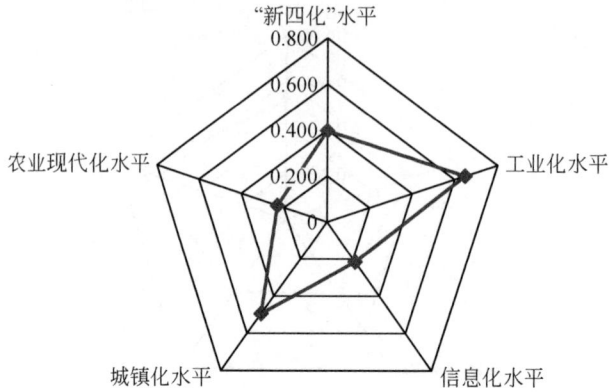

图 6-40 铜川的"新四化"水平分析

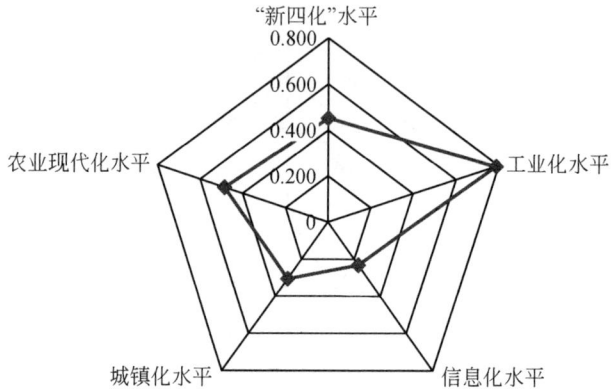

图 6-41 宝鸡的"新四化"水平分析

37. 金昌

金昌 2012 年的"新四化"水平为 0.386，在全国 40 个老工业城市中排名第 36。其中，农业现代化水平相对较高，信息化水平则相对较低（图 6-42）。

38. 白银

白银 2012 年的"新四化"水平为 0.247，在全国 40 个老工业城市中排名第 40。其中，城镇化化水平相对较高，农业现代化水平则相对较低（图 6-43）。

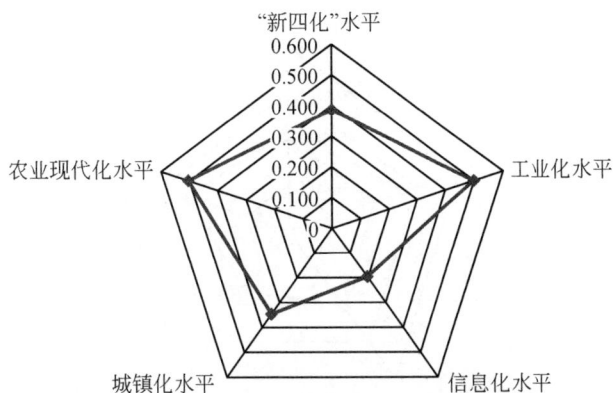

图 6-42　金昌的"新四化"水平分析

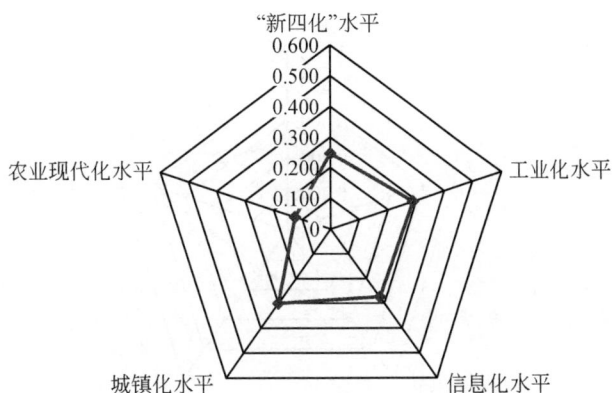

图 6-43　白银的"新四化"水平分析

39. 石嘴山

石嘴山 2012 年的"新四化"水平为 0.438，在全国 40 个老工业城市中排名第 26。其中，农业现代化水平相对较高，信息化水平则相对较低（图 6-44）。

40. 克拉玛依

克拉玛依 2012 年的"新四化"水平为 0.501，在全国 40 个老工业城市中排名第 13。其中，工业化水平相对较高，信息化水平则相对较低（图 6-45）。

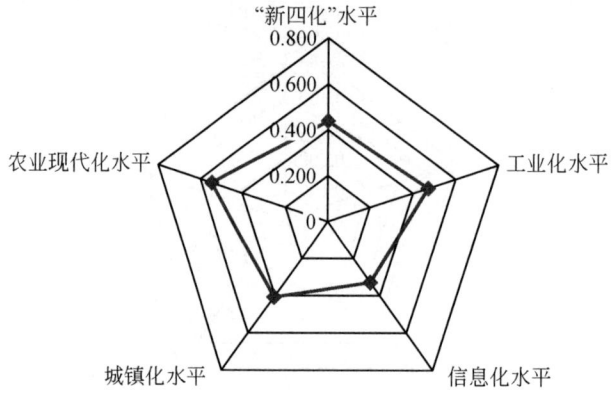

图 6-44　石嘴山的"新四化"水平分析

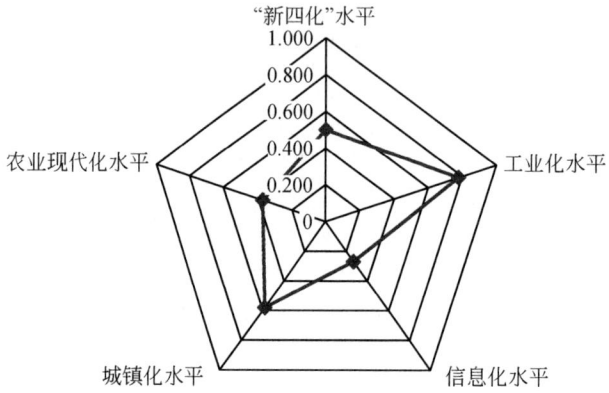

图 6-45　克拉玛依的"新四化"水平分析